【盛世风华系列】

国泰民安

说说开元之治那些事儿

姜正成◎主编

中国财富出版社

图书在版编目（CIP）数据

国泰民安：说说开元之治那些事儿 / 姜正成主编. —北京：中国财富出版社，2014.6

（盛世风华系列）

ISBN 978-7-5047-5005-1

Ⅰ. ①国…　Ⅱ. ①姜…　Ⅲ. ①中国历史-唐代-通俗读物　Ⅳ. ①K242.09

中国版本图书馆 CIP 数据核字（2013）第281636号

策划编辑	王秋萍	**责任印制**	方朋远
责任编辑	张　静	**责任校对**	饶莉莉

出版发行	中国财富出版社		
社　　址	北京市丰台区南四环西路188号5区20楼	**邮政编码**	100070
电　　话	010-52227568（发行部）		010-52227588转307（总编室）
	010-68589540（读者服务部）		010-52227588转305（质检部）
网　　址	http://www.cfpress.com.cn		
经　　销	新华书店		
印　　刷	北京柯蓝博泰印务有限公司		
书　　号	ISBN 978-7-5047-5005-1 / K · 0126		
开　　本	710mm × 1000mm　1/16	**版　　次**	2014 年 6 月第 1 版
印　　张	15.5	**印　　次**	2014 年 6 月第 1 次印刷
字　　数	198千字	**定　　价**	33.00元

前言

李唐王朝的开元之治是中国历史上的一个鼎盛时期。盛世之下，发生了哪些惊心动魄的事情，又取得了哪些辉煌的成就呢？我们不妨走进玄宗统治下的大唐，重温开元盛世下的那些事儿，感受当时经济繁荣、国泰民安的祥和情景。

唐玄宗李隆基出生时，正是唐王朝处于“二圣”临朝的时期，实际掌权的是武则天。武则天篡唐建周后，武氏开始控制朝政。在这样的宫廷形势下，年少的李隆基很早便展现出了非凡的才能。然而，目睹了多次的宫廷斗争之后，使得李隆基对当时的形势有了更清醒的认识。李隆基一心想恢复唐室，为了实现这个目标，他韬光养晦，静待时机。当时机成熟之时，李隆基率兵一举铲除了韦氏；登上皇位之后，朝中形势依然十分严峻，经过精心谋划，终于诛杀了太平公主，将国家大权尽揽己手。

消除了朝中的威胁之后，唐玄宗便开始励精图治，大展宏图。在这个过程中，他任人唯贤，重用姚崇、宋璟等贤臣，选拔了一大批人才为国家效力，并且大力改革吏治和政治体制。与此同时，他还广开言路，虚心纳谏，完善立法和司法制度，使得开元初年的政治趋向清明。紧接着，唐玄宗率先垂范，崇尚节俭，并采取了一系列惠民措施发展农业，减轻百姓负担，促进手工业的兴起。此外，玄宗还大力发展经济，使国家得以繁荣昌盛，百姓安居乐业，最终迎来了世人瞩目的开元盛世。

在开元盛世时期，唐朝在很多领域都取得了巨大的成就：天文测量方面，僧一行等天文学家和测量家作出了巨大的贡献；数学和医学方面，祖冲之和孙思邈是代表人物，并在各自的领域颇有建树；建筑和地理学方面，贾耽和李吉甫等人，极大地展现了各自的才能；农业和手工业方面，各类生产工具的改进和政策的重视，使得农业生产和手工业生产的技术有了巨大的飞跃。不仅如此，开元年间，唐朝在思想文化方面也有丰富的成果：学校教育的发展达到了鼎盛时期；兼容并包的宗教政策使得宗教活动空前活跃；诗歌领域人才辈出；在修史和图书的编纂以及音乐、舞蹈、美术雕塑方面，更是有着巨大的进步和很高的成就。

在对外政策方面，唐玄宗在开元年间秉承了贞观时期的对等原则，实行汉藩通婚等政策。同时，唐玄宗还注重和远国之间的交流。这些政策的实施，在为唐王朝的发展和提高唐王朝在世界上的影响力等方面，都起到了不可估量的作用。开元盛世取得的巨大成就，以及国泰民安的景象，也使得唐玄宗永载史册，流传后世。

本书采用客观平实的语言，借助于历史典籍等，从政治、经济、文化、科技、外交等几个方面，将唐玄宗时期的开元盛世再现出来，并在文中将其细化讲解，让广大读者对开元时期的盛况有一个全面的了解。喜欢历史的广大读者，不妨抽出时间静静品读此书，相信在阅读的过程中，你感受到的不仅仅是惊心动魄的故事情节，更多的是了解当时的辉煌成就和国泰民安的祥和景象。衷心希望本书能成为您汲取知识、感悟历史的良师益友！

编　者

2014年1月

目录

第一章　铲除诸韦兴唐室　诛灭太平登帝位

李隆基出生时，正是唐王朝处于动荡的时期。李隆基六岁时，武则天篡唐建周。之后的时间里，李隆基在成长中学会了韬光养晦，他胸怀大志，一心恢复唐室。在时机成熟之时，他果断地发动兵变，最终铲除韦氏。在登上帝位之后，诛杀太平公主。其中情形险象环生，惊心动魄。

生于乱世，韬光养晦 …… 002

太子兵变，隆基崛起 …… 009

精心谋划，铲除韦氏 …… 021

登基称帝，诛杀太平 …… 032

第二章　任人唯贤稳政权　完善立法开言路

唐玄宗粉碎了太平公主的势力之后，终于将国家大权揽于己手。为了使得政局稳定，玄宗李隆基采取了一系列的措施，如任用姚崇、宋璟等贤相，同时量才授官，改革吏治和政治体制；广开言路，寻求治国之法；完善立法和司法，并且严格执法，使得朝政渐入清明。

任人唯贤，重用姚崇 …… 046

收揽皇权，变革政治 …… 054
“有脚阳春”，宋璟为相 …… 063
量才授官，改革吏治 …… 067
广纳谏言，健全体制 …… 073

第三章　励精图治崇节俭　发展经济兴开元

经历了拨乱反正之后，虽然恢复了唐王朝，但之前形成的奢侈之风依然盛行，统治阶级萎靡、堕落，这些严重阻碍了玄宗的强国富民计划。为此，唐玄宗李隆基一方面抑制奢侈、厉行节俭，另一方面大力振兴经济。采取发展农业，减轻百姓徭役，括户举措，兴修水利，繁荣商业等措施，终于迎来了开元盛世。

崇俭抑奢，移风易俗 …… 084
发展农业，减轻徭赋 …… 089
括户举措，兴修水利 …… 094
手工业兴，成就卓越 …… 102
繁荣商业，振兴经济 …… 106

第四章　科技界群星璀璨　百业并举多昌盛

在唐玄宗李隆基的励精图治之下，开元时期百业俱兴，在科技文化、天文测量、数学医学、建筑地学、农业手工等方面，均有巨大成就。这些成就的获得和玄宗时期的政治统治、治国措施是分不开的。

天文测量，收获颇丰 …… 112
数学医学，多有建树 …… 117

建筑地学，技术辉煌 …… 125
农业手工，技艺成熟 …… 130

第五章 发展教育千秋业 文化艺术集大成

在大力发展经济的同时，文化教育也取得了前所未有的成就。开元时期，学校教育到达顶峰时期。经过教化，这个时期的社会风气以及民俗都有了较大的改善。不仅如此，在宗教、诗歌、修史、文学、音乐、舞蹈、美术、雕塑等方面，也都取得了长足的进步和发展。

发展教育，风俗融合 …… 144
宗教盛行，诗歌大成 …… 148
设馆修史，编纂图书 …… 158
艺术繁荣，技巧精湛 …… 167

第六章 睦邻政策安外邦 远国交流彰盛况

开元时期，唐玄宗秉承太宗时期睦邻友好的对外政策和各民族平等政策，并且允许汉藩通婚。同时，唐玄宗还开辟道路，远交外邦，使得唐朝和世界各国在经济、文化等方面都有广泛的交流，也使得唐朝在世界上的影响力更加深远。

对等政策，互相往来 …… 188
汉藩通婚，和睦相处 …… 192
开辟道路，远交外邦 …… 201

第七章　玄宗崇道图享乐　渐怠朝政酿危机

在李唐王朝，道教备受推崇，到了玄宗时期，更是如此。开元中后期，玄宗李隆基改变了当初勤俭治国的作风，开始享乐，甚至是骄奢淫逸。不仅如此，唐玄宗任用奸佞，忠良之臣备受排挤，使得朝政败坏，盛世之下，危机也在酝酿。

推崇道教，道士皇帝 …… 216

贪图享乐，好大喜功 …… 220

亲佞远贤，危机渐生 …… 226

后　记 …… 235

第一章 铲除诸韦兴唐室　诛灭太平登帝位

李隆基出生时，正是唐王朝处于动荡的时期。李隆基六岁时，武则天篡唐建周。之后的时间里，李隆基在成长中学会了韬光养晦，他胸怀大志，一心恢复唐室。在时机成熟之时，他果断地发动兵变，最终铲除韦氏。在登上帝位之后，诛杀太平公主。其中情形险象环生，惊心动魄。

生于乱世，韬光养晦

垂拱元年八月初五（685年9月8日），一个男婴呱呱坠地，这个男婴就是后来的唐玄宗李隆基。

李隆基生于多事之秋，由于日后的伟绩，某些史家称他为生当拨乱之主，不免有些牵强附会。就当时而言，他的出生不过是宗室多了个成员而已。他既无嫡长名分，也没有一个政治集团非他参与不可；命运如何，不仅难以预料，而且也无人为此耗神。不过，养尊处优的宫廷生活、血雨腥风的政治氛围，给他的一生带来难以摆脱的影响。

李隆基两岁时，得到的爵位是楚王，虽不能加强父亲的交际地位，但对他本人却非徒具形式，从普通的宗室成员升为亲王，荣誉和身价都提高。

李隆基的父亲李旦，是女皇武则天的小儿子。本来，李旦是没有当皇帝的资格的。李旦本人对于当不当皇帝，也看得很淡漠。弘道元年（683年）冬，唐高宗逝世后，李显就当上了皇帝，即唐中宗。但是，实际执掌朝政的太后武则天对中宗执政后的所作所为很不满意，中宗只当了两个月的皇帝，就被武则天废黜为庐陵王，实际上是把他幽禁了起来。在这种形势下，豫王李旦被推上了皇帝的宝座，也就是唐睿宗。睿宗虽然名义上是皇帝，实际政务却都由他的母亲武则天处理。武则天甚至不让他上朝，而临朝听政。

唐睿宗有六个儿子：老大名叫成器，是刘皇后所生，睿宗即位之初，成器就被立为太子；老二名叫成义，是掖庭宫人柳氏所生；李隆基排行老三；老四名叫隆范，是崔孺人所生；老五名叫隆业，是王德妃所生；最小的名叫隆悌，是宫女所生，早年夭折。

李隆基六岁时，皇宫里发生了翻天覆地的变化：载初元年（690年）武则天登基，宣布将唐朝改为周朝，降睿宗为太子。由于唐睿宗不再是傀儡皇帝，睿宗的儿子也就不再是皇子，太子李成器没有了太子的名义，和李隆基及其他兄弟一道，统统被改称"皇孙"。幼小的李隆基，在他还不大懂事的情况下，就被卷入了政治斗争，目睹了宫廷的一幕幕悲喜剧。

唐玄宗画像

武则天听政余暇，常召皇孙们到膝下游嬉，享受天伦之乐，小隆基在这种场合受到祖母的注意和赏识。有一次，她把玉制的器具陈列在殿堂上，让皇孙们任意选择，孩子们个个你取我拿，毫不谦让，唯小隆基端坐不动，这不禁使武则天大为惊奇。小隆基似乎有志向，祖母对他产生了偏爱。

有关李隆基青少年时期的情况，史书记载不多。但是，他的聪明伶俐，则是众口一词的。宋人编撰的《册府元龟》称，"玄宗生而聪明睿哲"。其祖母武则天，对他还是十分宠爱的。天授二年（691年），李隆基七岁，"朔望车骑至朝堂，金吾将军武懿宗忌上（玄宗）严整，诃排仪仗，因欲折之”。李隆基责骂道：“吾家朝堂，干汝何事？敢迫吾骑从！”武则天得知后，“特加宠异之”。然而，武则天下了道命令，收回小隆基开府的资格，以此让他懂一些利害，也学一点规矩。女皇对皇孙的慈爱，仅限于生活上的优待，而绝不允许他们过问政治。

李隆基的气质，在剧烈动荡的宫廷中逐渐形成。聪颖的小隆基有点早熟，在皇孙们中算得上是鹤立鸡群。在周围人物的影响下，唐的国号被废之事让渐知人事的他心中有所不满。碍于伦理道德，他对祖母是相当尊敬的，但同武氏专权人物接触时，却表现出强烈的自尊心和初生牛犊不怕虎的精神。

作为皇子，李隆基兄弟五人虽然已经封王，但依然住在皇宫里。现在作为皇孙，住在皇宫里的李隆基与他的兄弟们只有“出阁”。所谓“出阁”，本来是指封为藩王的皇子皇孙到封地就藩，但李隆基他们的出阁，却不是到所分封的王国就藩，他们的出阁，只是出宫，在东都洛阳“开府置官属”。

小隆基对祖母的感情比较复杂，各种成分掺杂在一起。作为小辈，他对祖母的眷爱之情非常感激，对她高超的政治手段相当钦服。但是，祖母的篡位，以及武氏宗室的高压政策，让他非常惧怕和怨恨。此外，一场飞来横祸更激起了他对武则天的仇恨。他的母亲和大哥的母亲受奴婢告发，被不分青红皂白地秘密处死，连尸骨也不知下落，年方九岁的小隆基对此刻骨铭心。

按照封建礼制，皇子封为亲王，皇孙则封为郡王。睿宗不当皇帝，李隆基兄弟也由皇子变为皇孙，其封王随之降了等级。李成器本为太子，现在降为寿春郡王；李成义本为恒王，现在降为衡阳郡王；李隆基本为楚王，现在降为临淄郡王；李隆范本为卫工，现在降为巴睦郡王；李隆业本为赵王，现在降为中山郡王。为了更好地控制这些皇孙们，武则天又改变了让他们“出阁”开府的做法，仍旧“入阁”，也就是放在宫中，置于女皇的严密监督之下，史称“幽闭”。在武则天当皇帝期间，武氏家族和李唐宗室在继嗣问题上争斗不已，李隆基的父亲李旦作为皇嗣，处于斗争的旋涡中心。他在政治上的沉浮，直接影响着李隆基兄弟的荣辱变迁。

圣历元年（698年），李显奉旨回洛阳。当他入城时，受到空前隆重的欢迎，人们怀念李唐的情绪，当场以涕泣的形式表现出来。欢迎仪式是人心的反映，证明李唐的政治基础依然非常坚固。

圣历二年（699年），李隆基已经十五岁，这一年是一个转折点。睿宗对于继嗣问题上的争斗，显然已感到厌倦，他只不过是身不由已罢了。特别是武承嗣死后，谁来继承大统，就成了他们兄弟之争。为了避免祸起萧墙，睿宗取明哲保身的态度，公开表示不愿意和庐陵王争一日之长短。如果说，武承嗣在世之时，睿宗如果要表示放弃继承权，就会失去众望，那么，武承嗣死后，这一问题已不复存在。于是，八月武承嗣病死，睿宗立即就表示了不与庐陵王争位的态度，称疾不朝，固请逊位，下决心避开政治旋涡。在这种情况下，武则天考虑再三，同意了睿宗的请求，立庐陵王为太子；同时，同意睿宗逊位，封其为相王。继嗣之争，由此告一段落。皇位继承问题上的争斗，对李隆基当皇帝以后的施政行为有着重大影响。既然不再是皇嗣，睿宗就必须出阁。于是，现在是相王的李旦，在东都洛阳的积善坊建府置官。李隆基兄弟也随同父亲离开了皇宫，在积善坊的“五王宅”分院同居。从这年起，李隆基真正走出了皇宫。

大足元年（701年）秋季，武则天率领皇亲国戚、文武百官重返西京长安；李隆基也随着相王府来到关中。李隆基开始担任随从皇帝的右卫郎将，这是一个“尚辇奉御”的职务，从五品，主管舆辇车马。李隆基来长安后，和他的父亲相王以及他的兄弟居于京城隆庆坊（即兴庆坊）。这一地点与李隆基以后的政治生涯密不可分。以李隆基担任右卫郎将及居于兴庆坊为标志，他开始步入政坛。

垂暮之年的武则天，在神龙元年（705年）沉疴不起。忠于唐室的宰相张柬之等文武大臣联合李旦发动羽林军，拥李显发难，从玄武门杀到长生殿，处死张易之、张昌宗兄弟，迫女皇传位太子，武则天交出政权。李隆基作为相王府的重要成员，即使没有与五王在一起密谋策划，也亲眼目睹了政变过程。

武则天晚年宠信张易之、张昌宗兄弟。二张是唐初大臣张行成的族孙，年轻貌美，善于歌舞，又会炼制丹药，号称五郎、六郎，深得武则天的心意，被引入宫中作为女皇的面首。对于二张的美貌，武则天声称“胜于莲花”。在唐朝，人们对男女关系问题，多持宽容的态度。所以，女皇先有薛怀义（冯小宝），后有二张兄弟，在宫中寻欢作乐，大臣们通常也就睁只眼闭只眼，不大干涉女皇的私生活。但是，面首如果要介入政治，则就不同了，肯定会遭到群臣的抵制与反抗。

二张兄弟与薛怀义不同。薛怀义所关心的，是女皇还喜不喜欢自己，对政治是糊涂的。张易之和张昌宗则不知自检，插手政务，而武则天也逐渐对他们参与政务采取放纵态度。“则天春秋高，政事多委易之兄弟。”在这种情况下，二张和李唐宗室以及执政大臣之间的权力之争越来越厉害。虽然随着庐陵王被立太子和武承嗣怏怏而死，当时的继嗣问题在表面上已经解决，但是，女皇已经老矣，时时发病，朝不保夕，性情也有所变化。而二张的权势渐趋扩大，已经同李氏皇室，特别是同当时已经是太子的中宗李显产生了尖锐的冲突。中宗的儿子李重润、女儿永泰公主、女婿武延基，都是因为议论二张专权被逼自杀的。这时，一场政变在悄悄地策划之中。

这场政变的策划者，以宰相张柬之为首，包括司刑少卿桓彦范、中台（尚书省）中丞敬晖、宰相崔玄炜、相王府司马袁恕己等人。他们五人在中宗反正后同时被封为王，故人们把这场政变称为“五王政变”。相王府在这场政变中起了重要的作用。

就在政变前的两三年，曾深得女皇武则天的赏识并为女皇担任过宰相的姚崇，在相王府担任僚属。他改任灵武道（辖今宁夏中卫及以北地区）安抚大使时，推荐张柬之为相。而张柬之出任宰相后，立即密谋政变。在即将发动政变时，恰逢姚崇从灵武回到洛阳，张柬之又与姚崇密谋商议。直接参加政变的袁恕己，本身就兼任“知相王府司马事”。可见，政变与相王府有着密切关系。

政变能否取得成功，关键在于负责皇宫宿卫的羽林军是否支持。为了得到羽林军的支持，神龙元年（705年）正月，张柬之对负责皇宫北门（玄武门）宿卫的右羽林大将军李多祚进行策反，以要求李多祚报答“大帝”唐高宗的知遇之恩为由，请他协助发动政变。张柬之对李多祚说：“将军既感大帝殊泽，能有报乎？大帝之子见在东宫，逆竖张易之兄弟擅权，朝夕危逼。宗社之重，于将军，诚能报恩，正属今日。”取得了李多祚的同意后，由桓彦范和敬晖通报当时为太子的中宗，“密陈其计，太子从之”。由袁恕己通报相王，“从相王统率南衙兵仗，以备非常”。一场政变，就这样紧锣密鼓地开始了。

正月二十二日，张柬之、崔玄炜、桓彦范等人，与左威卫将军薛思行等，率领左右羽林军五百余人，守候在洛阳宫北门（玄武门），由李多祚、李湛和太子的女婿王同皎到东宫迎接太子，说：“今天启忠勇，北门将军、南衙执政，克期以今日诛凶竖，复李氏社稷。伏愿陛下暂至玄武门，以孚众望。”王同皎把太子抱上马，奔至玄武门，斩关入宫，在宫内的迎仙院，杀了张易之和张昌宗，逼武则天逊位。桓彦范向武则天说道：“昔天皇（高宗）以爱子托陛下，今年齿已长，久居东宫，天意人心，久思李氏。群臣不忘太宗、天皇之德，故奉太子诛贼臣。愿陛下传位太子，以顺天人之望！”

事已至此，武则天再无法控制局势了。正月，武则天正式宣布退位，传位于太子，中宗再次当了皇帝。中宗即位后，复国号为唐，下诏恢复高宗永淳（682年）以前的各项制度礼仪。至此，女皇统治时代正式结束。

在中宗反正的政变中，李隆基的父亲相王李旦是积极的参与者。中宗即位后，除了封张柬之等五人为王外，还给相王以实封，并“晋号安国相王”。李隆基目睹了事件的全过程，增长了自己的政治见识，应该说从中取得了不少教益。五王政变作为成功的政变，为李隆基从正面提供了政治斗争的经验；而之后太子李重俊发动的肃章门之变作为一次未遂政变，则为李隆基从反面提供了政治斗争应注意的问题。

中宗重登皇位，他的妻子韦氏当上皇后。她是个不寻常的角色，在丈夫患难期间，相濡以沫，精神上给予支持。但韦氏并不爱庸碌、软弱的丈夫，甚至有点看不起他，竭尽全力使“二圣”局面得到重演。

武则天在放弃政权时，中宗答应了她的一个附加条件是实现李、武联合政治。韦后利用这一点，将武三思、武攸暨拜相封王，作为自己的左膀右臂，自己同女儿安乐公主及以文章显名的上官婉儿串成一气，组成政治小集团，控制朝政。伯父的复位，父亲的降格，韦、武集团的专权，使皇位离李隆基的家庭越来越远。

景龙二年（708年）初夏，李隆基接到了潞州（今山西长治）别驾的任命书，告别父亲，开始独立生活。他和许多宗室成员被外放，是韦后调空首都宗室势力的阴谋。不料此事成为李隆基发展的契机，远离京城，朝廷的束缚比较松弛，对他来说有比较自由的天地。

李隆基借助天意来抬高身价，在黎民百姓中造成强烈的感召力，使自己建立起充分的自信心。他以皇家子孙的有利条件，着手组织政治集团。除了广结名流和豪强外，他还收罗了一些官奴作为心腹，侍从左右。聪明颖悟的王毛仲、能骑善射的李宜得，受到他的特别重用。在京的宦官高力士，也倾力攀结，充当耳目，及时提供朝廷动态。两年的潞州生活，使李隆基熟悉了国情民风，奠定了个人势力的基础，发展起一股新升的政治力量。

中宗举行南郊祭祀大典，召宗室成员同去参加，李隆基如期到达长安，在神圣肃穆的气氛中行了祭拜大礼，默默祈求上苍保佑。大典之后，他留在首都，到处参加社交活动，结交豪杰之士，提高自己的知名度。

太子兵变，隆基崛起

中宗即位以后，立其第三子李重俊为太子。但是，随之而来的是又一场政治风波。韦后因为李重俊不是自己所生，加上对安乐公主的宠爱，流露出了废太子、立太女的意向。武三思、安乐公主、上官婉儿和武崇训等人，倚仗韦后的支持，根本瞧不起太子，“以其非韦氏所生，常呼之为奴。或劝公主请废重俊为王，自立为皇太女，重俊不胜愤恨”。

面对武氏势力和安乐公主的威胁，李重俊拉拢左羽林大将军李多祚，没有经过周密策划，贸然行事，率领羽林军三百余人，发动了政变。

神龙三年（707年）七月初六，太子李重俊和李多祚率领的羽林军直接开向武三思的宅第。武氏父子根本没有提防，李重俊和李多祚的人马顺利地处死了武三思和武崇训及其亲党十余人。接着，李重俊率众从宫城肃章门斩关而入，叩阁搜捕上官婉儿。中宗闻讯，急忙与韦后、安乐公主和上官婉儿躲进了玄武门楼，令右羽林大将军刘景仁率百余武士在楼下守卫，并令大臣杨再思、李峤、宗楚客率兵两千死守太极殿。当李重俊和李多祚的军队进攻玄武门时，中宗在楼上对追随太子和李多祚的羽林军高喊：“汝并是我爪牙，何故作逆？若能归顺，斩多祚等，与汝富贵。”政变的部队本来就是假冒皇帝的旨意“矫制”而来，现在面对皇帝，难免产生疑虑。中宗一发话，政变的羽林军趁势倒戈，反而杀了李多祚、李承况、沙吒忠义、独孤蓓，其他起兵的人看到这种情况吓得四处逃散了。成王李千里、天水王李禧父子攻打太极宫右延明门，本想杀死宗楚客和纪处讷，可是破门未成反而战死。太子李重俊仓皇逃奔终南山，原来随他的一百多骑兵已变得寥寥无几，手下人趁他在树林休息时将他杀死。唐中宗把太子李重俊的首级献到太庙，随后又以他祭奠武三思和武崇训的灵柩，最后在朝堂悬首示众。皇上把在叛乱中帮助太子的成王李千里的姓氏改为蝮氏，太子的同党都没有逃脱责任，在叛乱平息后都被斩首。东宫的僚属中无人敢接近太子的尸体。仅永和县丞宁嘉勖用衣服将太子的头颅裹住失声痛哭，于是他被贬为兴平丞。

太子起兵时所通过的各个部门的守卫者都被以流刑论处，可是韦后集团的成员还不罢休，甚至奏请皇上将这些人全部处死。唐中宗下旨令司法部门再次审理推问此案。大理寺卿郑维忠说："如今这件大案才判决，人心还没有稳定，要是又重新改判的话，那么就会更加人心惶惶了。"唐中宗这才打消了这个念头。

这次兵变虽然杀死了武三思和武崇训父子，但没有能改变韦武集团控制朝政的局面。权势熏天的安乐公主、长宁公主及韦皇后的妹妹郕国夫人、上官婉儿、上官婉儿的母亲沛国夫人郑氏、尚宫柴氏、贺娄氏、陇西夫人赵氏等人全部依仗权势干涉朝政，疯狂收受贿赂，为行贿者请托授官。只要向这些人行贿三十万钱就可以从她们那里取得由皇帝亲笔敕书任命的官位，因为这种敕书是斜封着交付中书省的，所以称这种官员为"斜封官"；要是行贿数为三万钱，就可以享受被剃度为僧尼的待遇。她们受贿之后所任命的员外官、员外同正官、试官、摄官、检校官、判某官事、知某官事多达数千人。在西京和东都两地分别设置两员吏部侍郎，每年有四次选授官员的机会，可选任官员数万人。

上官婉儿及宫中的妃嫔姬妾大部分都在宫外私修宅第，这些人随意出入宫禁，朝臣们为能青云直上，就经常与这些人交往。在这些人中间，安乐公主尤为骄傲专横，宰相以下为官的人，几乎都是由于巴结她、和她靠上关系才上任的。安乐公主还与中宗的另一个女儿长宁公主竞相修建豪宅，并在建筑的奢侈豪华方面互相攀比，在建筑规模和精巧的程度方面与皇宫相比可谓是有过之而无不及。安乐公主请求唐中宗把昆明池赏赐给她，唐中宗以昆明池是百姓用来养鱼的地方为由加以拒绝。安乐公主十分不悦，就强占百姓田宅修建定昆池，南北长达几里，模仿华山的样子堆石建造假山，又依照天河的样子引水入地。安乐公主想让此湖胜过昆明池，故而将它定名为定昆池。

唐中宗和韦皇后以及各位公主修建了很多佛寺。左拾遗京兆人辛替否上疏谏阻，疏文大意是：“臣听闻古时候帝王设置官署，人员不一定要求齐备，但是要求当官的人一定有好的德行，并且清正廉明，这样，朝廷发的俸禄就一定会有节余，百姓也不用担忧生计了。但是现在陛下颁发给臣下的赏赐百倍于先代，增设的官吏数目也十倍于先代，使得没有足够的金银来铸造官印，府库中的绢帛等财物的储备都无法满足陛下赏赐臣下的需要，从而造成有些富有的大商人用钱买高官的现象，也使得有些凭借装神弄鬼代人祈祷或者以卖艺为生的人得以占有肥沃的良田。”他又说：“公主是陛下疼爱的女儿，可是她日常生活的花费已经超出了早就订立好的标准，她的行为不符合老百姓的期望，不注意影响，我担心这样下去会使喜爱变成憎恶，同时，原来你对她的疼爱与关心也会变成对公主的危害。这是为什么呢？因为这样做耗尽民力，浪费百姓钱财，强取百姓家资。陛下为怜爱几个子女而招致怨恨，那些戍边的将士不会再全力效忠朝廷，朝臣对陛下也不再是忠贞不贰，人心尽失，仅余几个自己所宠爱的人，陛下还能够凭借什么来治理国家呢？！君主的统治是以百姓的拥戴支持为基础的，如果这个基础牢固，君主深受百姓拥戴，那么国家就会安宁，社会就会稳定，陛下的家族也就会得到长久的保全，也就能够长久地享受天伦之乐。”他还说：“如果以为修建佛寺是治理国家的根本，休养士民不能够治理好国家，那么殷、周之前就全都是昏暗混乱的时代，而汉、魏以后就全是圣明之世了；殷周以前的朝代存续的时间很短，而汉魏以后的朝代存续的时间则很长了。陛下把管理国家最紧要的事作为可以从缓的事，又把可以缓办的事作为治理国家最紧急的事；应当亲近信任的人才还没有出现，而不学无术之人却在朝廷中占据要职。陛下不去脚踏实地地做一些有利于百姓和社会的事，而寄希望于营建佛寺来维护统治；陛下重视凡夫俗子才做的事情，而对九五之尊应做的事情却漠然处之。就算陛下能够以阴阳二气为炭，如同工匠在火炉中冶铜那般创造出万物，奴役那些用不着吃饭穿衣的人，只怕也供应不起奢侈靡费所需的支出，更何况陛下所依仗的只是那些天生地养、经过风雨滋润之后才能生产的自然之物呢！要是爆发战争，或者发生自然灾害，那些出家的和尚不能拿起武器来保护陛下，那些林立在寺院中的石塔更不能缓解天灾造成的饥荒。臣对陛下这种广建佛寺的行为感到十分痛惜。”唐中宗根本不审阅这篇奏疏。

韦武集团势力越来越大，朝臣为此很担忧。张柬之等人反复请求唐中宗诛灭武氏集团，中宗都不听从。张柬之等人说：“武则天改唐为周的时候，唐王朝皇家的李氏子孙几乎全部被杀了。如今幸赖天地神爱的庇佑，陛下再登大宝，但武氏却仍然安稳地享受着他们所窃取的官爵职位，这种情况难道是天下有识之士愿意看到的吗？希望皇上您把他们撤职，以告慰天下之人！”唐中宗置若罔闻。张柬之等人有的拍着几案叹息，有的弹击手指直到出血，纷纷说：“皇上以前还是英王时，在人们的眼中是个勇武刚烈的人，我们当初没有杀死武氏全部的人是想让皇上亲手杀死他们以壮大皇上的威望。如今皇上却反而重用武氏集团成员，大势已去，谁知以后还会怎么样呢？”

唐中宗很多次换装到武三思的家里去，监察御史清河人崔皎悄悄上疏说："陛下的权力恢复不久，武则天仍然在西边的上阳宫里居住，还有人希望依靠她。武周时期之旧臣，还在朝廷为官，面对这么严峻的形势，皇上您怎么能这么轻易地外出游玩呢？没看到白龙身着鱼服而被打鱼的豫且射中的祸患吗？"唐中宗没把密疏的内容保守住，武三思和他的党羽们知道后，对崔皎切齿痛恨。

唐中宗将张柬之等人及武攸暨、武三思、郑晋思等十六人全部视为国家的功臣，赐给他们铁券，并规定只要这些人不是造反叛逆之罪，每个人都可以宽恕十次死罪。

敬晖等人带着文武百官上表唐中宗，认为："五德之运轮流兴起，从来没有过两德同时盛大的事情。天授年间改朝换代之际，李唐宗室几乎全被处死流放迁徙，武氏怎能有与之同殿受封的权利？！如今上天又再度眷顾李姓，可是武氏却还是像从前一般受封为王，与李姓宗室一道居住在京师，开天辟地以来未曾有过这般的道理。希望皇上能顺应民意，更要为大唐江山着想，把他们撤职以安定民心。"唐中宗没有听从他们的建议。

敬晖等人担心被武三思的谗言陷害，便让考功员外郎崔湜充当耳目，以便时刻掌握武三思的动向。谁知道崔湜是个见风使舵的小人，他看武三思比较受宠而敬晖等人受猜忌，便把这件事告诉了武三思，反而为武三思效劳。武三思推荐崔湜做了中书舍人。

此前，殿中侍御史南皮县人郑愔投靠张易之和张昌宗，张易之、张昌宗被杀之后，被贬为宣州司士参军，又因贪赃获罪，逃到东都，暗中求见武三思。郑愔见到武三思时痛哭流涕，一会儿又放声大笑。武三思对郑愔在他这样位尊权重的人面前悲喜无常，十分奇怪。郑愔解释道："我在刚刚见到大王时所以痛哭失声，是在为大王就要被戮尸灭族而感到悲哀。悲哀之后放声大笑，是在为大王能够得到郑愔的帮助从而免除祸患而感到高兴。大王您虽然深得皇上宠信，但有没有想过张柬之、敬晖、桓彦范、袁恕己、崔玄炜掌握将相大权。他们个个胆识过人，即便是他们要废掉太后的帝位都易如反掌。和太后武则天当年贵为皇帝时相比，您现在的地位，对于他们五个人来说又算什么呢？那五个人对您十分痛恨，日夜都想吃下您的肉，要是不把大王灭族，他们是不会放心的。大王您要是不迅速杀死这五个人，您很快就会被他们杀掉，可是您却还是怡然自乐，自认为高枕无忧，这就是我郑愔为大王您感到痛心的原因。”武三思非常开心，与郑愔一道上楼，并且询问自己怎样才可以保住性命和官职，并荐举他做了中书舍人，与崔湜一起成为自己的谋士。

中宗时期的弊政，主要问题表现在宗室外戚的专横跋扈和选官用人的昏庸腐败方面。史称：“神龙以来，群邪作孽，法网不振，纲维大紊，实由内宠专命，外戚擅权，因贵凭宠，卖官鬻爵。朱紫之荣，出于仆妾之口；赏罚之命，乖于章程之典。妃主之门，有同商贾；举选之署，实均阛阓。屠贩之子，悉由邪而忝官；黜斥之人，咸因奸而冒进。天下为乱，社稷几危。”

中宗时期宗室外戚的专横跋扈，主要是武三思和安乐公主作祟。在中宗复位时，武三思由于不满张易之、张昌宗兄弟，也跟着朝廷大势拥戴中宗，向中宗表示忠诚。另外，据野史传闻，武三思还与韦后私通。中宗时的实际执政者为韦后，所以，武三思得以再度被重用，而且还与武攸暨一道，作为中宗复辟的“立功之人”，与因拥戴中宗复辟被封为五王的张柬之等人同等对待，皆被中宗赐予标志着特权的铁券。在这种局势下，当敬晖上表请求削夺武氏家族的爵位时，中宗便以“攸暨、三思皆预告凶竖，虽不亲冒白刃，而亦早献丹诚”的理由，加以拒绝。随之，武三思在朝廷中任意恣为，与五王作对。“三思令百官复修则天之政，不附武氏者斥之，为五王所逐者复之，大权尽归三思矣。”一些趋炎附势之徒，如周利用及侍御史冉祖雍、李悛、宋之逊、姚绍之等，追随在武三思的门下，被人们蔑称为“三思五狗”，闹得朝廷乌烟瘴气。

安乐公主是中宗最小的女儿，女婿是武三思的儿子武崇训。由于她是中宗在贬到房州时的路上所生，加上她又是韦后唯一的亲生骨肉，所以中宗夫妇对她特别溺爱、纵容。安乐公主怙恃父母的权势，竟然请求封她为“皇太女”，而且还理直气壮地说：“阿武子尚为天子，天子女有不可乎？”

在政治上，中宗和韦后重用亲信，排斥异己，引进了一大批衣冠小人。他们靠贿赂封官，开斜封之路，用墨敕行令，破坏了正常的行政秩序。

武三思与韦后天天在唐中宗面前诬陷敬晖等人，说他们“依仗着自己曾经立下的功劳专横地干涉朝政，不利于大唐江山的稳定”。中宗听信了他们两人的谗言。武三思等人趁机向中宗建议：“不如封敬晖等人为王，同时罢免他们所担任的职务，这样的话，表面上是对他们的宠爱和赏赐，而实际上削弱了他们的权力。”唐中宗赞同这个办法。随后，唐中宗封侍中、齐公敬晖为平阳王，谯公桓彦范为扶阳王，中书令、汉阳公张柬之为汉阳王，南阳公袁恕己为南阳王，博陵公崔玄炜为博陵王，并且免去他们的宰相职务，赏赐他们金帛鞍马，只要求他们于每月初一、十五朝拜天子。又赐桓彦范姓韦氏，让他与韦后同族。在武三思的命令与操纵下，武则天时期的政策又在这个时期重新恢复执行，只要是拒不趋附武氏集团的人都会遭到排斥，那些被张柬之、桓彦范等人贬逐的人被重新起用，武三思大权独揽。

张柬之等五人请求中宗削去武氏集团成员的王爵时，曾找人帮他们草拟奏表，众多的朝臣没有一个敢站出来帮他们。中书舍人岑羲代他们草拟了表章，措辞严厉；中书舍人偃师人毕构正轮到负责宣读这一表章，言语和神态显得十分严厉。武三思得志后，岑羲代就因为当年的那份表章被改任为秘书少监，毕构也被贬谪为润州刺史。

武三思暗中遣人将韦后的肮脏行为分条列出，并把这些文字张贴在东都洛阳的天津桥上，文字中还请求中宗诏告天下废除皇后。唐中宗雷霆震怒，下令御史大夫李承嘉将此事追查到底。李承嘉上奏说："这些文字是敬晖、桓彦范、张柬之、袁恕己、崔玄炜派人书写和张贴的，尽管上面所写的只是请求废黜皇后，可是他们实际上是阴谋叛乱，请陛下下旨将这五个人灭族。"武三思还让安乐公主在宫中制造不利于他们的舆论，并命侍御史郑愔在外朝对他们进行弹劾，不分是非黑白的中宗让刑部对他们结案判刑。大理丞三原人李朝隐上奏说："敬晖等人尚未受到详细讯问，不应这么快就将他们处死。"大理丞裴谈上奏说："对敬晖等人的案子可以依照皇帝的制命直接处以斩刑，没收财产，不必再审讯了。"唐中宗想到以前赐给敬晖等人铁券，答应过不对他们处以死刑，于是下旨将他们长期流放：将敬晖流放到琼州，将桓彦范流放到渡州，将张柬之流放到泷州，将袁恕己流放到环州，将崔玄炜流放到古州；这五个人的后代中凡是超过十六岁的都被流放到岭外。中宗提拔李承嘉为金紫光禄大夫，将其爵位晋升为襄武郡公，大理丞裴谈也被提拔为刑部尚书，又将李朝隐外放为闻喜令。

武三思示意太子李重俊奏请中宗灭敬晖等人的三族，唐中宗没有同意。中书舍人崔湜对武三思说："以后要是敬晖等人又回到朝中，仍然要成为祸患，您最好派使者过去以皇帝的名义把他们全部杀掉。"武三思问他可以派谁去，崔湜把大理正周利用推荐给他。在这以前，周利用由于遭到敬晖等人的憎恶，被贬为嘉州司马。武三思于是让周利用代理右台侍御史职务，奉命出使岭外。等到周利用到达岭外时，张柬之和崔玄炜已经死去；周利用在贵州遇到桓彦范，便令人将桓彦范捆绑起来，把他放倒在竹筏子上拖着走，一直到身上的肉被磨掉露出骨头时才将他用杖打死；在抓住敬晖后，便将他剐死。袁恕己平常服食丹药，周利用硬逼着他喝有毒的野葛汁，袁恕己喝下好几升之后还没有被毒死，毒性发作，袁恕己难以忍受，用手去扒土，几乎所有的指甲都被磨掉后，周利用才让人用棒子把他活活打死。周利用回到洛阳后，被提升为御史中丞。薛季昶屡遭贬黜，在被贬为儋州司马时服毒自杀。

武三思杀死张柬之、敬晖、桓彦范等五人之后，权势比唐中宗还大，经常说："善人恶人是什么我不知道，我只知道对我好的人就是善人，对我不好的人就是恶人了。"

景龙二年（708年），后宫里传开了皇后衣箱出现五色彩云的"征兆"。韦氏家族的大臣们也"引导韦氏行武后故事"。从表面上看来，"武周革命"的历史又悄悄地重演了，只不过是主角换了姓名而已。

韦后在那里以异乎寻常的热情进行着"革命"的准备，她的宝贝女儿安乐公主也不甘寂寞。在丈夫刚刚死后，她就同早已与自己有勾搭的武延秀再婚。武延秀是武承嗣的小儿子，据说貌美姿媚，作为武则天时期与少数民族"和亲"政策的牺牲品，曾"出嫁"到突厥，娶默啜可汗女，但突厥人因他不是李唐宗室而拒婚。结果因祸得福，因为武延秀会唱突厥歌，会跳胡旋舞，得到安乐公主的青睐。而武延秀的野心，并不比韦后和安乐公主的野心小。当上驸马以后，他似乎看到了实现野心的希望。公主府里的下属顺着武延秀的意思，对他进言道："今天下苍生，犹以武氏为念，大周必可再兴。按谶书云：'黑衣神孙披衣裳'，驸马即神皇之孙也。"这些逢迎拍马者的鼓动，说得武延秀跃跃欲试，企图和安乐公主成就一番"大事"。

但是，历史的第二次重演，往往是闹剧。韦后与安乐公主，有武则天式的野心，却没有武则天式的本事；武延秀等人，有武承嗣和武三思式的权势，却没有武承嗣和武三思式的算计。后人曾评价说："韦庶人、安乐公主、武延秀等，可谓贵矣，可谓宠矣！权侔人主，威震天下。然怙侈灭德，神怒人弃。"所以，他们的失败，在一定程度上是难免的，只不过是使怯弱而又糊涂的中宗成了宫廷斗争的牺牲品。

太子李重俊政变不成，使李隆基对政变问题有了更深刻的认识，最起码使他对政变的严峻性和危险性有了直接的感观，看到了仓促起事、准备不周而导致失败的血的教训。从武则天执政起，宫廷斗争就连续不断。李隆基及其父亲唐睿宗李旦，作为武则天的儿子和孙子，一直处在这种斗争的焦点上。在李隆基还是一个九岁幼童的时候，由于皇室的继嗣之争，李成器的生母刘氏和李隆基的生母窦氏惨遭飞来横祸，于长寿二年（693年）被武则天所杀。李隆基的外祖父也被贬职为罗州（今广东广西交界处）司马，一家被流放岭南。这一变故，肯定给年幼的李隆基留下了深刻的印象。唐中宗李显是个庸碌无为的皇帝。他重用外戚，在反正复唐后，几乎又酿成一场新的灾难。

早在高宗去世时，中宗第一次即位，就把国家大权交给了皇后韦氏家

族。他任用韦皇后之父韦玄贞为侍中，执掌门下省。顾命大臣裴炎极力反对，以为不可。中宗大怒，称："我以天下与韦玄贞何不可？！而惜侍中邪！"消息传到武则天那里，武则天大怒，就把中宗的皇位给废掉了。在宣布废中宗为庐陵王时，中宗还不服气，反问武则天道："我何罪？"武则天回答说："汝欲以天下与韦玄贞，何得无罪？"中宗反正以后，他并未吸取第一次当皇帝时失位的教训，而是又把大权交给皇后韦氏。韦氏热衷权势，比武则天有过之而无不及，但她的政治才能，则与武则天有天壤之别。

李隆基环顾朝中，几大实力人物均不足以与韦后对峙：父亲李旦过于软弱，姑妈太平公主声誉不佳。李隆基把众强屏息的形势视为自己发展的好机会，当仁不让地接过了为唐室靖难的重任，借以实现他的人生追求。他把在潞州组集团的经验成功地搬到了首都，将一些才识之士和豪富吸收为骨干。在他的帐下，最出色的人物是县尉刘幽求和皇苑总管钟绍京。有了基本阵营，他开始和太平公主频繁接触，以求结盟，希望改变政局的太平公主，自然表示通力合作；最后一步是落实武装力量——在王毛仲的作用下，李隆基和羽林军精锐万骑部队也形成联盟。

李重俊和武三思同归于尽，韦后感到得大于失。这时，中宗已经成了韦氏集团夺权最后和最大的障碍。景龙四年（710年）六月夏末一天，中宗中毒暴崩。

随后，韦后开始效仿武则天知政事。在韦氏亲信控制的外地部队陆续调防京城后，朝野间对中宗的突然死亡没有公开的异议，精明的韦后不敢径自走向帝位，她抬出李重茂做少帝暂时充当一下傀儡，以完成必要的过渡。韦后的这些作为，成全了李隆基，让李隆基可以打着捍卫唐室、为中宗复仇的旗号，名正言顺地动手了。

精心谋划，铲除韦氏

景龙三年（709年）四月，定州人郎岌上言："韦后、宗楚客将要兴兵作乱。"韦后下令用杖刑把郎岌打死。五月，许州司兵参军燕钦融又上言："皇后荒淫无度，破坏了礼仪章法，干预国家政治，安乐公主、武延秀、宗楚客阴谋叛乱已威胁到了国家生存。"唐中宗召见并当面质询他，燕钦融镇定自若，慷慨激昂地阐明了他的观点，唐中宗听后，若有所悟。宗楚客却假传圣旨让飞骑士兵将燕钦融摔死在殿庭石上，并非常得意。唐中宗看见宗楚客根本不把自己放在眼里，心里觉得十分不舒服，而且中宗不满韦后及安乐公主迫害自己胞弟相王李旦，这些让韦后及其党羽十分担心。

景龙四年（710年）六月初二，韦后和安乐公主与经常出入宫廷的散骑常侍马秦客、光禄少卿杨均秘密筹划，在皇帝饭菜中下了剧毒，结果唐中宗被毒死在神龙殿。

关于中宗的死因，《旧唐书》和《资治通鉴》均认为是毒死。但也有史学家认为，中宗实际是患病而死。所谓毒死之说，实际上是李隆基执政后为自己诛灭韦氏寻找合法依据的掩饰。《剑桥中国隋唐史》的作者也认为中宗被毒死的说法缺乏证据。不管中宗是不是韦后毒死的，韦后显然是把中宗之死作为自己临朝听政的一个台阶，她和安乐公主在中宗死后的所作所为，把她们母女置于一个不利的地位。

就在中宗去世的当天，韦后秘不发丧，先由上官婉儿和太平公主起草中宗的“遗制”。遗制内容的核心是确定中宗死后的帝位继承人。中宗共有四个儿子：长子李重润，在武则天时被张易之兄弟迫害致死；次子李重福，因与重润案件的牵连，被幽禁于均州（治所在今湖北丹江口）；三子李重俊，在肃章门之变中被杀；四子李重茂，当时十六岁。由于李重福尚在幽禁之中，连祀天大典都不许他参加，更不用说让他继承帝位了。景龙三年（709年），中宗亲祀南郊，大赦天下，流人并放还。重福不得归京师，尤深郁快。所以，中宗死后，如果不考虑其他因素，仅在中宗之子中间选择继位者的话，可选的对象只有李重茂一人。而韦后的用意，是要由她来听政。参与起草遗制的太平公主，本来就对韦后的专权不满，而且早已在私下里与相王、李隆基结交甚厚，在起草遗制时，把相王摆在了重要的位置，用以牵制韦后。遗制草稿中，除确定立中宗最小的儿子温王李重茂为太子外，最主要的是两个内容：一是决定由韦后知政事，二是决定由相王参谋政事。显然，太平公主是想用相王对韦后形成制约。

中宗死后的第二天，韦后召集了有十九位大臣参加的政务会议，与会大臣多是韦后的党徒。会前，宗楚客就与韦温密议，提议修改太平公主起草的遗制，取消相王的参谋政事权。宗楚客以叔嫂不通礼的习俗理由为据，对相王的参谋政事权发难，说：“今须请皇太后临朝，宜停相王辅政。且皇太后于相王居嫂叔不通问之地，甚难为仪注，理全不可。”虽然苏瑰在会上坚决反对，称：“遗诏是先帝意，安可更改？！”但在韦温、宗楚客的压力下，会议最终决定罢相王辅政。六月四日，韦后发丧，宣布遗制，改元“唐隆”。六月七日，太子李重茂即位，由太后韦氏听政。

后来，睿宗即位后，形容当时的情势说："韦温、延秀，朋党竞起；晋卿、楚客，交攙其间。潜结回邪，排挤端善，潜贮兵甲，将害朕躬。"这种说法，难免有夸大其词的成分，却反映了睿宗当时受韦氏排挤打击的部分事实。

韦后"智识浅短"，当然，她也采取了两个防范措施：一是用韦氏子弟守卫京城，令从父兄韦温总知内外兵马，守援宫掖，又引从子播、族弟培、弟捷、灌等，分掌屯营及左右羽林军，并调来诸府折冲兵五万人，屯防京城，均由韦氏子弟统领；二是派人加强对中宗次子李重福的看守，"遣令左屯卫大将军赵承恩以兵五百人就均州守卫重福"。韦后任命刑部尚书裴谈、工部尚书张锡为同中书门下三品，留任东都留守。韦后任命吏部尚书张嘉福、中书侍郎岑羲、吏部侍郎崔湜为同平章事。而对于暗中策划反对她执政的李隆基和太平公主，则完全失去防范，与之敌对的相王府没有引起她的重视。

实际上，有的韦党对相王还是有警惕的。如大臣李峤，在中宗刚死就给韦后密奏，建议"请处置相王诸子，勿令在京"，但韦后根本不把这一警告当回事；而且韦氏也太性急了一点，李重茂刚刚即位七八天，她就开始策划"革命"。六月十二日，她的党徒宗楚客、武延秀、诸韦子弟以及司农卿赵履温、国子祭酒叶静能，"共劝韦后遵武后故事"。宗楚客还秘密上书，称引图谶，谓韦氏宜革唐命。一时间"京城恐惧，相传将有革命之事，往往偶语，人情不安。"韦氏急于"革命"，反而在京师形成了动荡气氛，有利于李隆基和太平公主暗中起事。

韦后的子弟和亲信同党手中掌握了南北卫军的兵权，还控制了很多要塞，势力几乎覆盖全国的各个地方，宗楚客与太常卿武延秀、司农卿赵履温、国子祭酒叶静能及诸韦聚集在韦后周围。韦后集团想铲除相王李旦和太平公主，因为他们两人很可能会成为韦后集团夺权路上的障碍。相王李旦的儿子临淄王李隆基在此之前已被免去潞州别驾的职务，在京师私下招募智勇双全之士，密谋光复唐室。

兵部侍郎崔日用平常一向依附韦后及武氏集团，与宗楚客交情也很好，他得知宗楚客的阴谋以后，害怕自己也会身遭不测，就派宝昌寺僧人普润秘密地去向李隆基报告这件事情，同时，还告诉李隆基尽快发兵以抢得先机。

李隆基于是与太平公主及其卫尉卿薛崇晾、西京苑总监赣县人钟绍京、尚衣奉御王崇晔、前任朝邑尉刘幽求、利仁府折冲麻嗣宗等人谋划先行出兵发难，铲除韦氏集团。韦播、高嵩两人多次毫不留情用鞭抽打万骑兵，以此树立两人在万骑兵中的威严，这样做的后果导致了万骑兵对他的怨恨。葛福顺和陈玄礼向李隆基诉说此事。李隆基暗示他们应当铲除韦后集团，两人听后都信誓旦旦地表示愿意效忠，参与了具体谋划的还有万骑果毅李仙凫。

有人建议李隆基应当把这件事告诉他的父亲相王李旦，李隆基回答说："我们这些人是为大唐的江山社稷才干这种事的。如果事情成功了，对相王来说也是一件好事，但是万一失利了，我们为了国家牺牲自己就行了。如果告诉相王，让他也陪着我们牺牲，这是非常不值得的。若父亲不同意，则难免会坏了大事。"于是，李隆基把这件事瞒了下来。

参与政变密谋的有下列人员：李隆基最主要的谋士刘幽求，太平公主的儿子薛崇简，太平公主府的典签王师虔，尚衣奉御王崇晔，利仁府折冲麻嗣宗，万骑果毅葛福顺、李仙凫，前商州司马崔谔，还有兵部侍郎崔日用派来联络的宝昌寺僧人普润、东明道士冯处澄、山人刘承祖。从崔日用的情况来看，当时已经有一批洞察风向的官僚开始转向，支持李隆基。史载崔日用本来依附于韦后集团，与宗楚客相善。看到宗楚客等人的倒行逆施，恐怕连累了自己，就改换门庭，投靠李隆基。崔日用“知玄宗将图义举，乃因沙门普润、道士王晔密诣藩邸，深自结纳，潜谋翼戴”。李隆基已经拥有了以太平公主为首的皇室支持和以葛福顺等人为代表的禁军支持，现在又有了官僚集团的转向和支持，多了几分成功的把握。史书称：“及立温王（即太子李重茂为少帝），数日，天下之心归于相府，难为其议。”所谓“天下之心”，显然不是远离权力中心的芸芸众生，主要的应该是那些善于观察政治气候的官僚。

二十日，李隆基身穿便服与刘幽求等人进入禁宫之中，到钟绍京的住所集合。此时钟绍京已颇有悔意，便想退出行动，他的妻子许氏对他说：“那些为了国家大事而不计较个人安危的人一定会得到上天的帮助，再说你平时就一直与他们一起谋划这件事，就是你现在不参加了，也不能没有牵连。”钟绍京听完后赶忙开门出来拜见李隆基，李隆基拉着他的手与他一起坐下。这时左右羽林军将士都驻扎在玄武门，等到夜幕降临之际，葛福顺和李仙凫都来到李隆基处，询问开始行动的信号好方便行动。二更时，夜空的流星像雪一般散落，刘幽求说道：“这是上天的意愿，要我们这样做，这样的时机一错过就再也不会有。”葛福顺拔剑直闯羽林营，将韦培、韦播、高嵩三人斩首示众，高声说道：“韦后毒死先帝，图谋不轨，今天晚上我们要通力合作，铲除韦氏家族，所有的人都格杀勿论，拥立相王为帝以安定天下。假如有人胆敢当奸细，帮助叛军，给他判的罪要株连三族。”羽林军将士全都表示服从。钟绍京率领着两百多工匠，拿着斧子锯子跟在后面。李隆基派葛福顺率领左万骑攻打玄德门，派遣李仙凫率领右万骑攻打白兽门，双方约定在凌烟阁前会师后，就发出大声的叫喊故意制造出混乱的声势。葛福顺等人分别杀掉守门的兵将，攻入宫中。然后，李隆基在玄武门勒兵等待。三更时分，李隆基听到噪声，率众突入玄武门，进攻太极宫太极殿。太极殿内守卫中宗灵柩的南牙卫兵，在糊里糊涂中仓促迎战，很快就被李隆基参与和政变的万骑禁军击溃。太极宫中一片混乱。混乱之中，韦后惊慌不知所措，逃入太极殿飞骑营，被军士所杀。安乐公主正在揽镜画眉，听到宫中喧哗作乱，逃到太极殿西侧的右延明门，被政变的兵士追及，斩其首。武延秀逃得稍微远一点，出了肃章门，但也被兵士杀掉了。至此，禁宫已完全被李隆基的人马所控制。

第二天，李隆基下令关闭宫门和长安城诸门，分遣万骑，搜捕韦氏党羽，韦温、宗楚客等皆被杀。从唐朝开国起，韦氏就是长安的名门大族，在京城南侧的杜曲韦曲（今陕西长安县）一带，尽是韦姓之人。在清查韦氏余党时，“崔日用将兵杜曲，诛诸韦略尽，绷子中婴孩亦椳杀之。诸杜滥及者非一”。当局势稳定下来后，李隆基听从刘幽求的建议，赦免韦氏支党，以安定人心。“逆贼魁首已诛，自余支党一无所问”。在李隆基率军攻入宫中时，上官婉儿亲自拿着灯笼，带领宫中众人迎接；并把她起草的中宗遗诏的底稿拿出让刘幽求看。刘幽求替她向李隆基求情，李隆基没有答应，下令将上官婉儿在旗下斩首。

兵变成功后，刘幽求求权心切，提出“何不早定”相王为帝，李隆基制止了这一鲁莽举动，名义上仍然尊少帝李重茂为帝，采取的措施在表面上只不过是“迎相王，辅少帝”而已，但在实际上，韦氏党徒已被殄灭，相王和李隆基掌握了实权。相王一“辅政”，就册封李隆基为平王，牢牢控制了禁军。太平公主直接参与政务，其子薛崇简被封为立节王。政变的功臣钟绍京守中书侍郎，刘幽求为中书舍人，把持了发布政令的中书省。相王登基，只是一个时间上的迟早问题。

在太平公主的极力主持下，相王很快就成了名副其实的皇帝。六月二十三日，太平公主传来了少帝的旨意，请让位于相王。至于少帝是否心甘情愿地让位，那只有天知道了。李隆基的地位也同时发生了变化，任殿中监，同中书门下三品，成为堂而皇之的宰相。六月二十四日，在太极殿正式举行传位仪式，少帝坐于御座，相王立于中宗灵柩旁。太平公主冲着少帝问道："皇帝欲以此位让叔父，可乎？"刘幽求等大臣跪奏拥护，太平公主就不耐烦了，直接把少帝从御座上提了下来，说："天下之心已归相王，此非儿座！"李隆基主持的政变，经太平公主之手，画上了一个完满的句号。

据正史记载，政变过程中相王并不知情，取得成功后，李隆基才去谒见相王，"谢不先启请之罪"。而相王也把全部功劳都归于儿子，说："宗社祸难，由汝安定；神祇万姓，赖汝之力也。""有大功于天地，定阽危于社稷。"史书把政变成功的功劳归之于李隆基，原因与唐之建立归功于太宗相似。与他的祖父一样，玄宗也亲自插手干预了他这一时期的历史，以确保任何史料都不能与这种官方解释有矛盾。但是，这种观点，由于史料证据不够充实，逻辑推论的成分远远大于史料的记载，所以，并没有在中国史学界得到多数支持。

认为政变主谋不是李隆基的观点，作为逻辑推理的结论，存在着一个很大的漏洞，即李隆基为什么能当上太子？另外，李隆基发动的玄武门之变和他的祖父唐太宗发动的玄武门之变，有一个很大的区别，就是李隆基的玄武门之变中诛灭的是韦后，而唐太宗的玄武门之变中诛灭的是自己的弟兄。所以，唐太宗在登基后利用修史抹杀他的兄弟在建国中的功绩，特别是李建成的功绩，具有合乎情理的动机。而李隆基在登基后，如果要抹杀他姑母的功绩，动机上的必要性不足。更重要的问题在于，如果李隆基不是政变的实际领导人，那么，他的太子位置就无法得到，政变成功后“以功建储”的做法就没有依据。显然，不论是从大量的史料来看，还是从李隆基能够按“以功建储”的原则当上太子的事实推论，人们还是普遍认为，政变是李隆基发动与领导的。否定这一点，就无法解释李隆基为什么在政变后能成为政务的实际主持人，也无法解释嫡长子李成器在政变后对太子位置的推辞。不论怎样说，尽管太平公主对于政变的成功有着十分重要的作用，但李隆基在政变中的功绩是不容否认的。

睿宗当上皇帝后，面临的第一个问题，又是困扰了唐王朝多年的继嗣人选问题。从武则天开始，立嗣往往是政治斗争的起源之一，甚至往往是引发政变或叛乱的导火线之一。因此，睿宗对自己的继嗣人选采取了格外慎重的态度。按照古代立太子“立长不立贤”的惯例，太子当非成器莫属；而论政变复唐之功，则除隆基更无他人。对此，睿宗和皇室宗亲以及大臣们协商了三天。“时将建储贰，以成器嫡长，而玄宗有讨平韦氏之功，意久不定。”在大臣们的拥戴下，在李隆基兄弟之间的推让下，确定平王李隆基为太子。

在商议立太子的过程中，追随李隆基发动政变的大臣们起了重要作用，特别是刘幽求，是主张立李隆基为太子最积极的一个。他直接对睿宗说：“臣闻除天下之祸者，当享天下之福。平王拯社稷之危，救君亲之难，论功莫大，语德最贤，无可疑者。”刘幽求等人的拥戴，实际上意味着李隆基的羽翼已成。作为皇帝，睿宗必须考虑这一因素。

睿宗的继嗣问题得以顺利解决，与李隆基兄弟之间的和睦相让也有一定关系。从小到大，李隆基兄弟之间的关系一直比较融洽。不论是在东都还是在西京，他们弟兄五人，号称五王，出则同行，入则同寝。后来成器死后，李隆基在奠文中回忆自己兄弟之间的关系说："五王，同开邸第。远自童幼，洎乎长成，出则同游，学则同业，事均形影，无不相随。"因此，从一开始商议立太子起，嫡长子李成器就坚决推辞，向睿宗以及大臣们累日涕泣固让，言甚切至。他辞曰："储副者，大之公器，时半则先嫡长，国难则归有功；若失其宜，海内失望，非社稷之福。臣今敢以死请。"在李成器的推辞下，李隆基当太子，就显得顺理成章了。而李隆基起码在表面上也持推让态度，再三表示："臣闻立嫡以长，古之制也。岂以臣有薄效，亏失彝章。伏愿稽古而行，臣之愿也。"李隆基的推让，不管是出于真心还是出于假意，都有助于立太子的顺利进行。

李隆基被确立为太子，奠定了他在政治上有所作为的基础。按照中国古代的一贯做法，为了保证皇帝的权威不受侵犯和干扰，太子通常不能过问政事。但是，李隆基的太子位置，不是按照中国古代的"一贯做法"得来的，而是通过罕见的"以功建储"的途径得来的，所以，太子不过问政事的惯例也就随之被打破。从被立为太子起，李隆基就积极地参与国事。

就在立太子后的不到一个月内，睿宗主持进行了一系列人事变更。而这种变更，基本上是顺着有利于李隆基的局势发展的，很有可能睿宗就是按照李隆基的主意来任免官员的。对李隆基政治生涯影响极大的两位政治家姚崇、宋璟被任命为同中书门下三品，即宰相。除姚、宋两人外，还任命了韦嗣立、萧至忠为中书令，赵彦昭为中书侍郎，崔湜为吏部侍郎，并同平章事。姚崇、宋璟两人与其他一大批拥护太子的官僚，聚集于太子的旗帜下，借助睿宗对李隆基的信任，采取各种措施，发布了一系列诏令，以拨乱反正和平反中宗时期的冤假错案为主要内容，开始了他们在国家政治上的建树。“璟与姚元之协心革中宗弊政，进忠良，退不肖，赏罚尽公，请托不行，纲纪修举，当时翕然以为复有贞观、永徽之风。”

李隆基拨乱反正的首要措施，是吸取韦后以及安乐公主等人专权的教训，改变武则天以来政治上的动荡局面，反对外戚公主干预政治，形成一个安定的政局。其次，针对诸武和诸韦的专权都是出用人不当而起的弊端，从官吏任用入手，修举朝纲，严明政纪，废止不经宰相衙门的“斜封官”。姚崇的身份，是以兵部尚书兼宰相；宋璟的身份，是检校吏部尚书、中书令兼宰相，两人一文一武，掌握了官吏任用大权。史称宋璟在官吏任用上进行了较大的改革，“璟与侍郎李义、卢从愿等，大革前弊，取舍平允，铨综有叙”。对被韦后迫害致死的郎岌、燕钦融予以平反昭雪，追赠为谏议大夫。对遭武三思等贬谪的五王（即拥戴中宗复辟的张柬之、桓彦范、敬晖、崔玄炜、袁恕己），予以恢复名誉和官职爵位。对中宗时反对韦后和安乐公主、发起肃章门之变并杀了武三思的原中宗太子李重俊，也予以追复名号。这些举措，虽然都是以睿宗的名义实施的，但基本上是李隆基的主意。推行这些举措的大臣，特别是姚崇、宋璟两人，属于李隆基的拥戴者。

李隆基与姚崇、宋璟等人力图扭转中宗以来“外戚与诸公主干预朝政，请托滋甚”的举措，不可避免地与太平公主在政治上的权力发生了冲突。于是，太平公主开始了废除太子的密谋活动。在李隆基和太平公主争斗的初期，由于睿宗对太平公主的袒护和支持，一度使李隆基的处境十分不利，甚至在一定程度上使他处于危险境地。

关于睿宗对太平公主的偏袒和纵容，旧史家多言睿宗昏庸懦弱。实际上，睿宗懦弱是实，昏庸则不然。他对国家大事和政治举措，头脑还是很清楚的，与他的前任皇帝中宗相比，两人有着天壤之别。至于睿宗即位不久，对李隆基与太平公主的冲突采取“和稀泥”态度，甚至在某种程度上支持太平公主，抑制太子，并不能说明睿宗昏庸，而只能说明睿宗精明。睿宗的皇位在当时还不够稳固，还需要太平公主的大力支持，所以，他只能迁就自己的妹妹而委屈自己的儿子了。另外，睿宗毕竟经过了多年的政治风波，形成了老成持重的性格，他对权力斗争的各个方面、各种因素都能认真地权衡，而且较为谨慎小心。因此，在没有绝对把握的时候，睿宗必然会对太平公主让步。一旦时机成熟，条件变得有利，睿宗就会收起自己平时懦弱的一面，毫不犹豫地采取措施。就在李隆基与太平公主争斗不已的关键时刻，睿宗先后采取了极为明智而且极为重大的两个措施：一是令太子监国，以明君臣关系；二是及时决定退位，让位于太子。回过头来看，这两个举措充分表现了睿宗精明能干的一面。

景云元年（710年）二月，睿宗采纳了姚崇、宋璟的建议，断然宣布，太子的兄弟李成器、李隆范、李隆业和高宗的长孙、章怀太子李贤之子李守礼，均另行安置。有可能与太子产生争夺皇位的李成器和李守礼，外放担任刺史；李隆基的弟弟李隆范和李隆业，则分别担任左右卫率。太平公主则被令离开京师，到蒲州（今山西永济）安置。接着，睿宗听取了张说的提议，宣布由太子监国。这就意味着太子李隆基的政治地位已不可动摇；睿宗已把部分朝政交给了他。李隆基监国后，开始名正言顺地处理政务。按照当时的太子监国的规定，六品以下官吏的任免，徒罪以下的司法判决，均由太子负责。

登基称帝，诛杀太平

景云元年（710年）六月，睿宗下诏册立李隆基为太子。被韦后外放在均州（治今湖北省郧县）的李重福，满腹说不出的苦恼。他曾秘密制订了一个反韦计划，箭以上弦，可惜被李隆基捷足先登。叔父的登位，打破了他家对皇位的垄断，自古帝位传子不传侄的规矩，使他今生再无可能龙袍加身。在政客们的怂恿下，他决定以其人之道还治其人之身，用武力夺取皇统。

他见长安难以下手，便选择了洛阳为起事地点，若能得手，进则兵叩长安，守则以东都与西京分庭抗礼。当他带着部队在城内起事后，遭到了当地驻军的猛烈反击，顷刻全部覆灭。他走投无路，跳水自杀，尸身打捞起来后按照睿宗的命令被碎尸万段。

李隆基监国之后，太平公主借着她与睿宗的亲密关系，开始了反扑。和韦后相比，太平公主要更难斗。从政治手段上看，太平公主比武则天以来在政坛上红极一时的诸武、二张都要高明得多。“太平公主沉断有谋，则天爱其类己。诛二张，灭韦氏，咸赖其力也。”作为睿宗来讲，太平公主是自己唯一的亲妹妹，而且在政变中竭力扶持自己，特别是叱咤太极宫，把少帝李重茂从皇帝御座上提下来的情景，历历在目。所以，睿宗对“频著大勋”的公主“益尊重”。在睿宗复位后的这段时间，他在政治上一靠李隆基，二靠太平公主。每当宰相奏事，睿宗总是问两句话：一是“与太平议否？”二是“与三郎议否？”“上常与之图议大政，每入奏事，坐语移时；或时不朝谒，则宰相就第咨之。”而太平公主也热衷于政治权力，借睿宗对自己的尊重、信任以及李隆基对自己的畏惧、敬仰，操朝政大权于股掌之上。“公主所欲，上无不听，自宰相以下，进退系其一言，其余荐士骤历清显者不可胜数，权倾人主，趋附其门者如市。”旧史家把太平公主的专极归纳为“景云继立，归妹怙权”。

在睿宗登上帝位之前，李隆基与太平公主的良好关系，得益于两人共同的政治地位。中宗时任用诸韦，冷落了太平公主，所以太平公主可以与相王府携起手来反对韦氏专权。但到睿宗当皇帝后，太平公主和李隆基成了睿宗理政的左臂右膀，而两人的政见又往往相左。太平公主干练老辣，老谋深算；太子李隆基初出茅庐，踌躇满志，两人难免会形成针尖对麦芒之势。于是，在睿宗执政的短短几年内，李隆基与太平公主的明争暗斗，几乎一直没有中断。

对此，睿宗断然决定，自己退居太上皇，提前传位给太子李隆基。睿宗只当了几个月的皇帝，突然提出退位，在朝廷中引起了一定的震动。显然，睿宗提出的退位，从情势上来说是主动的，与唐初李世民发动玄武门之变后的高祖退位相比，有着明显的不同。高祖是在李世民兄弟相残之后，迫于形势不得不退位，而睿宗还没有到皇帝当不下去的地步。另外，李隆基虽然在睿宗登基的政变中立有大功，但他的势力也远不能与唐初太宗发动政变时的势力相比。在中国历史上，“素怀淡泊”而不愿当皇帝的君主是十分少见的，英明的君主为了实现自己的抱负不愿退位，昏庸的君主为了满足自己的贪欲不想退位。所以，睿宗退位打算，在当时的多数人看来，几乎匪夷所思，难以理解。各种政治力量对睿宗“传位于太子”的表示，呈现出不同的反应。大臣们在没有摸清睿宗的真实想法之时，只好暂不吭声，“群臣莫对”。有些大胆一点的大臣，则采用不同方式试探虚实。属于太平公主和太子两大集团的成员，也都从自己的利益出发纷纷表态。太子右庶子李景伯奉李隆基之命，急忙上疏推辞，甚至表示连监国也要让出来。依附于太平公主的殿中侍御史和逢尧，则根据公主的意思对睿宗说：“陛下春秋未高，方为四海所依仰，岂得遽尔！”第一次传位未成，睿宗就把执政大权委与太子，颁发制书道：“政事皆取皇太子处分，若军马刑政、五品以上除授，政事与皇太子商量，然后奏闻。”接着，睿宗继续做传位太子的准备。由于太平公主的干扰、大臣的阻止、太子的推让，传位过程反复曲折。

睿宗提出的退位建议，使李隆基再次受到了政治上的考验。为了使自己处于主动地位，李隆基以退为进，于五月提出了两条建议：一是让位于李成器，二是召太平公主还京。“太子请让位于宋王成器，不许。请召太平公主还京师，许之。”睿宗不许太子让位，说明了他对李隆基的信任；而允许太平公主回京，说明了他对公主的让步。

此时，朝廷中形成了睿宗、李隆基、太平公主鼎足三分的局面，说是三分，实则是太子和公主两大集团平分秋色，睿宗不过顶着个虚名。李隆基和太平公主一度密切合作的关系，在新形势下已变得针锋相对，甚至势如水火了。他们的争斗日益加剧，在明争暗斗的同时，努力扩张势力范围。

太平公主为了达到废立太子的目的，先与侍中、太子少保韦安石再联络。由于太平公主的策动，睿宗也召来韦安，问道：“闻朝廷皆倾心东宫，卿宜察之。”韦安石回答说：“陛下安得亡国之言！此必太平之谋耳。太子有功于社稷，仁明孝友，天下所知，愿陛下无惑谗言。”据说，睿宗在询问韦安石时，太平公主就在帘下窃听。所以，睿宗的发问，在很大程度上是试探性质的。太平公主为了进一步掌握李隆基在大臣中、特别是在宰相中的支持程度，同时也是为了动摇李隆基的根基，就借自己的权势，“乘辇邀宰相于光范门内，讽以易置东宫”，众宰相大惊失色。宋璟抗言道：“东宫有大功于天下，真宗庙社稷之主，公主奈何忽有此议！”宋璟的对抗，反映了宰相中对另立太子的反对情绪。

太子监国一年后，京城中流言飞扬，称太子将夺取帝位自立。一个术士上奏说：“天象中帝座星有灾，解教的办法是让太子做天子。”

睿宗似乎对公主与太子的这种争斗感到相当厌倦了。从他的经历来推测，他提出退位建议很可能是真诚的。宋人评价说：“盖自高祖以来，三逊于位以授其子，而独睿宗上畏天戒，发于诚心，若高祖、玄宗，岂其志哉！”于是，星象的变化，反而成了睿宗坚决退位的绝好理由。他原来提出退位，太子和公主都不赞成，大臣们也都不理解，只好作罢。现在，既然星象显示“皇太子当为天子”，睿宗正好顺水推舟，让位于太子，最后下了退位的决心。

睿宗的决心一下，太平公主和太子李隆基双方都感到突然。太平公主力谏睿宗不要退位。睿宗答道：“昔中宗之朝，悖逆（即安乐公主）骄纵，擅权侈靡，天变屡臻。我当时极谏，请择贤子立之，以应灾异。中宗不悦，我忧惶数日不食。岂在彼能谏，于己不行！”。李隆基闻讯，也急驰入宫，叩头问道：“臣以微功，不次为嗣，惧不克堪，未审陛下遽以大位传之，何也？”睿宗答道：“社稷所以再安，吾之所以得天下，皆汝力

也。今帝座有灾，故以授汝，转祸为福，汝何疑邪！”面对李隆基的“固辞”，睿宗甚至说：“汝为孝子，何必待柩前然后即位邪！”睿宗在这时当着太平公主的面指责安乐公主“骄纵”，大有对太平公主不满的架势；而对李隆基的疑问，则强调他“安社稷”“定天下”的功劳。传位一事，成了定局。

关于太平公主与太子李隆基的争斗，史载太平公主“潜有异图”。许多人理解为她有篡位企图，其实不然。太平公主很清楚，随着武则天的去世，当女皇的梦已经再也做不成了，以她的能力，有可能操纵太子的废立甚至皇帝的废立，以保证自己的权势，但不可能由自己直接当皇帝。她的目的，只是要立一个自己能够控制的太子乃至皇帝。所谓太平公主“潜有异图”，在很大程度上可能是李隆基当皇帝后，为说明自己诛灭太平公主的正确性而做好铺垫。

在太平公主与李隆基的明争暗斗中，唐睿宗是一个关键性的人物。史学家对睿宗纵容太平公主多有微词。实际上，从历史事实来看，睿宗在这场争斗中态度是明朗的：他可以给太平公主加封，赋予其经济、政治上的各种特权，并对太平公主称霸地方、抢夺民产、贪赃枉法的行径视而不见，甚至在一定程度上予以包庇，对太平公主推荐的官吏也尽可能予以容纳，甚至重用；但是，在皇位继承问题上，他始终没有对李隆基产生丝毫怀疑，坚定地站在李隆基一边。应当说，没有睿宗的支持，李隆基就很难顺利得到皇位。至于睿宗对太平公主的纵容，一半是出自兄妹的情谊，一半是出自对权势的淡泊。睿宗在皇位问题上的推让态度，无论是对促成武则天时期唐朝的兴盛，还是对李隆基时期开元之治的铺垫，都有着不可忽视的积极作用。

李隆基上表推辞不准后，于景云三年（712年）八月初三即皇帝位，是为玄宗，改年号为先天，尊睿宗为太上皇。太上皇自称为朕，下命令时称诰，每五天在太极殿受一次朝拜，李隆基自称为予，下命令称为制、敕，每天在武德殿受朝。三品以上官员升降及大刑政由太上皇决断，其余由李隆基决定。

李隆基当上皇帝之后，与太平公主之间的矛盾更加尖锐，斗争也更加激烈。有睿宗偏袒的太平公主有恃无恐，专权结派。那时的七个宰相中，有四个是她的死党，即窦怀贞、岑羲、萧至忠、崔湜。依附于她的文武大臣也不可胜数，这些人都占据军队和朝廷中的要职，握有实权，他们对太平公主前呼后拥，企图废掉李隆基。一时间，李隆基处在危机之中。宰相刘幽求与右羽林将军张炜密谋利用禁军尽诛太平势力，密谋完毕，密告李隆基说："太平公主一直计划怎么害您，如果您不再早准备应付，一旦他们先发难，连太上皇都有可能被杀，请您准许我们把他们杀了，臣已与刘幽求安排好了，只等陛下的命令。"李隆基认为很对。谁知道张炜口风不紧，让侍御史邓光宾知道了这件事。

李隆基大惧，只得先把自己洗脱清白，上表给睿宗报告了刘幽求和张炜的密谋。睿宗把刘幽求等人抓了起来，治其死罪。"睿宗下幽求等诏狱，令法官推鞫之。法官奏幽求等以疏间亲，罪当死。"玄宗为刘幽求多方辩护，言刘幽求在扶立睿宗即位的政变中立有大功，不可杀。最后，刘幽求被判决流放于封州（今广东封州）。崔湜对刘幽求恨得咬牙切齿，暗中指示广州都督周利贞杀刘幽求。幸有桂州都督得知其谋，把刘幽求扣在桂州（今广西桂林），不让他前往封州，才使刘幽求保住了性命。

关于刘幽求谋杀崔湜和岑羲的起因，《旧唐书》认为是权力官位之

争。《旧唐书·刘幽求传》中称：“幽求初自谓功在朝臣之右，而志求左仆射，兼领中书令。俄而窦怀贞为左仆射，崔湜为中书令，幽求心甚不平，形于言色。”《旧唐书·崔湜传》中称：“崔湜拜中书令，与刘幽求争权不协，陷幽求徙于岭表。”《资治通鉴》不取这种说法，称：“幽求素尽心于玄宗，湜等附太平，非幽求因私愤而害之也。”按照唐朝的体制，尚书省不设尚书令，由左右仆射主事。唐人尚左，左右仆射中，左为上右为下。刘幽求谋杀太平公主的党羽，究竟是因为没有能够当上左仆射而发泄私愤，还是因忠于玄宗而出于公心，现在已不可得知，单独强调其发泄私愤或单独强调其尽忠保主，都可能有失武断，或许两种因素兼而有之。但是，刘幽求的密谋，得到了玄宗的首肯，这是千真万确的事实。

对这一事件，玄宗的处置确有失当之处。作为皇帝与作为太子，处理政务的方式和手段是大不一样的。如果玄宗还是太子，面对太平公主党羽的威逼，在无法和平共处并危及自己地位的情势下，采取非常的暴力手段，应当说不失为一种应急措施。但是，作为皇帝，尽管上有太上皇的制约，下有太平公主的进逼，毕竟已经取得了正统地位，再采用密谋暗杀的方式，显然与皇帝的身份不符。如果玄宗借用自己作为皇帝的特殊身份，避开太上皇与公主，先斩后奏，堂而皇之地自作主张将与自己做对的大臣撤职查办，或者以迅雷不及掩耳之势密诏自己信得过的羽林军诛灭公主党徒，就有可能出现另一种局势。即使太上皇与公主不满，恐怕也无能为力。但是，李隆基身为皇帝而采取了不应该采取的做法，反而使自己处于十分被动的地位。在即位后与太平公主较量的第一个回合中，李隆基失败了。

刘幽求谋杀崔湜、岑羲的密谋失利后，太平公主也看到了自己地位的危险性。至此，她深知自己与玄宗之间的冲突已经不可能和平解决。如果说，在李隆基即位前，太平公主对玄宗的态度是“废而不杀”，还没有到你死我活的地步；而现在，太平公主则要下手了。于是，太平公主开始积极活动，重点是执政大臣和禁军，为自己采取非常手段作准备。

刘幽求被贬出宰相班子后，经太平公主推荐和太上皇力保，公主的死党萧至忠补为中书令。在中宗时，太子李重俊发动肃章门之变失败，中宗清查李重俊同党查到了当时为相王的睿宗以及太平公主头上。萧至忠力保睿宗与公主，由此而得到睿宗的赏识。所以，睿宗推荐保举萧至忠，应该说是正常的。睿宗当上皇帝后，萧至忠在外任晋州（今山西临汾）刺史，秘密结交太平公主，谋求京职。在太平公主的推荐下，他当上了刑部尚书，从此，便成为太平公主的得力干将。太平公主保荐萧至忠，也是有其企图的。

当初王琚参加了王同皎等人谋杀武三思的计划，事情败露后逃命出走，在江都替他人抄书谋生。王琚见太平公主加紧行动，李隆基的地位已岌岌可危，于是对唐玄宗进言道：“现在情势已非常紧急，请陛下迅速行动。”

尚书左丞张说从东都洛阳派人给唐玄宗送来了一把佩刀，意思是请玄宗尽早决断，清除太平公主一党。荆州上长史崔日用入朝奏事，对唐玄宗说：“太平公主意图谋夺帝位由来已久。当初陛下在东宫做太子时，在名分上还是臣子，如果那时想铲除太平公主，需要施用计谋。现在陛下是一国之君，只需要颁布一份诏书，又有谁敢抵抗，不服从您的旨意？！倘若仍优柔寡断，不下定决心，万一让那些叛逆者的阴谋实现了，到时候追悔莫及了！”唐玄宗说：“你说得太对了，只是我怕会惊动太上皇。”崔日用又说道："天子的大孝在于使国家安定，四海太平。如果奸党的阴谋得逞，那么国家的统治将瓦解，国家也会灭亡，这时陛下的孝心又怎么能够体现出来呢？请陛下首先控制住左右羽林军和左右万骑军，然后再把太平公主和她的势力全部消灭干净，这样就不会惊动太上皇了。"唐玄宗认为他说得很正确，便任命他做吏部侍郎。

史载太平公主密谋开元二年（714年）的七月初四发动政变，由左右羽林军首领常元楷和李慈率领禁军，占据玄宗上朝办公的武德殿。窦怀贞、萧至忠、岑羲等依附于太平公主的宰相率南衙卫兵响应，废玄宗，另立新帝。宰相魏知古因在太平公主和玄宗的争斗中持中立态度，被太平公主认为是可以争取的人物，故也被召去预知密谋。结果，魏知古把这一密谋报告了玄宗。

玄宗抢先了一步，与他的两个弟弟岐王范、薛王业，以及亲信宰相郭元振、龙武将军王毛仲、殿中少监姜皎、太仆少卿李令问、尚乘奉御王守一、内给事高力士、果毅李守德等商议确定，七月初三开始动手。这天，玄宗亲自带领王毛仲、高力士等亲信，取闲厩马及卫兵三百余人，从武德殿出发，到太极殿左侧的虔化门，先召见常元楷和李慈，杀了他们两人，把羽林军掌握在手中。这一先着，使太平公主失去了发动政变的依托。接着，开始搜捕太平公主党羽。在朝堂抓住并处死了萧至忠、岑羲，又抓住并处死了李猷、贾膺福等人。窦怀贞闻讯外逃，自缢而死，被玄宗追戮其尸，改姓曰毒。

太平公主逃进山寺，直到事发三天以后才出来，唐玄宗下诏将她赐死在家中，她的儿子以及党羽被处死的有好几十人。薛崇简因为平时经常劝阻他母亲太平公主而被责骂挨打，所以，被破例免予处死，唐玄宗还让其改姓为李，并且允许他保留原任职务。唐玄宗还下令将太平公主的全部财产没收充公，在抄家时发现太平公主家中的财物堆积如山，珍珠宝皿器皿玩物跟皇家府库里的差不多，收养的羊马、拥有的田地园林和放债应得的利息，几年也没收完。

玄宗的这次行动，太上皇确不知情。为了防止太上皇出于兄妹之情干预，同时也是为了防患于未然，玄宗在七月初三特地派宰相郭元振率兵“侍卫”太上皇。当太上皇听到鼓噪声时，不知所措，急忙登上承天门楼，并询问侍从。郭元振奏曰：“皇帝前奉诰诛窦怀贞等，唯陛下勿忧。”待玄宗掌握局面后，即率领王琚等人来到承天门楼上，给太上皇讲明了原委，并以太上皇的名义起草了一份诏令，颁行天下。为了说明玄宗行动的合法性，诏令中称太平公主的党羽叛乱在前，而玄宗的行动在后，说：“逆贼窦怀贞、萧至忠、岑羲、薛稷、李慈、李猷、常元楷、唐晙、唐昕、李晋、李钦、贾膺福、傅孝忠、僧惠范等，咸以庸微，谬承恩幸，未申毫发之效，遂兴枭獍之心，共举北军，突入禁中，将欲废朕及皇帝。朕令皇帝，率众讨除。”这份诏令，由太上皇出面肯定了太平公主党羽“谋逆”的罪状，为玄宗处死太平公主提供了依据。

事已至此，玄宗的羽翼已丰，睿宗作为太上皇，再也无法继续干预政治了。玄宗平定太平公主的第二天，即七月初四，太上皇下诏，“自今以后，军国政刑一事以上，并取皇帝处分。朕方高居大廷，缅怀汾水，无为养志，以遂素心。”当天，太上皇就迁至百福殿，彻底脱离了政坛。

太平公主的依附者，有不少人无德无能，只是靠阿附权势向上爬，其中最典型的当属窦怀贞。窦怀贞是一个“谄顺委曲取荣”的小人，在中宗时，他就百般巴结韦后，韦后拿他开心，把自己的乳母嫁给了他，别人都暗中耻笑，他反而深为得意。睿宗时为金仙公主和玉真公主大兴土木营造道观，别的大臣都纷纷进谏以为不可，唯有窦怀贞不仅大力支持，而且还亲自去监工，“时人谓怀贞前为皇后阿釜，今为公主邑司”。还有如崔湜，依赖太平公主推荐得以见用。太平公主的党羽大都是这样一些人物。

当然，依附于太平公主的人中也有以才能著称的，但却品行不端。如萧至忠，史称其少时就“以清谨称”。神龙年间任御史中丞兼吏部侍郎，仗着武三思的势力，“掌选无所忌惮，请谒杜绝，威风大行”。后任中书令，“时宗楚客、纪处讷、潜怀奸计，自树朋党，韦巨源、杨再思、李峤皆唯诺自全，无所匡正。至忠处于其间，颇存正道，时议翕然重之”。这样一个很能干的官员，却外显清高，内存贪欲，平时以“清俭克己”著称，“及籍没，财帛甚丰，由是顿绝声望矣”。韦后得势时，萧至忠的亡女与韦后的亡弟结为冥婚；韦氏失势后，他立即掘开坟墓，把自己女儿的灵柩搬回去。后来，萧至忠依附于太平公主以求京职，他的妹夫劝道：“如子之才，何忧不达！勿为非分妄求。”他却听不进去。这样一些人物，聚集在太平公主周围，成事不足，败事有余。正如唐人张鹭所说的那样：“并外饰忠鲠，内藏谄媚，翕肩屏气，舐痔折肢。附太平公主，并腾迁云路，咸自以为得志，保泰山之安。七月初三，破家身斩，何异鸳鸯栖于苇苕，大风忽起，巢折卵破。后之君子，可不鉴哉！”

相比之下，追随玄宗的官吏，虽然也有见风使舵的势利之徒，但志在为国为民、处事公正者要多一些，特别是如姚崇、宋璟等大臣，在治理国家上是一把好手。景云二年（711年），姚崇和宋璟被贬后，柳泽就针对奸佞小人充斥朝廷的现象上书睿宗道：“今海内咸称太平公主令胡僧惠范曲引此辈，将有误于陛下矣。谤议盈耳，咨嗟满衢。‘姚宋为相，邪不如正；太平用事，正不如邪。”

玄宗和太平公主的斗争，在本质上是统治阶级内部争权夺利的斗争。在手段上，双方都有不光彩的地方。但是，从总体来看，太平公主的党羽，奸佞小人居多，而玄宗的亲信中，耿直忠正之士居多。因此，对于玄宗诛灭太平公主之举，还是应当肯定的。特别是这场斗争中玄宗的胜利，结束了自武则天以来的宫廷纷争，促成了统治集团的稳定，为开元之治奠定了基础，无疑具有积极意义。

局势稳定下来后，玄宗下令彻底清查太平公主的势力，“穷治公主枝党，当坐者众”，“百官素为公主所善及恶之者，或黜或陟，终岁不尽”；同时，玄宗改组了中枢班子，除了保留郭元振、魏知古等人的宰相职务外，任命政变中的功臣张说为中书令，刘幽求为尚书左仆射、同中书门下三品，王琚则被封为赵国公。其余功臣，或奖或陟，形成了一个新的以玄宗亲信为主的辅政集团。唐玄宗自诛灭太平公主势力，掌握了全部国家军政大权，便把目光和精力投入到治理大唐帝国上面来。

第二章 任人唯贤稳政权 完善立法开言路

唐玄宗粉碎了太平公主的势力之后，终于将国家大权揽于己手。为了使得政局稳定，玄宗李隆基采取了一系列的措施，如任用姚崇、宋璟等贤相，同时量才授官，改革吏治和政治体制；广开言路，寻求治国之法；完善立法和司法，并且严格执法，使得朝政渐入清明。

任人唯贤，重用姚崇

高宗、武后在位期间，困扰唐王朝的主要问题来自最高统治集团的内部。武后临朝后扶植武氏势力、诛杀朝廷大臣和宗室贵族，以及关陇贵族集团势力的严重削弱和寒门庶族势力的兴起，政局颇不稳定。特别是武则天退位后的八九年间，先是太平公主与李隆基同武、韦集团的较量和武、韦集团的覆灭；后是太平公主与皇太子李隆基之间的较量和太平公主集团的覆灭。唐王朝最高统治集团内部对立派别之间斗争的白热化所造成的政局不稳，加之贞观末年“渐不克终”所暴露出来的诸多社会问题，如连年边疆用兵给百姓带来的沉重负担、吏治的败坏、法制的废弛、土地兼并的加重等，阶级矛盾和民族矛盾方面都呈现出尖锐化的苗头。政局不稳和社会矛盾尖锐的苗头，使得唐玄宗在粉碎太平公主集团、总揽国家大权后所面临的形势是颇为严峻的。

面对严峻的形势，唐玄宗深知，为加强皇权，巩固自己的地位，他需要一名既有治国才能又十分忠诚可靠的宰相来辅佐他成就大业。他身边的宰相刘幽求、张说、魏知古，都是“六月政变”（粉碎武韦集团）、“七月事件”（粉碎太平公主集团）的主要策划者之一，立有大功。然而，唐玄宗似乎并不希望功勋显赫的人继续留在他的身边担任宰相；他想寻求一位智谋与才能与刘、张、魏相同，尚未建立勋业而又能忠诚于自己的贤才，来辅佐他治理天下。或者说，发动政变与夺取权力的时候，唐玄宗急需刘、张一类的功臣；而治理天下的时候，他更渴望“有忠臣之操”的贤相。按此原则，唐玄宗决定重新起用姚崇出任宰相。

姚崇（650—721年），才智过人，气节高尚，历任武后、睿宗李旦及玄宗李隆基三朝宰相。他本名元崇，武后时改名为元之。睿宗时，因奏请将太平公主迁居东都被贬职。唐睿宗复位后，召拜姚崇为兵部尚书、同中书门下三品，进中书令。唐玄宗做太子时，太平公主干政，姚崇与宋璟为维护皇权，站在太子李隆基一边，出谋划策。太平公主得知这种情况，十分恼怒，姚崇被贬为申州刺史，后“移徐、潞二州，迁扬州长史”。

姚崇画像

粉碎太平公主集团后，唐玄宗为巩固自己的地位，想起了姚崇这位维护皇权的忠诚卫士。玄宗讲武于新丰时，密召姚崇前来行在。七月十三，讲武于骊山，罢免郭元振的兵部尚书职务。七月十四，唐玄宗猎于渭川，姚崇到达行在，立即受到召见。玄宗与姚崇高兴地一道狩猎，“与俱驰逐，缓速如旨，帝欢甚。既罢，乃咨天下事，衮衮不知倦”。唐玄宗向姚崇说：“卿宜遂相朕。”姚崇因而跪奏：“臣愿以十事闻，陛下度不可行，臣敢辞。”接着，姚崇便提出《十事要疏》。于是，唐玄宗于第二天（七月十五）拜姚崇为兵部尚书、同中书门下三品，封梁国公；不久，迁紫微令（即中书令）。可见，唐玄宗以姚崇为相，是经过深思熟虑和有意安排的。

李隆基在军机大事等方面多询问于姚崇。姚崇独当重任，办事果断、得体，体恤百姓，当时没有人能够相比，深得百姓和皇帝赏识，有“救时宰相”的美称。

姚崇为政特点是“尚通”。他处理军国大政时明察秋毫，机敏过人，善于分析和掌握时机，善于应变，能很好地处理国家大事。玄宗对他非常器重与信任。玄宗向他征询军国要政，单独于便殿接见他时，每次都起身迎接，商议完便走到平台相送。有一回，玄宗召姚崇入宫议事，正遇天降大雨，道路泥泞，就命人抬轿接他入宫。玄宗对姚崇放手使用。一次，姚崇向玄宗奏陈有关低级官吏的任命问题，询问玄宗意见，但问了好多次，玄宗都充耳不闻，置之不理，姚崇惶恐而退。事后，受宠的宦官高力士上谏道：“陛下总理万机，宰相向您奏报政事，应该当面就给予批复，陛下为什么沉默不语呢？”玄宗说：“朕任命姚崇治理政务，是要与他共商大事的，这些小事还用我管吗？”高力上将玄宗之言转告姚崇，姚崇大喜，放手管理政事，尽心辅佐。

姚崇刚拜相时，左拾遗张九龄看到他众望所归，皇上又很器重他，就劝他远离佞臣小人，任命纯厚忠实君子，还说：“选才用人，是为政要务，治理国家就应该这样。以前用人并非不懂得知人善任，失误在于用人时凭借私情。自从君居相位，有用人之权以来，一些奸佞小人已经在下活动，阿谀奉承，极尽其所能，这些人中也有有才之人，但是却少德无耻。君用人一定要非常慎重。”姚崇很欣赏张九龄的才干，采纳了他的建议。

唐中宗以来，崇尚佛教，贵戚王公争营佛寺，让很多人为僧，僧侣享有免役特权，富户强丁有很多通过当僧侣来避徭役。开元二年（714年）姚崇上疏请淘汰僧尼，列举了历史上一些君主信佛却不能使国家长久的事实，说："但使天下百姓安居乐业，就是国家的福祉，何用妄度奸人，坏了正法。"玄宗采纳他的建议，下谓淘汰天下僧尼，计有一万两千多人还俗；又禁止民间铸佛、写经和营造佛寺。这场由姚崇发起的抑佛运动增加了劳动力，节省了大量不必要的花费，有利于社会经济的发展。玄宗之弟薛王李业的舅舅王仙童，盘剥百姓，遭御史弹劾，李业为他求情，玄宗让中书、门下省复审。姚崇和另一宰相卢怀慎上奏："王仙童罪名累累，御史判案有充分证据，并没有冤枉他，不可赦免。"玄宗依法治王仙童之罪，从此很多国戚都收敛锋芒，不敢再倚仗权势破坏法纪了。玄宗的哥哥申王李成义请求玄宗提升其亲王府录事阎楚硅为参军。录事为从九品，是流外官，参军为正七品，为流内官。玄宗应允。姚崇、卢怀慎却上言："先前圣旨规定，王公、驸马有奏请时，没有陛下亲自批示不能生效，而我们认为任用官吏应该根据他的能力，由上级主管部门决定。若是因为亲戚故旧之恩就任意封赏爵位和官职，这和前朝的弊政一样，会重蹈覆辙，败坏纲纪。"玄宗再次采纳建议，没有提拔阎楚硅，从此贵戚们也很少再张口要官了。

姚崇的儿子去世，他告假十天处理丧事，政事堆积，宰相卢怀慎不能处理，很是惶恐，向玄宗谢罪。玄宗说："朕把天下大事委托给姚崇，以卿来坐镇雅俗。"卢怀慎节俭廉洁，两袖清风，虽贵为宰相，却不营资产，常常把俸赐送给亲戚朋友，使得妻子也免不了贫苦，所居院宅也非常简陋，甚至不蔽风雨。姚崇回来后，很快处理完政务，颇为得意。便问中书舍人齐擀："我为相，可与谁相提并论？"齐擀还未答话，姚崇又问：

“可以和管仲、晏婴相比吗？”齐擀答：“管、晏虽不能对后世施行他们的办法，但在当时却很实用。您所施政，刚随时可变，从这一点比，您不如他们。”姚崇问：“那我到底如何呢？”“公可称是救利之相。”齐擀答道。姚崇大悦，挥笔书下：“救时之相，岂易得乎？”

姚崇在初次见面时给玄宗提出的“十事”，即所谓《十事要疏》，无异等于当时的政治宣言。《十事要疏》的主要内容是：一是“垂拱以来，以峻法绳天下”，指的是武则天以来任用酷吏、用峻法治理天下造成了严重后果。二是“朝廷覆师青海，未有牵复之悔”，指的是用兵于青海而惨遭失败，又不肯总结教训，停止边境用兵。三是“比来壬佞冒触宪网，皆得以宠自解”，指的是对皇帝宠信的近臣犯罪不绳之以法的问题。四是“后氏上临朝，喉舌之任出阉人之口”，指的是宦官干政的问题。五是“戚里贡献以自媚于上，公卿方镇浸亦为之”，指的是朝廷大臣、地方长官以及豪强、亲戚以民脂民膏争相向皇帝贡献、献媚取宠的问题。六是“外戚贵主更相用事，班序荒杂”，指的是外戚担任台省要职干政的问题。七是“先朝亵狎大臣，亏君臣之严”，指的是不尊重朝廷大臣的问题。八是“燕钦融、韦月将以忠被罪，自是诤臣沮折”，指的是皇帝拒不纳谏、直言有罪、谏官不愿谏诤的问题。九是“武后造福先寺，上皇造金仙、玉真二观，费钜百万”，指的是大建寺观，耗资巨大而加重百姓负担的问题。十是“汉以禄、莽、阎、梁乱天下，国家为甚”，指的外戚专权篡国的问题。据说，姚崇以语相逼，直到玄宗答应“朕能行之”，才就任了宰相一职。

“姚崇以‘十事’上疏而后辅政，顾不伟哉，而旧史不传。观开元初皆已施行，信不诬已。”据史实观察，《新唐书》所言，确有理由。开元初期，姚崇所提的这十条建议，所涉及的内容大都在当时的政策中得到了体现，而且也得到了贯彻执行。所以，即使姚崇自己没有提出“十事”，“十事”是后人的归纳，也是符合姚崇本意的。实际上，姚崇所提出的“十事”，在一定意义上和贞观时期魏徵等谏臣给太宗所提的各项谏议在指导思想上基本一致，在内容上大同小异；所不同的在于增添了克服从武周到中宗时期各种弊端的建议。这“十事”的推行，可以说就是“贞观之风，一朝复振”的注脚。

开元三年至五年（715—717年）遍及黄河中下游地区的蝗灾，对北方的农业影响最大。玄宗在姚崇的辅助下，同铺天盖地而来的蝗灾展开了一场特殊的战斗。

从开元三年（715年）开始，蝗虫蔓延于山东、河南诸州，各地官员和农民对此束手无策，只有焚香祭拜，求助于天。姚崇得知后，力主派遣官员到各地灭蝗救灾。但是，按照古代的天人感应理论，蝗灾的出现，原因在于天意，人力不可扭转。所以，只要修德养性，蝗虫自然就会消失。而且，满山遍野的蝗虫，究竟能不能杀灭，谁也心中无数。对于姚崇的灭蝗建议，玄宗自己也心怀疑虑。甚至一向对姚崇唯唯诺诺的宰相卢怀慎，在这时也不赞同姚崇的意见，说道：“蝗是天灾，岂可制以人事？外议咸以为非。杀虫太多，有伤和气。今犹可复，请公思之。”在这种情况下，姚崇坚定地坚持自己的主张，说：“今蝗满山东，（黄）河南、北之人，流亡殆尽，岂可坐视食苗，曾不救乎！”假使除之不尽，“犹胜养以成灾”。针对灭蝗会带来灾祸的疑虑，姚崇回答得极为干脆：“昔楚庄吞蛭而愈疾，孙叔杀蛇而致福，奈何不忍于蝗而忍人之饥死乎！若使杀蝗有祸，崇请当之。”“若救人杀虫，因缘致祸，崇请独受，义不仰关。”在姚崇的大力支持下，玄宗也下定了决心，置大臣们的反对意见于不顾。据说，他曾对左右说："与贤相讨论，已定捕蝗之事，敢议者死"，决定派遣御史分赴各地杀灭蝗虫。

在灭蝗的具体方法上，姚崇提出：根据蝗虫夜间趋火的特点，"夜中设火，火边掘坑，且焚且瘗，除之可尽"。为了动员农民杀蝗，姚崇建议实行以捕蝗代赈济的救灾方法，"采得一石者，与一石粟；一斗，粟亦如之，掘坑埋却"。这些措施，使得蝗灾的损害有所减轻，"是岁，田收有获，人不甚饥"。

开元四年（716年），蝗灾复起，姚崇又命捕之。玄宗在遣捕蝗使的敕令中严厉谴责了那些捕蝗不力的官员，说："所由官司不早除遏，任虫成长，闲食田苗，不恤人灾，自为身计"，是严重失职行为；"向若信其拘忌，不有指麾，则山东田苗，扫地俱尽。使人等到彼催督，其中犹有推托，以此当委官员责实。若有勤劳用命，保护田苗，须有褒贬，以明得失，前后使人等审定功过，各具所由州县长官等姓名闻。此虫若不尽除，今年还更生子，委使人分州县会计，勿使遗类。"

但是，对于蝗虫究竟能不能人工捕灭，许多官员仍然心有疑虑。一直为官清正，有"政尚清静，人吏安之"之称的汴州刺史倪若水，拒不执行玄宗和姚崇的命令，称："蝗是天灾，自宜修德。"在中央，也有一些与倪若水类似的官员。以谏议大夫韩思复为代表，对蝗灾的危害深感焦虑："臣闻河南、河北蝗虫，顷日更益繁炽，经历之处，苗稼都损。""游食至洛，使命来往，不敢直言，山东数州，甚为惶惧。"但是，他却不主张人力灭蝗，而是主张玄宗悔过自责，减免不急之役，停罢督责之使，"以答休咎"。对于这种议论，姚崇的反驳十分透彻，说："庸儒执文，不识通变。凡事有违经而合道者，亦有反道而适权者”，如果不捕蝗，势必颗粒无收；“倘不收获，岂免流离；事系安危，不可胶柱”。这坚定了玄宗捕蝗救灾的信念。姚崇还对倪若水的行为立即上疏，针对倪若水修德可以免除蝗灾的说法，以其之矛，攻其之盾，道：“古之良守，蝗虫避境。若其修德可免，彼岂无德致然！今坐看食苗，何忍不救，因以饥馑，将何自安？幸勿迟徊，自招悔吝。”倪若水听取了姚崇的批评，组织力量焚埋蝗虫，“获蝗一十四万石，投汴渠流下者不可胜纪”。在玄宗以及姚崇的坚持下，灭蝗收到了相应的效果，“由是连岁蝗灾，不至大饥”。

到了开元五年（717年），玄宗与姚崇主持的灭蝗斗争开始由被动走向了主动。这年二月，蝗虫尚未出现，玄宗就下诏安排灭蝗，称：“顷岁河南、河北诸州蝗虫为患，虽当遣除瘗，恐今仍生育”，派户部郎中蔡秦客前往河北道，侍御史崔希乔前往河南道，“观察百姓间利害”；同时，下令河南、河北遭蝗灾和涝灾处，免除当年地租。至此，蝗灾基本被控制。

关于玄宗与姚崇主持的灭蝗，旧史历来有不同看法。《朝野佥载》的作者张鹭认为，蝗虫成灾是天谴，作为励精图治的君臣，“当明德慎罚，以答天谴，奈何不见福修以禳灾，而欲逞杀以消祸！此宰相姚崇生燮理之道也”。在当时，玄宗也好，姚崇也好，要不顾传统观念和朝野议论，坚持捕蝗，确需很大的勇气才行。姚崇能够排斥庸儒之见，毫不犹豫，因时通变，反映了他不拘一格的“救时宰相”特征。

姚崇的两个儿子，姚彝任光禄少卿、姚异任宗正少卿。两人“广通宾客，颇受馈遗，为时所讥”。姚崇的亲信赵诲“受胡人赂，事觉，上亲鞫问，下狱当死。崇复营救，上由是不悦”。“崇由是惧，数请避相位，荐广州都督宋璟自代。”于是，姚崇辞去相位，改任为开府仪同三司，源乾曜转任京兆尹、西京留守，宋璟和中书侍郎苏颋被任命为相，玄宗让姚崇五日一朝，遇有重大事务仍向他请教，对他宠爱有加。开元九年（721年），姚崇病逝。

开元之治初步形成，姚崇功不可没。姚崇为相期间，与他一道共事的副宰相是卢怀慎。史称“怀慎自以才不及崇，故事皆推而不专，时讥为‘伴食宰相’”。事实上，卢怀慎在协助姚崇执政期间，曾建议量才授官、妥善安置功臣、对犯法贵戚予以严惩，基本上履行了副相的职责，绝非是庸碌无为的“伴食宰相”。他对姚崇的尊重，是出于他甘愿作为一名副相的雅量，正如司马光所评论的那样：“崇，唐之贤相，怀慎与之同心戮力，以济明皇太平之政”，可谓公允。卢怀慎以清廉节俭著称，不治产业，“服器无金玉文绮之饰，虽贵而妻子犹寒饥”，“赴东都掌选，奉身之具，止一布囊”，“及治丧，家亡留储”。值得称道的是，卢怀慎临终前“遗言荐宋璟、李杰、李朝隐、卢从愿”，有荐举人才之功。总之，“救时之相”姚崇与“伴食宰相”卢怀慎在开元初年相互配合，同心辅佐唐玄宗治国，业绩卓著。

收揽皇权，变革政治

唐玄宗即位后，当务之急是进一步巩固自己的帝位，使动荡的局面尽快地安定下来。从神龙元年正月到先天二年七月，只不过八年的时间里，唐廷就发生了七次政变，换了三四个皇帝，宫廷内弥漫着险恶的气氛。先后粉碎武韦集团、太平公主集团的斗争，使唐玄宗深深地懂得：树立皇权的绝对权威，是威慑动乱势力、安定政局的重要保障之一。而对皇权的威胁和对朝政的干扰，主要来自两种势力，一是元老功臣，二是皇亲国戚。要想使皇位得以巩固，权力得以行施，政局得以安定，就必须限制和防范这两部分人的权力过力膨胀。为此，他在粉碎太平公主集团后，首先以整肃军纪为名，行“始欲立威”之实。

据《资治通鉴》记载：开元元年十月，即粉碎太平公主集团的三个月之后，唐玄宗临幸新丰（今陕西临潼东北），“讲武于骊山之下，征兵二十万，旌旗连亘五十余里。”他以“军容不整”为理由，将兵部尚书郭元振问罪，“将斩之”。宰相刘幽求、张说跪在玄宗马前劝谏说：“元振有大功于社稷，不可杀。”于是将郭元振流放到新州，以“制军礼不肃”的罪名将给事中、知礼仪事唐绍斩首。其实，唐玄宗并不真想杀郭、唐二人，只是想要借此树立自己的威势。即所谓“上始于立威，亦无杀绍之意”。可是，在场的金吾卫将军李邈进“逮宣敕斩之”。事后，唐玄宗将李邈罢官，“废弃终身”。事实上，唐绍、郭元振以及李邈等人，都成了唐玄宗“始欲立威”的牺牲品。在问罪郭元振、唐绍的同时，唐玄宗又“叹美”左军节度薛纳、朔方道大总管解琬二军的军容严整有威，“慰勉之”。在骊山的军事演习中，唐玄宗问罪人，慰勉二人，这在他的臣下中震动很大，表现出了他“始欲立威”、加强皇权的强烈愿望。为唐玄宗总揽国家大权而建立功勋的大臣，大多善于谋划，可谓是奇才，而且是“不用其奇则厌然不满”。因此，他不想让这些人继续留在身边担任宰相。唐玄宗自任命姚崇为相之日起，事事访于姚崇，“专委任之”，开始将功臣逐一地贬到外地担任刺史。

被罢官的功臣郭元振，问罪后又起用为饶州司马，途中病卒。献计诛灭太平公主的张说，曾是唐玄宗做太子时的侍读，七月事变后，因功拜中书令，位列宰相，封燕国公。玄宗在讲武新丰之前想要以姚崇出任宰相，张说表示反对，并指使御史大夫赵彦昭弹劾，玄宗不听；又指使殿中监姜皎上言唐玄宗，以姚崇为河东总管，玄宗当即指出“此张说之意也”。同年十月，唐玄宗以姚崇为兵部尚书、同中书门下三品。十二月，以姚崇为中书令，罢免了张说的中书令职务。十一天过后，贬张说为相州刺史。

位列宰相的刘幽求，是六月政变和七月事变的主要谋划者，功勋甚高，于七月事件后被任命为左仆射、同中书门下三品；唐玄宗罢免张说的当天，以刘幽求为太子少保，免去他的尚书左丞相、同中书门下三品的职务；开元二年闰二月贬为睦州刺史，又迁杭州刺史；开元三年十一月，徙郴州刺史，途中愤恚而死。位列宰相的魏知古，因告发太平公主阴谋叛乱有功，官至黄门监，于开元二年五月被罢知政事，任工部尚书。

钟绍京因参与六月政变有功，升任户部尚书。唐玄宗即位后迁太子詹事。他与太子少保刘幽求“发言怨望”，同刘幽求一起被贬为果州刺史，后又贬为溱州刺史。崔日用在六月政变和七月事件中因献策有功，官至吏部尚书，后来“坐兄累，出为常州刺史”。

王琚于七月事件有功，官至户部尚书，封赵国公，唐玄宗对王琚“眷委特异，豫大政事，时号‘内宰相’”。当时有人向唐玄宗进言：“王琚、麻嗣宗皆谲诡纵横，可与履危，不可与共安。方天下已定，宜益求纯朴经术士以自辅。”唐玄宗闻言省悟，“稍疏之”，于开元二年（714年）闰二月，与刘幽求、钟绍京一起被贬为泽州刺史。

唐玄宗在任命姚崇为相后的半年之中，张说、刘幽求、魏知古、钟绍京、崔日用、王琚等一批重臣，或被罢相，或被解除重要职务，大多被贬为外州刺史或降职任用，究其原因，是因为这些人“谲诡纵横，可与履危，不可与共安”。在“天下已定”的形势下，唐玄宗当然对“益求纯朴经术士以自辅”的谏言更感兴趣。为了巩固皇权和以“经术”治天下，是唐玄宗将功臣贬为外州刺史的动机所在。

从唐玄宗功臣外刺的动机来看，他是为着“始欲立威”，他确曾下令斩杀唐绍，但事后即甚为“追悔”；他将郭元振免职流放，又在同年十一月的大赦制书中称：“郭元振往立大功，保护于朕”，“可饶州司马员外置同正员”。刘幽求被贬官到外地后而死，唐玄宗在开元六年六月的制书中称：“故左丞相、太子少保、郴州刺史刘幽求配飨睿宗庙廷。”钟绍京被贬为果州刺史后，又被贬为怀恩尉，迁温州别驾。开元十五年（727年）入朝，见帝泣曰：“陛下忘畴日事邪，忍使弃死草莽！且同时立功者，今骨已朽，而独臣在，陛下不愍乎？”唐玄宗闻言“恻然”，当日授钟绍京太子右谕德，后来升任少詹事，八十余岁时卒于官职。王琚被贬为泽州刺史后，曾历任诸州刺史，“每徙官，车马数里不绝。从宾客女伎驰弋，凡四十年”。唐玄宗的功臣外刺，行于开元初年。当唐玄宗的皇权已日益稳固时，他对昔日被贬官的功臣更多地表示怀念之情，予以优容宽待，这不仅无害，而且利于政局的安定。

《新唐书》卷二七云：“开元之盛，所置辅佐，皆得贤才朝多君子，信太平之基欤。”司马光认为：（玄宗）即位以来，所用之相，姚崇尚通，宋璟尚法，张嘉贞尚吏，张说尚文，李元纮、杜暹尚俭，韩休、张九龄尚直，各其所长也。这些人都是一代名相，而他们之所以能够成为一代名相，他们个人的素质是一方面，更主要的还是玄宗的作用，是玄宗给了他们一展才华的天地。德才兼备之士历代有之，但有名的宰相却很少见，君臣遇合机会不可多得，只有明君才能成就贤相。总之，玄宗在处理和功臣的关系时，一旦发现他们权势太盛，便立即予以削夺。他采取的方式较为温和，一般不下狱治罪，更不杀头，只是降职贬逐，令其离开京城。这样既达到抑制功臣的目的，又不至于使臣下感到人人自危，有利于政局的稳定。

在对待宗室方面，特别是对待他的兄弟和堂兄弟，玄宗采取生活上友爱、政治上限制的措施。据《资治通鉴》载：上素友爱，近世帝王莫及之；初即位，为长枕大被，与兄弟同寝。诸王每旦朝于侧门，退则相从宴饮、斗鸡、击球，或猎于近郊，游赏别墅，中使存问相望于道。上听朝罢，多从诸王游，在禁中，拜跪如家人礼，饮食起居，相与同之。于殿中设五幄，与诸王更处其中。或讲论赋诗，间以饮酒、博弈、游猎，或自执丝竹；成器（其兄）善笛，范（其弟）善琵琶，与上更奏之。诸王或有疾，上为之终日不食，终夜不寝。业（其弟）尝疾，上方临朝，须臾之间，使者十返。上亲为业煮药，回飙吹火，误燕上须，左右惊救之。上曰："但使王饮此药而愈，须何足惜！"玄宗对兄弟友爱达到这个程度，也是相当难得的。

开元二年（714年），以宋王成器兼岐州刺史，申王成义兼邢州刺史，郇王守礼兼虢州刺史，令到官但领大纲，自余州务，皆委上佐主之。是后诸王为都护、都督、刺史者并准此。唐玄宗与兄弟诸王之间是那样情深意笃，然而群臣的一句进谏，他立即令诸王兼领外州刺史，而且是"但领大纲"，州务由长史、司马主持。这显然是出于加强皇权、防止出现皇室内争的考虑。封建时代，打着某某皇室成员的旗帜号召起兵造反是常有的事。因而唐玄宗在功臣外刺后又实行了诸王外刺。开元九年（721年），“诸王为都督、刺史者，悉召还京师”。

但玄宗对诸王的限制也是极其严格的。他不给诸王任何权力，“专以声色畜养娱乐之，不任以职事”；而且，严厉禁止诸王与朝官来往，防止他们在朝中形成私人的政治势力。开元元年，宰相张说因玄宗任命姚崇为相，生怕于己不利，秘密会见岐王范，希望引以为后援。此事被姚崇揭发，玄宗立即将张说贬为相州刺史，赶出京城。开元八年（720年），上禁约，不使与群臣交结。光禄少卿驸马都尉裴虚己与岐王范游宴，仍私挟谶纬；戊子，流虚己干新州，离其公主。万年尉刘庭琦、太祝张谔数与范饮酒赋诗，贬庭琦雅州司户，谔山茌丞。然待范如故，谓左右曰：“吾兄弟自无间，但趋竞之徒强相托付耳。吾终以此责兄弟也。”上尝不豫，薛王业妃弟内直郎韦宾与殿中监皇甫恂私议休咎；事觉，宾杖死，恂贬锦州刺史。业与妃惶惧待罪，上降阶执业手曰：“吾有心猜兄弟者，天地实殛之。”与之饮宴，仍慰谕妃，令复位。

唐玄宗一方面“伺察诸王”，“禁约诸王，不使与群臣交结”；一方面大谈“友爱之道”，确实收到“终保皇枝”的效果。唐玄宗通过一系列措施，使政局很快地安定下来。与此同时，他的治国方针大体上也确定了。

在玄宗的主持下，唐朝的政治体制也开始走向成熟，其中最突出的是宰相辅政制度的健全和完善。

唐初的集体宰相制，仍然不是十分健全。玄宗时代，对这一制度进行了较为成功的改进。玄宗以前，唐朝的宰相体制几经变化。唐初，以三省长官为宰相，包括中书令二人、侍中二人、尚书仆射二人。这种集体宰相

制度，相对于汉代的丞相制度来说，能够分割相权，对皇帝的专制集权政治有着较好的保障作用，有利于消除皇权和相权的矛盾。但是，这种制度在武后时期被发展到了极端，宰相的人数进一步增加，宰相的任期进一步缩短。宰相队伍的庞大和任期的短暂，对朝政的处理产生了消极影响。

玄宗执政后，对过多的宰相任职人数和过于短暂的任期进行了相应的调整，宰相人数得到了一定控制，主要承担实际辅政责任的宰相一般在两人左右（通常为中书省长官和门下省长官），其余人相者，也不再像唐初那样名目繁多，基本上统一到“同中书门下平章事”或“同中书门下三品”这一名称上来，宰相的任期也逐渐稳定。两个承担主要辅政责任的宰相中，有一个为事实上的首席宰相。一般采取的做法是：如果首席宰相是中书令，那么门下省就不再委任侍中，而是以门下侍郎（门下省的副职）主持工作；如果首席宰相是侍中，那么中书省就不再委任中书令，而是以中书侍郎（中书省的副职）主持工作。这种体制，保证了宰相班子的协调一致，使宰相在管理国家事务上发挥了更大的作用，促进了开元之治的出现，标志着唐王朝的中枢统治机构已经走上了稳定发展时期。

以往的皇帝，不管是比较开明的皇帝还是相对昏庸的皇帝，为了保证自己的专权，大都处处限制宰相权力，事事对宰相心存疑虑，唯恐宰相权力过大而威胁到自己的统治地位。开元时期，与宰相的专任相应，玄宗与大多数抓住权力不放的皇帝不同，他能够让宰相放手从政。这一点，在历代皇帝中是十分难得的。在中国历史上，精明能干的皇帝，往往自己抓住大权不放；糊涂昏庸的皇帝，则所任宰相辅弼多是佞臣小人。但唐玄宗却不一样，他既能委任姚崇、宋璟等杰出大臣，又能做到用人不疑，放手使用。

到开元中期，以张说担任宰相为标志，唐朝的宰相制度变得更为正规。唐朝宰相都在政事堂议事。开元十一年（723年），张说改政事堂的名称为中书门下，宰相的官署更为扩大，后列五房，包括吏房、枢机房、兵房、户房、刑礼房，分曹以主政务。在政事堂处理政务的宰相，成为专职宰相，不再与其原职务职责混淆在一起。“开元以后，宰臣数少，始崇其任，不归本司。”随着宰相制度的正规化，开元年间，逐步形成了辅佐宰相的咨议机构，特别是隶属于中书省的集贤院，在这一方面的作用尤为显著。张说担任宰相时期，集贤院承担起了对宰相的政务咨询作用。开元六年（718年），为整理内库图书资料，成立了丽正殿修书院。开元十三年（725年），又对丽正殿修书院进行了改组，并改名为集贤院。“集贤学士之职，掌刊缉古今之经籍，以辨明邦国之大典。凡天下图书之遗逸，贤才之隐滞，则承旨而征求焉。其有筹策之可施于时，著述之可行于代者，较其才艺而考其学术，而申表之。”名义上，集贤院附设于中书省；实际上，它是宰相甚至皇帝草拟诏令诰命和顾问咨询的机构。

在政治体制上，玄宗时期还有一个重大变革，就是设立翰林学士院，使皇帝的决策咨询机构逐渐健全。自唐初以来，皇帝都要选择一批文人学士辅佐政务。“学士之职，本以文学语言被顾问，出入侍从，因得参谋议，纳谏诤，其礼尤崇。”这些学士，除了部分在弘文馆、集贤院供职外，有的没有固定侍从地点，随时待诏听命，如高宗时的“北门学士”，就是这种顾问人员。相比之下，弘文馆和集贤院的学士，附设于中书省和门下省，为宰相咨询的时候多一些，而没有固定地点的待诏学士，则直接为皇帝服务的时候居多。到玄宗时，为了使这批人能够更好地发挥作用，专门设置了翰林院，安置学士，以备顾问。从此，皇帝身边有了一批专职顾问的御用文人。“玄宗即位，张说、陆坚、张九龄、徐安贞、张垍等，召入禁中，谓之翰林待诏。王者尊极，一日万机，四方进奏，中外表疏批答，或诏从中出。宸翰所挥，亦资其检讨，谓之视草，故尝简当代士人，以备顾问。”起初，这些顾问文人称为翰林供奉，并与集贤院学士分掌制诏。在开元时期，中书舍人张九龄、中书侍郎徐安贞，都曾担任过翰林供奉。

开元二十六年（738年），原来由集贤院掌管的起草制诰任务，也逐渐转移到了翰林院。是年“始以翰林供奉改称学士，由是遂建学士院，俾专内命，太常少卿张垍、起居舍人刘光谦等首居之，而集贤所掌，于是息罢”。在玄宗时期，翰林学士以草拟表章批答、检视王言为任，主要充当皇帝的咨询人员，为以后翰林学士参与中央决策奠定了基础。安史之乱后，翰林学士逐渐成为与正式宰相相对的“内相”。

为了保证中央政府的统一和高效，开元之初，玄宗坚持了从武周以来形成的惯例，尚书仆射如果没有同中书门下三品或同中书门下平章事的头衔，就不再是宰相。更进一步，玄宗在开元初期的十余年中，直到封禅泰山之前，干脆不任命尚书左右仆射（当时叫左右丞相），使尚书省处于无长官状态，把尚书省变成了一个脱离决策领域的政务推行机构。在开元初期，除尚书省变成单一的执行机构外，门下省的侍中和中书省的中书令一般不同时在职，如果一个宰相担任中书令，另一个宰相在多数情况下是门下侍郎；或者由一个宰相担任侍中，另一个则担任中书侍郎；甚至在个别时期，两个宰相都只是中书省与门下省的侍郎（副职）。这种宰相配置的方法，保证了宰相中只有一人占据主导地位。在这种体制下，三省事实上只有一个最高长官，使得三省的行为更为协调，中书省和门下省的分工趋于模糊，权力逐渐集中于一个宰相之手。这一体制，对于加强当时国家管理中的协调性和整体性，维护政权的高度统一，起到了积极的作用，但也为后来的宰相专权埋下了祸根。

唐玄宗在开元时期的政治建树，除了完善政治制度和体制外，在各种政治活动中，还采取了一系列举措。玄宗当上皇帝后，朝野上下普遍形成了一种对“贞观之治”的怀念情结。在玄宗的各种诏令中，在大臣的各种奏疏中，以贞观时期为楷模的语句不断出现。最为典型的佐证，就是史官吴兢在这一时期撰写了《贞观政要》一书。而这一著作的用意，显然不仅仅是为了单纯地歌颂太宗的功绩，而是要把它作为玄宗中兴的范本。面对这种局势，玄宗的各种政治举措，自然与贞观时期有某种相仿之处。

“有脚阳春”，宋璟为相

继姚崇、卢怀慎之后的一对宰相是宋璟与苏颋。宋璟（663—737年），邢州南和人。他为人耿直，有气节，而且通古博今，文章出色，为官口碑甚佳。武后执政时很是器重他，睿宗时，他被擢升为吏部尚书、同中书门下三品。后因与姚崇一起奏请太平公主出居东都而被贬。开元初年（713年），任京兆尹，进御史大夫，因受谗徙广州都督。开元四年（716年）年末，姚崇辞相，宋璟继姚崇为相。宋璟为相后，继续推行姚崇为唐玄宗所制定的治国方针，史称“璟风度凝远，人莫涯其量。璟为宰相，务清政刑，使官人皆任职”。“姚崇以十事要疏天子而后辅政，顾不伟哉，而旧史不传。观开元皆已施行，信不诬已。宋璟刚正又过于崇，玄宗素所尊惮，常屈意听纳。故唐史臣称，崇善应变以成天下之务，璟善守文以持天下之正。二人道不同，同归于治，此天所以佐唐使中兴也。呜呼！崇劝天子不求边功，璟不肯赏边臣，而天宝之乱，卒悼其害，可谓先见是。然唐三百年，辅弼者不为少，独前称房、杜，后称姚、宋，何哉，君臣之遇合，盖难寔夫！"

宋璟与苏颋二人配合默契，史称："璟刚正，多所裁决，颋能推其长。在帝前敷奏，璟有未及，或少屈，颋辄助成之，有不会意，璟更申璟所执，故帝未尝不从，二人相得欢甚。"璟尝曰："吾与苏氏父子同为宰相，仆射（苏瓌）长厚，自是国器；若献可替否，事至即断，尽公不顾私，则今丞相（苏颋）为过之。"可见，苏颋以副相的身份，在配合宋璟辅政的岁月中，充分展现了他的才能，起到了重要的积极作用。宋璟为相之前，玄宗曾召他到长安，特派内侍、将军杨思勖迎接他。杨思勖虽是宦官，却得玄宗宠爱，地位仅次于高力士。宋璟对这个受皇上宠爱的宦官冷淡对之，路上竟不与他说一句话。杨思勖返京后，向玄宗诉苦，玄宗听后却更加敬重宋璟的为人。

开元五年（717年）正月初十，玄宗到东都洛阳巡察。经崤谷，由于道路不好走，归罪河南尹和负责皇帝行幸知顿使官，想免去他们的官职。宋璟进谏说："陛下刚刚巡察，就因为道路窄要惩罚官员，臣恐怕以后百姓也会遭殃。"玄宗听后立即下令把两个官员放了。宋璟又说："陛下要治他们的罪，却因为臣进谏而释放他们，臣代陛下受德，这不太好，还是仍旧将他们先行扣押然后再由陛下赦免他们。"玄宗欣然采纳。

开元六年（718年），广州官民要为宋璟立遗爱碑，宋璟上谏阻止：

“臣对广州百姓并没有做出什么了不起的功绩，如今为相后，人们却恭维奉承到立碑的地步，这种风气不能助长，就请自臣而始，请陛下诏禁止这种行为。”宋璟这种以身作则的行为令其他各州都不敢再有类似的行为。有人把隐士范知睿推荐给宋璟，说他文采出众，还献上范的文章《良宰论》。宋璟看到满纸尽是赞美当朝宰相之辞，就批示道：“观其《良宰论》，颇涉佞谀。山人当极言谠议，岂宜偷合苟容！文章若高，自宜从选举求试，不可别奏。”意思是说，隐士当直谏忠言，怎么能曲意逢迎，文章如果确实出众，自应参加选官考试，不可特殊任命。

开元七年（719年）四月二十四，王皇后的父亲开府仪同三司祁公王仁皎去世，他的儿子上奏玄宗，想依照玄宗外祖父之例修筑高五丈二尺的坟墓，玄宗允准。对此宋璟、苏颋坚决反对，上疏说：“依照法律，一品官坟高一丈九尺，涪陵高三丈而已，窦太尉坟因其高大过制，已遭人非议，只是当时没有人敢直言他的过错，今天怎么可以重复那时的错误呢？当初长乐公主嫁唐太宗，陪嫁的财物超过长公主（皇帝之姑为长公主），魏征上言直谏，太宗接受意见，长孙皇后还特别赏赐魏征。韦后愚蠢狂妄，修筑她父亲的坟墓时超出旧制，高大气派，称为酆陵，结果不久后就造灭门之祸！居于皇后之父的尊位，想修筑高坟，那有何难？臣等之所以再三劝阻，是想让中宫皂后留取美名给世人。今天的事，要世代传颂为后人效仿，因此必须慎重行事啊！”一席话说得玄宗十分高兴，说：“朕一向想正身为表率，不因自己是君皇而徇私包庇妻儿。卿能直言进谏，言他人所不敢言，固守礼法，让朕能留美名于青史，万世流传，这正是为朕所愿啊！”于是赐帛四百匹奖励宋璟、苏颋。玄宗想要提拔他当藩王时的旧部为五品官。宋璟奏说：“照顾亲戚故旧，任命官吏，都有固定的制度，倘若皇上您还要加以丰厚赏赐，破格擢升，就有悖常理了。何况他又是皇后的族人，更应当避讳一些，以防遭人非议。请交吏部考核，若无严重过失，可依照常规稍加照顾。”玄宗表示赞同。

同年，吏部铨选，候选人之中有一位自称是宋璟叔父的人宋元超，他希望借此得到优于他人的对待。宋璟知道以后给吏部回信说：“元超的确是我远房叔父，常居洛阳，来往很少。他是长辈我不敢不举荐他，但是又不愿因为是我的亲戚而徇私，破坏律法。如果他没有要求得到照顾，自当按规定授官。既然有这样的行为，只好矫枉过正，取消他入选为官员的资格。”与此同时，宁王李宪向玄宗要求赐予另一名候选人薛嗣先级别较低的官位，省下中书、门下省讨论，宋璟奏：“嗣先曾连任斋郎，虽非明显应留任，但因为他有皇亲的身份，本该让他做一个小官。景龙年间，中宗常常随意授人官位叫做‘斜封’。这件事情不再发生了，必须根据功绩与才能，通过中书、门下论功行赏，任命官职。只有圣朝才能实行至公之道。嗣先是皇亲，不应违反常规。请容许臣等商议之后，再下到吏部，陛下不要下敕命诏。”玄宗采纳了宋璟的意见。

当时，候选人来京师铨选时，常常携带丰厚礼品给有关的官吏，以求得到特殊关照，这一招往往行之有效，送礼之人回到本地后，大多数都会升迁。为了扭转送礼行贿的不良风气，宋璟奏请玄宗让接受馈赠的官员将礼物一律退还。宋璟鞠躬尽瘁，尽心竭力，爱民如子，深受朝内外众人的敬重与爱戴，当时被称为“有脚阳春”，意为只要是宋璟所到之处，就会带去和煦的阳光。为表彰宋璟刚直忠正，玄宗在一次御宴上赐给他一双自己用过的金筷子。宋璟不明白玄宗用意，不敢接受。玄宗说：“朕无意赐卿金银。今天所赐金箸，是表彰卿正直！”宋璟赶紧下殿拜谢。

开元八年（720年）宋璟因处理江、淮一带所出现的严重“恶钱”问题，引起朝野的攻击，于正月罢免宋璟宰相职务，以张嘉贞、源乾曜为宰相。同年五月，以源乾曜为侍中，张嘉贞为中书令，与源、张同时担任宰相职务的还有张说。张嘉贞为相三年，史称张嘉贞“善傅奏，敏于裁道。然强躁，论者恨其不裕”。张嘉贞为官清廉，不立田圃，一生过着清贫的俭朴生活。

宋璟被罢相后，唐玄宗时而命宋璟为京都留守，奉命处理政务。开元十二年（724年），唐玄宗东巡泰山，再次以宋璟为留守。行前，唐玄宗对宋璟说：“卿，国元老，别方历时，宜有嘉谋以遗朕。”宋璟奉命进言，玄宗以亲笔制书回答说：“所进当书之坐右，出入观省，以诫终身。”不久，宋璟进兼吏部尚书，于开元十七年（729年）以宋璟为尚书右丞相，张说为左丞相，源乾曜为太子少傅，三人“同日拜”，唐玄宗诏令太官设宴，“帝赋《三杰诗》，自写以赐”，可谓尊宠之至。

宋璟为相，公正执法，尽心尽力地辅佐玄宗，使开元年间赋役宽乎，刑罚清省，天下一片太平，百姓安居乐业，对于玄宗时期开创“开元盛世”的局面功不可没。

量才授官，改革吏治

开元元年至开元十年，姚卢、宋苏、张源六位贤相的相继辅政，为推行开元新政立下了不可磨灭的功勋。开元年间，张嘉贞以后的历任宰相，如张说、李元纯、杜暹等人，亦能坚持开元初年所制定的治国方针，其业绩多有可称道者。开元新政的推行与成功以及开元盛世的出现，是与开元年间一批批贤相的辅政联系在一起的。

开元前期一批批贤相的选择、搭配和更替，都是唐玄宗精心考虑、策划的结果。他选拔的诸多宰相，大多兼有任职于朝廷与地方的经历，从政经验丰富，通晓上下情形，有治国的卓越才能；特别是在正副宰相的搭配上，颇得刚柔相济之妙，深受后人称道。开元初年的三对宰相，任职都在三四年之间，更替稍频，但在推行既定治国方针上保持了政策上的连续性，可谓是一条成功的历史经验。唐玄宗不仅善于识别贤才，而且对选用的宰相充分信任，以礼相待。对于已罢免的宰相，如姚崇、宋璟等人，唐玄宗仍予以种种优待，有时亦就国家政事向他们征询意见。

唐玄宗的任人唯贤，还体现在他重视对地方州县官员的选拔、任用、培养、考核、升降与奖惩上。早在贞观年间，唐太宗十分重视地方州县官员的选用，把地方上的吏治视为治国的重要内容之一。他曾说过："治人之本，莫如刺史最重"；又说："县令甚是亲民要职"。唐玄宗效法贞观吏治，指出"诸刺史、县令，与朕共治，情寄尤切"。他规定兼管数州军事的都督和州刺史在赴任前，都要向皇帝"面辞"，面授治国方略。开元元年十二月，唐玄宗在敕令中规定："都督、刺史、都护将之官，皆引面辞毕，侧门取进止。"都督、刺史赴任前向皇帝面辞，遂成为一项制度。

唐玄宗为扭转"重内官，轻外职"的倾向，采取地方官与京官相互交流的措施，并使其成为一种制度。唐玄宗在开元初年，不止一次发布制书、敕令，强调京官与都督、刺史相互交流的必要。

从开元三年（715年）起，他陆续把诸王派往偏远的州任刺史，州上实权由长史、司马掌管；又对诸王不加斥责，维系同枝连叶的亲属间的紧密关系。在抑制权贵势力方面，玄宗更是秉公行事，严格执法，极少宽贷，以致皇后妹夫长孙昕因殴人也被立即处决。上行下效，许多地方官吏也勇于抗争权贵的不法行为，保护百姓利益。玄宗及其臣下抑制不法权贵的行为对于稳定社会秩序，加强中央集权产生了积极的影响。

当时有些高官子弟依靠祖上的功绩而步入仕途，在地方为官，依仗权势，作威作福，为所欲为，不顾律法，成为为害一方的害群之马。有鉴于此，玄宗下诏，不可授予少不更事、不通世务的朝官子弟为县官等地方官职。玄宗还建立了对刺史、县令的考核制，颁发了《整饬吏治诏》，每年由各巡按察使考察刺史、县令的施政情况，按政绩的优劣分为五等，作为地方官升降的依据。玄宗即位两个月后，就召见京畿县令，勉励他们恪尽本分，爱护百姓。他又对有政绩的地方官破格提拔。

开元六年（718年），唐玄宗发布敕令："刺史兼于京官中简择，历任有善政者补署。"两年后又发布敕令："自今以后，诸司清望官阙，先于牧守内精择。都督、刺史等要人，兼向京官简授。其台郎下除改，亦于上佐县令中通取。即宜铨择，以副朕怀。"

开元八年（720年）五月，源乾曜进位侍中，位列宰相。他上言说："形要之家多任京官，使俊义之士沉废于外。臣三子皆在京，请出其二人。"唐玄宗立即采纳这一建议，下诏书称赞源乾曜出于公心，"令文武官父子昆弟三人在京司者，分任于外。"于是，"公卿子弟皆出补"。在源乾曜的儿子源弼、源絜分别由河南参军、太祝出任绛州司功、郑县县尉后，唐玄宗"命文武官效之，于是出者百余人"。唐玄宗诏书命公卿子弟由京官出任地方官，这不仅有助于扭转重内职轻外任的观念，实际上成为京官与地方官相互调任制度的内容之一。

开元十二年（724年）六月，由于山东发生旱灾，唐玄宗命台阁名臣以补刺史；开元十三年（725年），玄宗自泰山封禅返京，沿途留心察看地方官施政表现。有些地方官的嘉言懿行给玄宗留下了很深的印象，事后他感慨地对丞相说道：“从前多次派遣使臣到各处巡察考察官员们的优劣与政绩，这次封禅经过诸州亲眼所见，才知道使臣们有很多情况不能完全告诉我。怀州刺史王丘只献上几头牲畜，别无旁物。魏州刺史崔沔恭迎时不用贵重的锦绣之物，这很是俭朴。济州刺史裴耀卿上书数百言，忧国忧民，都是忠谏之语，朕将把奏书带在身边，用来告诫自己和他人。这三个人不用国财民力媚上邀宠，真是我朝的良吏啊！”于是提升王丘为尚书左丞，崔沔为散骑侍郎，裴耀卿为定州刺史。与此同时，唐玄宗在《重牧宰资望救》中强调：“朕欲妙择牧宰。以崇风化；亦欲重其资望，以励衣冠。自今以后，三省侍郎有阙，先求任刺史者；郎官阙，先求曾任县令者。”

唐玄宗多次发布京官与都督、刺史相互调任的制书与敕令，既有扭转重内轻外积习的历史背景，又表达了他为使这一举措成为一项制度的用意和决心。与此相联系的是，开元前期大批京官与地方官相互调任，不胜枚举。名相姚崇、宋璟，都曾历任过诸州刺史，至于因政绩突出由刺史调任三省侍郎、御史大夫等中央政府官员的，更是数不胜数；由京官调任刺史而在地方上政绩突出的亦大有人在。其中，有不少人经历了地方—中央—地方或中央—地方—中央的多次调转的历程，在地方或中央均有突出业绩。例如，倪若水在开元初年任中书舍人、尚书右垂，之后出任汴州刺史，“政清静，增修上子庙、增州县学庐，劝生徒，身为教诲，风化兴行”；后来，因政绩突出“入为户部侍郎，复拜右丞”。再如王丘，开元初年曾任考功员外郎，政绩突出，升任吏部侍郎、黄门侍郎；之后，山东发生旱灾，王丘调任怀州刺史，政绩颇佳，“人知吏部选，改尚书左丞”；后来又历任右散骑常侍、御史大夫、礼部尚书等职。

唐玄宗所制定和推行的京官与地方官相互调任的制度，不仅有利于地方政权的建设，使地方上的吏治大为改善和加强；而且调任地方官员入京或京官到地方任职后再调回京城任职，能使中央政府的官员了解下情，体察民情，使中央政权机关的辅政职能在面貌上大为改观。总之，这一制度的施行，对开元前期中央与地方政权的建设、吏治的改善，起到了很大的推动和保证作用，促进了开元盛世的到来。京官与地方官的相互调任在封建时代是常有的事。然而，把这种相互调任视为改善吏治、治理国家的契机，作为一种制度在国内全面地认真推行，其波及范围之大、涉及人员之多、成效之显著，实为中国封建时代所仅见，是唐玄宗开元新政的一大特色，可谓是开元新政中成功的历史经验之一。

唐玄宗在重视“简择”刺史的同时，又十分重视对县令的选择与考核，把改善县级政权吏治视为实现社会安定的基础条件。

唐玄宗刚刚执掌国家的全部权力不久，于开元元年（713年）十月辛卯日，即新丰讲武、骊山阅兵的前八天，“引见京畿县令，戒队岁饥惠养黎元之意。”所谓“京畿”，包含长安、万年等六个“京县”和京兆、河南、太原所管辖的诸县，即西京长安和东京洛阳周围的诸县。由于京畿诸县的安定与否直接关系到国家政权的安危，唐玄宗粉碎太平公主集团后不久，便召见京畿县令，告诫他们年成不好，一定要“惠养”黎民百姓，可见唐玄宗对县级政权吏治的重视。由于县级政权的数字过千，唐玄宗无法直接一一过问全国县级政权长官的选择与任用，只得令五品以上的京官荐举县令。开元初年，县令中不称职者颇多。开元四年（716年），有人向唐玄宗上言说：“今岁选叙大滥，县令非才。”玄宗得知这一情况后，十分重视，在新授县令入殿拜谢的当天，于宣政殿庭主持考试，“试以理入策”。考试结果，只有鄄城县令韦济“词理第一”，提升他为醴泉县令；其他有200余人“不入第，且令之官”，45人“放归学问”。唐玄宗追究“选叙大滥”的责任，吏部侍郎卢从愿以“拟选失实，下迁豫州刺史”；吏部侍郎李朝隐“以策县令有下第，降滑州刺史，徙同少州。”

唐玄宗“悉召县令策于廷，考下第者罢之”，同时对主管这项工作的吏部侍郎卢从愿、李朝隐予以降职外调的处分。这件事在朝廷内外震动很大，对此后的县令选拔、考核工作和整顿县级政权的吏治，起了很大的作用。为使县令的推举制度化，唐玄宗于开元九年（721年）下达敕令：“京官五品以上，外官刺史、四府（京兆府、河南府、河中府、太原府）上佐，各举县令人，视其政善恶，为举者赏罚。”敕令中考核县令从政的“善恶”，对推举人实行“赏罚”的规定，对县令的推举和县令吏治的整顿，从制度上做出保障。至于县令因政绩突出而受到提拔重用的，莫过于李元纮。李元纮于开元初年任万年县县令，因“赋役称平”被提拔为京兆少尹；又因兴办水利，“民赖其恩”，“三迁吏部侍郎”；后来，又任户部侍郎，直到“拜中书侍郎、同中书门下平章事”，位列宰相。

唐玄宗认真选拔、考核中央与地方官吏，任用天下贤才，是开元新政的重要内容之一，为开元盛世的到来提供了重要的保证。

广纳谏言，健全体制

玄宗在开元之初，比较注重谏官的意见，基本上能够做到从谏如流。姚崇出任宰相前夕所提出的《十事要疏》，其中之一便是“臣愿群臣皆得批逆鳞，犯忌讳，可乎？”唐玄宗以“朕能行之”相答。唐玄宗在同武韦集团、太平公主集团的斗争中，深知听取不同意见的必要，他采纳姚崇建议，把“求直谏”作为治国指导方针之一，开元二年（714年）正月“制求直谏昌言弘益政理者”，颁布《求言诏》：朕以薄德，祗膺睿图。曾不能虚己淳源，励精至道，将致俗于仁寿，思纳人于轨训。犹恐人有未安，政有不惬，令外司置匭，侧门进状，封章论事，靡所不达。自今以后，诏敕有不便于时，及除授有不称于职。或内怀奸忒，外损公私，并听进状，具陈得失。五品以上官，乃许其廷争。于是，开元前期百官乃至于平民百姓上书言事形成风气，唐玄宗虚心纳谏的事例亦不胜枚举。

开元年间，玄宗对于批评性的“逆言”，能够采纳的尽量采纳，即使不能采纳的，也都持宽容态度。例如，开元二年（714年），玄宗下令，为自己的生母窦氏在其陵墓建碑。汝州刺史韦凑提出谏议，“以自古园陵无建碑之礼，又时正旱俭，不可兴功，飞表极谏，工役乃止”。开元四年（716年）二月，玄宗令宦官到江南捕捉各种水鸟，供宫廷园林赏玩，汴州刺史倪若水上表切谏，称：“方今九夏时忙，三农作苦，田夫拥耒，蚕

妇持桑。而以此时采捕奇禽异鸟，供园池之玩，远自江、岭，达于京师，水备舟船，陆倦担负，饭之以鱼肉，间之以稻粱。道路观者，岂不以陛下贱人贵鸟也！”玄宗听了，不但采纳了倪若水的谏议，下令放掉禽鸟，而且赐给倪若水帛四十段，以褒扬其“骨鲠忠烈，遇事无隐”。不久，就在当年五月，胡人称海南及师（狮）子国有珍宝灵药以及能治病的医媪，玄宗遣人求之，监察御史杨范臣上谏道：“此特胡人眩惑求媚，无益圣德，窃恐非陛下之意，愿熟思之。”意见婉转了一点，把责任推给了胡人，但玄宗听出了弦外之音，“遽自引咎，慰谕而罢之”。

开元七年（719年）四月，王皇后的父亲、开府仪同三司王仁皎逝世，他的儿子请求依窦孝堪的先例，“筑坟高五丈二尺”，唐玄宗“许之”。宰相宋璟、苏颋为此“固争”，在进谏中以坟高五丈二尺不合于礼制，用韦皇后“崇其父坟”，“自速其祸”相警戒，指出“况今日所为，当传无穷，永以为法，可不慎乎！”唐玄宗闻谏后高兴地说：“朕每欲正身率下，况于妻子，何敢私之！然此乃人所难言，卿能固守典礼，以成朕美，垂法将来，诚所望也。”开元十年（722年），玄宗的女儿永穆公主出嫁，他敕令有司“依太平公主故事”置办嫁妆。僧一行谏道：“太平骄僭，竟以得罪，不应引以为例。”玄宗亦当即接受，“速追敕不行，但依常礼”。以上事实表明，唐玄宗在开元前期大体上做到虚心纳谏。与此同时，唐玄宗还采纳宋璟的建议，恢复了贞观年间的谏议制度。

玄宗喜好音乐歌舞，乐此不疲。开元二年（714年），正当百废待兴之时，玄宗在宫中设置左右教坊，选择乐工伎女，教习俗乐歌舞。礼部侍郎张廷硅认为，“上春秋鼎盛，宜崇经术，迩端士，尚朴素；深以悦郑声、好游猎为戒”。对于这一意见，玄宗是听不进去的。但是，好在他当时还比较宽容大度，对于这种听不进去的意见，照样能够“嘉赏之”。

在对待谏议的问题上，玄宗除了听谏纳谏外，还较为重视谏议体制与制度的建设。“贞观之制，中书、门下及三品官入奏事，必使谏官、史官随之，有失则匡正，美恶必记之；诸司皆于正牙奏事，御史弹百官，服豸冠，对仗凄弹文；故大臣不得专君而小臣不得为谗慝。”这一制度，在武则天时期遭到破坏。及宋璟为相，欲复贞观之政。戊申，制：“自今事非的须秘密者，皆令对仗奏闻，史官自依故事。”开元六年（718年）七月，玄宗重申：“百司及奏事，皆合对仗公言。比日以来，多仗下独奏，宜申明旧制，告语令知。如缘曹司细务，及有秘密不可对仗奏者，听仗下奏。”

关于唐朝的谏官建置，唐玄宗时期，“开元定制，左右补阙、拾遗各二员。复有内供奉各一员，凡十二人。左属门下，右属中书。”可见，唐玄宗时期的谏官，有隶属于门下省的谏议大夫（正五品上，掌侍从赞相、规谏讽喻）四人，左补阙（从七品上）二人，左拾遗（从八品上）二人；属于中书省的有右补阙（从七品上）二人，右拾遗（从八品上）二人。“补阙，拾遗之职，掌供奉讽谏，扈从乘舆。凡发令举事，有不便时，不合于道，大则廷议，小则上封。若贤良之遗滞于下，忠孝之不闻于上，则条其事状而荐言之。”此外，左右补阙、左右拾遗各有内供奉一人，共计四人。

谏官参与“廷议”的制度，对于皇帝的纳谏和监督百官，提供了制度上的保障。唐玄宗还效法唐太宗，鼓励百官书面陈述政事得失，即所谓“上封事”。开元十二年（724年）四月敕令：“自今以后，谏官所上封事，不限旦晚，任封状进来，所由门司不得有停滞。如需侧门论事，亦任随状面奏，即使令引对。如有除拜不称于职，诏令不便于时，法禁乖宜，刑赏未当，征求无节，冤抑在人，并极论失，无所回避，以称朕意。其常诏六品上，亦宜准此。”

唐玄宗效法唐太宗，鼓励臣下直言进谏，恢复谏议制度，为贯彻治国方针、推行开元新政起到了很大的积极作用。

但是，玄宗毕竟是一个封建帝王，特别是他的个人性格中，具有爱好玩乐、好大喜功、热衷奢侈豪华的一面。因此，他的纳谏不是无条件的，在纳谏的同时，他也有选择地拒谏。早在潞州藩邸时，他就表现出了追求玩乐的倾向。不过，当时由于条件限制，加上政治斗争的压力，这一问题还不明显。到他当上皇帝后，一方面在励精图治的思想指导下禁止奢华，另一方面也开始有了追求玩乐的举动。这种现象，到开元后期和天宝年间则更为明显。

开元中晚期，大臣进谏已经由直言不讳变得较为婉转。比较典型的事例，就是史官吴兢在谏议上的前后变化。开元之初，吴兢上书，以太宗为例，赞颂太宗时谏臣云集、备受重视之况，说：“当是时，有上书益于政者，皆粘寝殿之壁，坐望卧观，虽狂瞽逆意，终不以为忤。”以劝导玄宗听取逆言。到泰山封禅之时，身为太子左庶子的吴兢又进谏批评玄宗在封禅途中驰射。封禅后回到洛阳，吴兢谏责玄宗“分吏部为十铨”的举措，认为这种做法是对尚书省吏部的不信任，称：“陛下曲受谗言，不信有司，非居上临人推诚感物之道。”次年，吴兢给玄宗进谏道：“愿斥屏群小，不为慢游，出不御之女，减不急之马，明选举，慎刑罚，杜侥幸，存至公，虽有旱风之变，不足累圣德矣。”但是，这种批评性的直谏，玄宗接受起来已经不是那么痛快了。

开元十七年（729年），玄宗嫌吴兢在身边聒噪，使出为荆州（今湖北荆门）司马。于是，吴兢转换了谏议的方式，以史为鉴，将唐初太宗的贞观之治作为样板，撰成《贞观政要》一书，献给玄宗。在序言中，他称自己“缀集所闻，参详旧史，撮其指要，举其宏纲，词兼质文，义在惩劝，人伦之纪备矣，军目之政存焉”，指出撰写此书的目的在于“庶乎有国有家者克遵前轨，择善而从，则可久之业益彰矣，可大之功尤著矣”。在进献《贞观政要》时，吴兢说得更明确“臣愚比尝见朝野士庶有论及国家政敦者，成云若以陛下之圣明，克遵太宗之故事，则不假远求上古之术，必致太平之业”。但是，此时的玄宗，已对吴兢的一片苦心没有反应。后来，随着直言不讳的宰相张九龄被贬，李林甫以“立仗马”给谏臣作比喻，不许谏臣“鸣之”，大臣就连婉转的谏议批评也没有了。

姚崇《十事要疏》的第一条：“垂拱以来，以峻法绳天下；臣愿政先仁恕，可乎？”所谓“政先仁恕”，为纠正武则天时期的“以峻法绳天下”，恢复唐太宗贞观年间“宽仁慎刑”的立法原则。为此，唐玄宗废除了武则天时期周兴、来俊臣等酷吏所实行的酷刑。早在先天二年（713年），唐玄宗便下令：“凡有刑人，国家常法。自今以后，辄有屠割刑人骨肉者，依法科残害之罪。”开元十二年（724年）四月，唐玄宗发布敕令：“比来犯盗，先决一百，虽非死刑，大半殒毙。言念于此，良用恻然。今后抵罪人，合杖敕杖，并从宽。”该敕令的宗旨，仍在于废除酷刑，体现“宽仁慎刑”原则。为完善死刑的审批程序，唐玄宗在《恤刑制》中规定：“自今有犯死刑，除十恶罪，宜令中书门下与法官详所犯轻重，具状奏闻。”这就是所谓“开元中，玄宗修道德，以宽仁为理本”的立法原则。

唐朝法律的主要形式，是律、令、格、式，即“凡文法之名有四：一曰律，二曰令，三曰格，四曰式”。其他如敕、典、例，则是唐律的补充形式。作为唐律的主要形式，“律令格式”又被称为“天下通规”和“为政之本”。

律是唐朝主要的法律形式。律在律令格式中是最为稳定的，地位最高，具有法典的性质。令是规定国家制度的行政管理条例，即所谓“令者，尊卑贵贱之等数，国家之制度也”。作为规定国家制度的行政管理条例，唐朝的令涉及范围相当广泛。格是本朝或前朝皇帝所颁布的对违法、违令行为进行法律惩治或行政处罚的制敕，经有关部门分类汇编成单行法规，具有刑事特别法或行政特别法的性质，其效力有时大于唐律条文。其中，留本司行用的，称“留司格”；颁行州县行用的，称“散颁格”。以“格”来定罪量刑，在唐朝司法中是相当普遍的。格的作用，在于“禁违止邪”。式是中央政府各部门所发布的行政法规，是百官、有司“其所常守之法也”，涉及范围十分广泛，其作用在于“轨物程式”，相当于今日国家行政部门所颁布的有关行政方面的“实施细则”。敕即“诏敕”或“制敕”，是以皇帝名义发布的行政命令，大多是因具体的事或人而发布，一般不具有永久的法律效力，其内容亦十分庞杂，只有在敕文中写明“永为常式”者，可以作为法规引用。典是关于官制的法规。所谓《唐六典》即是关于唐朝中央与地方官制的法规大全。例作为法律形式之一，是国家肯定的、具有法律效力的办案成例。在没有具体法律明文规定的情况下，例可以作为处理有关案件的比照依据。

以上诸种法律形式，一般来说，律是刑事法典，格是对律的补充或修订，令、式、典基本上是行政法规。上述诸多法律形式的共同参用，使唐律既具有相对稳定性，又具有一定的灵活性，在司法实践上起到了积极的作用。

唐玄宗开元年间，对唐律曾进行过五次较大的修改。唐玄宗多次删辑格式律令，对于完善法制，使律令格式更适于社会历史的发展和现实的需要，对开元盛世的出现起到了积极的作用。

《唐六典》是我国现存最早的一部行政法典。所谓“六典”，源于《周礼·太宰》的“太宰之职，掌建邦之六典”，即治典、教典、礼典、政典、刑典、事典。为了避唐高宗李治之讳，改“治典”为“理典”。开元十年（722年），起居舍人陆坚被旨修《唐六典》上，（唐玄宗）手写白麻纸凡六条，曰理、教、礼、政、刑、事典，令以类相从，撰录以进。徐坚与贺知章等人在丽正书院，或修书，或侍讲，以张说为修书史以总之。有司供给优厚，中书舍人洛阳陆坚（即徐坚）以为此属无益于国，徒为靡费，欲悉罢之。张说曰：“自古帝王于国家无事之时，莫不崇宫室，广声色。今天子独延礼文儒，发挥典籍，所益者大，所损者微。陆子之言，何不达也！”上闻之，重说而薄坚。开元十七年、十八年，徐坚、张说相继病卒，中书令兼集贤殿学士、知院事萧嵩继续编纂《唐六典》。

《唐六典》的编撰，直到开元二十六年（738年）才完成，成书三十卷，“以三师三公三省九寺五监十二卫等，列其职司官佐，叙其品秩，以拟《周礼》”。所谓三师是指太师、太傅、太保，三公是指太尉、司徒、司空。三师、三公是掌“训导”、“沧遵”的中央最高顾问，多以德高望重者居其位。三省是指尚书省、门下省、中书省，是中央最高决策机关。尚书六部吏、户、礼、兵、刑、工是中央行政管理机关，每部之下设四个司。九寺五监是中央政府的办事机构，与六部有一定的承受关系，并非与

六部完全平行。九寺是太常寺、光禄寺、卫尉寺、宗正寺、太仆寺、大理寺、鸿胪寺、司农寺、大府寺。五监是国子监、少府监、将作监、军器监、都水监。御史台是中央最高监察机关，此外还有秘书省、殿中省、内侍省、十二卫、诸卫府、太子东宫、诸王府、公主邑司。地方上的行政机构有都护府、府、州、县等。《唐六典》作为唐朝行政法典，内容详备，展现了唐王朝的政权组织形式，是唐朝编制行政法典的综合性成果，是开元盛世封建政治体制完备化的标志，在中国法制史上具有重要意义。《唐六典》，一代典章，厘然具备。

在司法方面，玄宗于开元年间首先明确了刑罚的种类和罚则，使其制度化，防止任意用刑、非法残害。

先天二年（713年）八月，玄宗宣布："凡有刑人，国之常法。掩骼埋胔，王者用心。自今以后，辄有屠割刑人骨肉者，依法科残害罪。"后来，又按照"慎刑"的原则，多次修改刑律罚则。

开元十年（722年），武强（今河北武强）县令裴景仙索贿事发，其赃额达五千匹之多。玄宗得知后大怒，令集合众官，当众杀掉裴景仙，以儆效尤。但是，按照法律规定"乞赃，犯不至死"。大理卿李朝隐据理力争，认为乞赃而不枉法，应判流刑。玄宗听不进去，坚持要处死裴景仙。李朝隐强调严格执法的必要性，说："生杀之柄，人主合专；轻重有条，臣下当守。枉法者，枉理而取，十五匹便抵死刑；乞取者，因乞为赃，数千匹止当流坐。今若乞取得罪，便处斩刑，后有枉法当科，欲加何辟？所以为国惜法，期守律文，非敢以法随人，曲矜（景）仙命。"玄宗终于醒悟过来，同意了李朝隐的意见，判处裴景仙决杖一百，流放岭南，并说："朕垂范作训，庶动植成若，岂严刑逞戮，使手足无措者哉！"表示了自己率先守法、屈己从律的意愿。开元十二年（724年），由于杖刑多有打死人的，玄宗就下诏修改了杖刑的罚则。“大德日生，至重日命，缅观前典，唯刑是恤。比来犯盗，先决一百，虽非死刑，大半殒毙。言念于此，良用恻然。自今以后，抵罪人合杖敕杖者，并宜从宽，决杖六十。”改决杖一百为六十，并定为常式。

为了做到令行禁止，严格执法，玄宗在开元时期还特别注意对亲近之人的处理，颇有点“王子犯法与庶民同罪”的味道。他在敕令中明确宣布：“夫为令者自近而及远，行罚者先亲而后疏。”开元二年（714年），薛王业的舅舅王仙童侵暴百姓，被御史弹劾。薛王业向他的兄长玄宗求情，玄宗令中书省和门下省复查。姚崇、卢怀慎奏道：“仙童罪状明白，御史所言无所枉，不可纵舍。”玄宗从之。

立法和司法的健全完善，使开元时期有了“刑措不用”的美名。开元二十五年（737年），全年死刑仅五十八人。玄宗对宰相和法官都给予了厚赏。“玄宗以宴相燮理、法官平允之功，封仙客为邠国公，林甫为晋国公，刑部大理官共赐帛两千匹。”

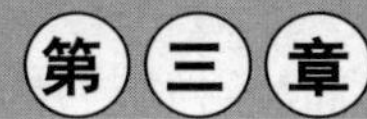

第三章 励精图治崇节俭 发展经济兴开元

经历了拨乱反正之后，虽然恢复了唐王朝，但之前形成的奢侈之风依然盛行，统治阶级萎靡、堕落，这些严重阻碍了玄宗的强国富民计划。为此，唐玄宗李隆基一方面抑制奢侈、厉行节俭，另一方面大力振兴经济。采取发展农业，减轻百姓徭役，括户举措，兴修水利，繁荣商业等措施，终于迎来了开元盛世。

崇俭抑奢，移风易俗

关于开元初中期所采取的抑制奢侈、厉行节俭的措施，从总体上看，玄宗对奢侈之风的打击和抑制，既有经济上的原因，也有政治上的原因，其根本目的在于巩固自己的统治。而对奢侈豪华的抑制，产生了促进经济发展和改善财政的积极效果。

从武则天统治晚期到中宗、睿宗以来，统治阶级只知享受，腐化堕落，社会风气日趋低下。唐玄宗在推行开元新政的同时，又注重改变社会风气，移风易俗，抑制奢靡，厉行节俭。先天二年（713年）三月，晋陵尉杨相如在上书中就提出了“隋氏纵欲而亡，太宗抑欲而昌”的问题。开元元年（713年）十月，中书令张说提出了禁止北周时从波斯传入中国的“泼寒胡戏”。他在进谏中说：“泼寒胡未闻典故，裸体跳足，盛德何观；挥水投泥，失容斯甚。法殊鲁礼，亵比齐优。”同年十二月，唐玄宗敕令：“腊月乞寒，外蕃所出，渐浸成俗，因循已久。自今以后，无问蕃汉，即宜禁断。”

开元二年（714年）四月，玄宗首先下令销毁武则天在洛阳建的“天枢”，以示与铺张浪费的风气一刀两断。天枢用铜铁制成，劳民伤财，当时建造时铜铁不足，还收缴了很多民间农具，熔毁了、耗费了数以百万计的钱财。工匠们用了一个多月才把天枢熔毁，之后把这些铜铁铸了钱。同时，韦后在长安城朱雀建的有数丈高的“石台”也被拆毁了。

自唐中宗、睿宗以来，宗室和贵族中奢靡成风，竞相浮华。姚崇于开元元年为相后，“屡以奢靡为谏”。为贯彻已经制定的治国方针，唐玄宗采纳姚崇的进谏，开元二年（714年）七月乙未日，下达制书：“乘舆服御，金银器玩，宜令有司销毁，以供军国之用。其珠玉、锦绣，焚于殿前。后妃以下，皆毋得服珠玉锦绣。”同月戊戌日，唐玄宗又发布敕令：“百官所服带及酒器、马衔、镫，三品以上，听饰以玉，四品以金，五品以银，自余皆禁之。妇人服饰，从其夫、子。其旧成锦绣，听染为皂。自今天下更毋得采珠玉，织锦绣等物，违者杖一百，工人减一等。”同时，“罢两京织锦坊”。

从唐玄宗的制书、敕令来看，他的禁令是难以贯彻执行的。然而，他在殿庭前焚烧锦绣、珠玉以及为此发布制书、敕令，亦是不容否认的历史事实。他的上述举动，确如司马光所评论那样，是出于“始欲为治”的需要，是他贯彻治国方针、推行开元新政的题中应有之义，故“能刻厉节俭如此”。因此，无论焚烧锦绣、珠玉的禁令能在何种程度上被付诸实行，都不能把上述行为称为宣传举动。唐玄宗谴责“互相夸尚，浸成风俗”的奢侈之风，主张“还朴还淳，家给人足”，表明他烧锦绣、珠玉，发布制书敕令，确实是为改变风气、易风移俗，为实现“家给人足”而在社会风气方面提供必要的条件，避免重蹈“隋氏纵欲而亡”的覆辙。玄宗不仅雷厉风行地禁奢倡俭，还以身作则。

发布焚烧锦绣珠玉敕令的两个月后，唐玄宗又颁发制书，“以厚葬为诫”。制书指出：“近代以来，共行奢靡，递相仿效，漫成风俗，既竭家产，多至凋敝。且墓为真宅，自便有房，今乃别造田园，名为下帐，又冥

器等物，皆竞骄侈。”为禁止厚葬，敕令还对随葬物品的色数、规模做出限制，禁止同宅下帐，坟墓务遵简俭，不得以金银为送终之具。对于违犯禁令者，杖一百；州县长官如不举察，则贬授远官。与此同时，唐玄宗还发布《禁断奢侈敕》，指出：“雕文刻镂伤农事，锦绣纂组害女红。粟帛之本或亏，饥寒之患斯及。朕故编著格令，且列刑章，冀以还淳，庶皆知禁。”

唐玄宗提倡节俭，当他经过以节俭著称的已故宰相卢怀慎墓地时，见“碑表未立，停跸临视，泫然流涕，诏官为立碑”。唐玄宗当即令中书侍郎苏颋为卢怀慎起草碑文，由他亲笔书写，刻于墓碑之上。

开元二年（714年）八月，唐玄宗又敕令“禁断”某些“事切骄淫，伤风害政”的“技艺”。以上敕令，是唐玄宗开元初年移风易俗的开始之举。这时，社会上风传皇帝要在民间选美，充实后宫。玄宗听说后，向天下表示要改变以往纳女入宫的做法，还要精简妃嫔以下的宫女，让其回家。下诏后就将宫女集中到太明富崇明门，派人用牛车将她们送回家去。

玄宗改革皇帝的食封制，对诸王公主的封户数进行限制。有的公主要求增加封户，他说：“百姓上缴国家的租赋并不是我个人私有。将士们在沙场上浴血奋战，不过赏赐一些绢帛，你们有什么功劳白白享受这么多封户呢？你们要懂得节俭才是。”由于玄宗身体力行提倡节俭，宫廷奢靡的风气颇有改观。

为了扭转社会风气，玄宗提拔了许多清廉之士，这些人身居要职，却两袖清风，成为天下人的榜样。宰相李元绍、杜暹皆以恭身节俭闻名。与姚崇同时任相的卢怀慎，才能不如姚崇，遇事不敢决断，当时人戏称他是“伴食宰相”。但是他为官清廉，不谋私利，一生清廉节俭，所穿所用都是一般物品。玄宗尤为痛恨暴殄天物的行为。一次，玄宗在宫中复道中看见卫士随手倒掉吃剩的饭菜，龙颜震怒，下令要杖杀这个卫士。周围的人见玄宗为此小事动大刑，都觉得不合适，但没人敢劝阻。这时，宁王李宪从容劝道："陛下从复道中看到这个人的错误行为而想杀了他，今后恐怕人人都惴惴不安了。陛下志在节俭，反对浪费，但也不必为一点剩饭就杀人呀。"玄宗听后从震怒中清醒过来，就释放了卫士，对兄长说："如果不是兄长您及时点拨，我差点就滥用刑法了。"玄宗克制私欲，身体力行地奉行节俭，对禁抑奢靡，促进社会风气的好转产生了一定的作用。

在这个时期，还有一件重要的事情，那就是封禅。封禅是古代封建王朝的大典，是"帝王受天命告成功之为也"。玄宗时期，他以太平盛世的明君形象，举行了唐朝最隆重的，也是最后一次封禅仪式。

按照张说的解释，封禅是帝王英明、社会安定的标志，不具备一定的条件，就不能封禅，否则只会给人们留下笑柄。而进行封禅的条件，具体说有位、时、德三个方面。只有符合这三条，封禅才能名实相符。"是谓与天合符，名不死矣。有一不足，而云封禅，人且未许，其如天何！"在张说等人看来，造就了开元之治的唐玄宗当然具备了这些条件，举行封禅仪式是当之无愧的。

实际上，早在开元之初，就有官员倡导封禅。吏部尚书崔日用曾在玄宗平定太平公主后，借皇帝生日之机，献上了西汉司马相如的《封禅书》，意在鼓动玄宗。然而，当时玄宗帝位未稳，政治上百废待举，社会亦不够稳定，经济也不够繁荣，急于进行封禅，并不利于玄宗的统治，可能还会造成副作用。对此，玄宗的脑子是清楚的，他在给崔日用的手诏中说道："古者封禅，升中告成，朕以菲德，未明于至道。竦然以听，颇壮相如之词；惕然载怀，复惭夷吾之谮。”以春秋时管仲阻谏齐桓公封禅之事为例，婉转地驳回崔日用的建议。但是，玄宗拒绝崔日用的建议，并非认为封禅之说不对，而是认为条件不具备。

到了开元中期，随着治世的出现，封禅之议开始频繁起来。具体来说，从张说当宰相后，封禅成为唐朝统治中枢的主要议题。在开元十二年（724年）一年内，关于封禅的议论达到了高潮。“文武百僚、朝集使、皇亲及四方文学之士，皆以理化升平，时谷屡稔，上书请修封禅之礼并献赋颂者，前后千有余篇。”在这些倡议活动中，张说起着主要作用。史称“张说首建封禅之议”。起初，玄宗还数次推辞，但是，由于官吏们的坚请，加之玄宗本人态度上的松动，特别是玄宗在内心深处十分渴望以封禅来表达自己的丰功伟绩，大臣们摸透了这一底细，所以才不厌其烦地反复奏请，而社会历史条件也已经能够负担这种大规模的奢侈行为。因此，这一年，玄宗终于发布了《允行封禅诏》，决定于开元十三年（725年）十一月封禅泰山。

开元十三年（725年）十月，经过一年的准备，玄宗自东都出发，开始了规模浩大的封禅活动，随行的百官臣僚、皇亲国戚、四夷酋长，不可计数，人众连绵达数十里，运送物资的随行车辆达数百里。马匹以不同毛色，分别列队。登高眺望，车马组成的队伍犹如五彩云锦摊铺在大地上，壮观至极。到达泰山之后，玄宗与宰相、诸王以及负责祭仪的礼官登山祭告，其余随从官员留在各口，仪卫环列于山下百余里。泰山上十行道间布满卫兵。“夜中燃火相属，山下望之，有如连星，自地属天。”在泰山封祀之时，先行祭拜仪式，封藏玉册玉牒，然后燔燎。“皇帝就望燎位，火发，群臣称万岁，传呼下山下，声动天地。”再至泰山西南的社首山，祭拜皇地祇（土地神）。在这一祭祀天地的大典结束后，玄宗接受百官和诸州朝集使、四夷使者等的朝觐，大赦天下。封禅的直接目的，是宣布治理国家的功绩。玄宗在“为苍生祈福”的告天玉牒（实际上就是祭文）中是这样说的：“恭承大宝，十有三年。敬若天意，四海晏然。封祀岱宗，谢成于天。子孙百禄，苍生受福。”表达了他功成名就、踌躇满志的心态。在宣布允行封禅时，玄宗依然强调：“所司与公卿诸儒详择典礼，预为备具，勿广劳人，务存节约，以称朕意。”

由于开元时期君主开明，上下协力，在经济财政问题上多种措施并进，开元年间的社会经济稳步发展，国家财政有了根本性的好转。

杜佑在《通典》中称：当时天下无贵物，两京米斗不过二十文，面三十二文，绢一匹仅二百一十文。到开元晚期，经济与社会都呈现出一派升平气象。“天下县千五百七十三，户八百四十一万二千八百七十一，口四千八百一十四万三千六百九。西京、东都米斛直钱不满二百，绢匹亦如之。海内富安，行者虽万里不持寸兵。”白居易曾对太宗和玄宗的历史功绩作了这样的评价：“太宗以神武之姿，拨天下之乱；玄宗以圣文之德，致天下之肥。”他把玄宗的历史功绩集中在“致天下之肥”的经济社会发展方面，充分反映了开元之治的成效。

发展农业，减轻徭赋

玄宗即位之初，经济状况较为一般，而财政上的矛盾较为尖锐。从中宗到睿宗，在经济条件仍不宽裕的情况下，大造寺观，滥行封赏，使国家财政进一步恶化。景龙三年（709年），宰相韦嗣立上疏谏道："今陛下仓库之内，比稍空竭，寻常用度，不支一年。倘有水旱，人须赈给，征发时动，兵要资装，则将何以备之？其缘仓库不实，妨于政化者，触类而是。""国家租赋，大半私门。私门则资用有余，国家则支计不足，有余则或至奢侈，不足则坐致忧危，制国之方，岂谓为得。"也就是说，封户的个人收入，已经超过了国家财政的租赋庸调收入。宋务光形容当时的情形说："丁壮尽于边塞，孤孀转于沟壑，猛吏淫威夺其毒，暴征急政破其资。"

玄宗极为重视农业生产，为恢复社会经济、安定社会，把静民劝农放到了治理国家的首要地位。玄宗派人修建大明宫，到农忙季节后，工程仍未完成，于是下诏先停止修建，等农忙之后再行修建。为解决逃户问题，唐玄宗从土地兼并同吏治不善、赋役弊病等造成农民脱离土地的诸多因素综合考虑，安抚流亡人口，"行清静之化"，减轻农民负担，进行综合治理。玄宗在经济财政上的主要措施，是赈灾救荒，安抚百姓，减少逃户，劝课农桑，改革赋税徭役制度。

整饬县级政权的吏治，是唐玄宗解决流民问题的首要措施。他清楚地知道，农民逃亡往往与县政权的吏治有着直接的关系。开元二年（714年）春正月，"关中自去秋至于是不雨，人多饥乏，遣使赈给"。开元二年（714年）七月，唐玄宗敕诫州县："且一夫一女，不耕不织，天下有受其饥寒者。"令州县官吏督察农桑，使田畴力垦，"待至秋收"再"课其贮积"。开元三年（715年）三月，唐玄宗敕令："顷虽临遣使臣，未能澄正此弊，或以害物，或以妨农，或背公向私，或全身养望，至使钱谷不入，杼轴其空，捐瘠相仍，流庸莫返。”开元三年（715年）六月，“山东诸州大蝗”，“紫微令姚崇请差御史下诸道，促官吏遣人驱扑焚瘗，以救秋稼，从之。是岁，田收有获，人不甚饥”。开元五年（717年）二月，“河南百姓给复一年，河南、河北遭涝及蝗虫处，无出今年地租”。七月，唐玄宗敕令：“至于敬耆老，恤茕弱，止奸盗，伏豪强，下不忍欺，吏不敢犯。田畴垦辟，狱固空虚，徭役必平，逋逃自复，若是者，乃闻举职，思可以力致。”开元八年（720年）七月，唐玄宗告诫京畿县令，要勤政恤民，勿夺农时，宽简刑狱，“徭役须平，豪强勿恣”，并以此作为考核县令吏治的标准。

上述制书、敕令表明，唐玄宗确实是把静民劝农、减轻农民徭役赋税负担、宽法慎刑、恤民救灾、劝课农桑、勿夺农时、抑制豪强，作为使“逋逃自复”、流民返乡、恢复和发展农业生产的必要条件，解决流民未返的问题。玄宗深知，农民必须依附在土地上才能生存。为了实现自己在开元初提出的“思使返朴还淳，家给人足”的理想，玄宗以安抚流民、促使农民重返田园为主，在开元前期采取了一系列措施。

从先天元年（712年）玄宗独掌大政起，玄宗就颁发了许多告诫州县长官劝课农桑、赈灾救荒、招徕流移的诏令制敕。开元元年（713年）十月，他召见了京畿县令，“戒以岁饥惠养黎元之意”。开元二年（714年）五月，又因岁饥年馑，大规溪地罢免员外官、试官和检校官。这一措施，既在一定程度上解决了中宗以来的滥任官吏问题，又可部分缓解饥荒所造成的财政受担问题。同年九月，玄宗对各地普遍存在的灾荒饥乏，采取了积极的解决措施，其中最显著的，就是在江淮以北的各州设立常平仓，“敕以岁稔伤农，令诸州修常平仓法”。所谓常平仓，是政府专设的调剂市场的粮仓，丰年谷贱时籴进粮食，歉年谷贵时粜出粮食，以平抑粮价，调剂丰歉，救济灾荒。这些措施，对于防止农民流离失所，维持农民的最低生活条件，无疑具有积极作用。

开元三年（715年），玄宗下令让各地朝集使严格考察县令，改善吏治，体现“抚字之道，在于县令”的思想，通过整饬地方吏治来缓解社会矛盾，减少农民逃亡。他要求朝集使查明并严惩至使钱谷不入，杼轴其空，捐瘠相仍，流庸莫返的不法地方官，以此来促使百姓安居乐业。

不仅如此，唐玄宗尤其重视减轻农民的赋税和徭役负担，多次下令减免灾区租税和徭役。开元二年（714年）五月，唐玄宗“以岁饥，悉罢员外、试、检校官”，在江东道“颇致饥乏”时，下令“不急之务，一切除减，观察疾苦，量宜处置”，“用救荒弊”。开元四年（716年），玄宗对征收租调徭役作了相应的规定，以防范因科敛过重而导致的农民逃亡。“诸处百姓，苦被勾征。使人贪功，既不纳理，州县承敕，又不敢放。或已输已役，重被征收；或先死先进，勒出邻保。欲令贫弱何以安存！”并明确规定，减免过去拖欠的陈年老账，“隔年以去，更不在勾限”。显然，玄宗在这里说得够严厉的了。不久，他再次下诏，强调地方官员“不得妄有科唤，致妨农业”，并派遣御史“检察奏闻”。

开元五年（717年）二月，玄宗在大赦天下的敕令中，动员亡命山泽的流民自首，以百日为限，否则论罪。恩威并用，试图解决流民问题。“亡命山泽，挟藏军器，百日不首，复罪如初。”但是，当时的农民逃亡问题并未得到解决，就连两都京畿地区，户口照样大幅度减少。在玄宗下令赦免亡命山泽之徒的同时，孙平子上书议事，指出：“两畿户口，逃去者半，常侍解琬招携不还，李杰奏请访括不得。”说明了当时逃户问题的严重性。

到开元八年（720年），经济状况已有所好转，出现了“五谷丰植，万物阜安，百姓无事，与能共化”的局面。玄宗依然安不忘危，继续强调存在的问题，告诫县令“徭役须平，豪强勿恣”。对各州的地方长官强调，经考察能够“兼户口、复业带上考者，选日优与内官”。就是说，地方官员如果能把增殖户口、劝民复业放在首位且取得显著效果，在吏部铨选时优先授予京官之职。

为解决谷贱伤农和抗御天灾，唐玄宗极力主张恢复常平仓、义仓制度。开元二年（714年）九月，唐玄宗敕令：“以岁稔伤农，令诸州修常平仓法。江、岭、淮、浙、剑南地下湿，不堪贮积，不在此例。”常平仓的作用在于平抑粮价，防止丰年谷贱伤农和荒年谷贵伤民。而义仓的设置，主要在于荒年救灾和青黄不接时向农民免息贷种。为此，唐玄宗曾发布《发诸上州义仓制》的制书，并在《赈恤河南北诏》中指出：“凡立义仓，用为岁备。今旧谷向没，新谷末登，蚕月务殷，田家作苦，不有惠恤，其何以安？宜开彼仓储，时令贷给。”在《南郊推恩制》中，唐玄宗指出：“诸郡义仓，本防水旱，如闻多有费损，妄作破除。自今以后，每郡差一上佐专知，除赈给百姓之外，更不得辄将杂用。”可见，唐玄宗不仅主张恢复义仓，阐述义仓的性质和作用，还对以往在义仓问题上所存在的弊病，明令予以纠正，制止破坏义仓制度的现象发生，为整顿和建设义仓制度作出了贡献。

关于唐朝农业生产力的发展，粮食亩产的提高最能说明问题，它是农业生产力发展的集中体现。唐朝的亩产数字，文献中虽不乏记载，但有一个古今度量衡的换算问题。在李翱的《平赋书》中，曾谈到

"一亩之田，以强并弱，水旱之不时，虽不能尽地力者，岁不下粟一石"。同汉代的亩产相比，唐朝亩产一石，换成汉制，相当于汉代亩产三百八十一石；合今制亩产三百三十四斤。汉代亩产一般为三石，可见唐朝的亩产同汉代相比，提高了。

开元、天宝年间农业生产的发展，年丰谷贱。据《通典》记载：开元十三年（725年）唐玄宗泰山封禅，是时"米斗至十三文，青、齐谷斗至五文，自后天下无贵物；两京米斗不至二十文，面三十二文"。当时，国家与州县仓廪殷实：天下诸色米都九千六百六万二千二百二十石。粮仓储粮数量的巨大，无疑是农业连年丰收、农业生产力提高的结果。开元年间农业生产的迅速发展，还表现在轮作复种面积的增加、水稻和经济作物的普遍种植等诸多方面。

括户举措，兴修水利

随着开元初期农业生产逐步走向正常，玄宗把经济财政政策的重点转向了解决逃户问题。在开元八年（720年），玄宗已经认识到了户口的流失已经成为国家财政的最大难点。"八年，天下户口逃亡，色役伪滥，朝廷深以为患。"单纯的安抚赈济，只能使百姓具备生存能力，不足以增加政府财政收入，即"虽户口岁增，而赋税不益"。唐玄宗采取较为严厉的措施，就是由宇文融主持的括户。在开元八年（720年）八月玄宗下的制敕中，明确地表达了这一思想："政宽而慢，法弊而穷，弛而张之，其可致理。”“隐匿不作，人斯元怨；宽猛相济，政是以和。”从开元九年到开元十二年（721年至724年），唐朝政府集中力量进行了括户。

正式向唐玄宗上言解决逃户问题的是宇文融。宇文融是京兆万年（今陕西西安）人，开元初年曾任富平县主簿，因受到京兆尹源乾曜赏识而调任监察御史。宇文融鉴于当时“天下户版利隐，人多去本籍，浮食闾里，诡脱徭赋，豪弱相并，州县莫能制”这一严重现实，向唐玄宗上言：“天下户口逃移，巧伪甚众，请加检括。”宰相源乾曜对宇文融的建议亦表示“赞成”。唐玄宗敕令有关部门就宇文融的上言，讨论有关检括户口的问题，要求将议论结果向他汇报。于是，唐玄宗正式发布制书：“州县逃亡户口听百日自首，或于所在附籍，或牒归故乡，各从所欲。过期不首，即加检括，谪徙边州。公私敢容庇者，抵罪。”宰相之一的源乾曜也赞成这一主张，玄宗紧接着就下敕要求提出检括户口之法。“敕有司议招集流移、按诘巧伪之法以闻。”

从宇文融上言检括户口，中间经过有关部门议论，到正式发布制书施行，前后不过十二天，可见唐玄宗为解决这一问题的急切心情。诚然，这个问题他已在心中酝酿已久，是经过深思熟虑的。

从制书的内容来看，有以下四个要点：一是限逃亡户口在百日内自首，对限期内自首者当然是既往不咎；二是对自首者或就地附籍，或返回乡里，采取听其自便的原则；三是过期不自首者，加以检括，予以谪徙边州的惩罚；四是对敢于包容庇护逃户的官员或个人则依法问罪。同李峤的四项措施相比较，唐玄宗制书虽有宽严相济的内容，但不见有“垂恩德”措施中解决返乡户生活困难的诸多具体规定，如供应返乡途中食粮、返归后缺粮者予以赈济、田地荒芜者助其修营、勿征积欠徭赋等，更多地体现着“严”的一面。制书发布后，唐玄宗以宇文融为覆田劝农使。“勾检帐符，得伪勋亡丁甚众。”可见这次检括户口，主要是根据簿籍勾检逃丁、逃户，而且所获“甚众”，在一定程度上收到“收匿户羡田佐用度”的预期目的。为此，宇文融由监察御史（正八品上）被提拔为兵部员外郎（从六品上），兼侍御史。

宇文融的括户举措，大体上可分为两个阶段。所谓“括户”，即是“括检户口”。早在北魏时期，国家为了同地方上的割据势力和豪强争夺劳动力，增加税收，制定了“检括户口”的法律。隋唐的法律中，对逃避赋税、徭役者有明文规定的刑罚。武则天时期，朝凤阁舍人李峤为解决逃户及其所引起的赋税收入减少的问题，曾提出过“设禁令”、“垂恩德”、“施权衡”、“为限制”等措施。“设禁令”是吸取隋朝括户采用的乡里连坐、开相纠之科的做法。“垂恩德”是为返乡逃户解决一些实际困难，招诱逃户返乡。“施权衡”是在逃户的返乡或就地附籍的问题上，听任逃户自行选择。“为限制”是规定逃户必须在百日期限内报到，算作“自首”，不咎既往，听任其返乡或就地附籍。限期内不“自首”者则“迁之边州”，实际上是变相流放。李峤的上述措施，曾被武则天部分地采纳并在部分地区许行。

开元九年（721年）正月至开元十一年（723年）七月的检括户，除返回乡里与就地附籍由逃户自己选择外，其余皆为强制性措施和法令，主要体现的是“严”，给百姓带来了“烦扰”。在这种情况下，玄宗于开元十一年（723年）八月颁发了新的敕令，适当调整了括户政策，把括户和解决农民的土地问题、生计问题结合起来，既然是“一张一弛”，前一阶段“张”得过了头，所以此时，存“群”的基础上略“弛”了一些，把以前的安抚政策和现时的刚猛政策融为一体，称："前令检括逃人，虑成烦扰，天下大同，宜各从所乐，令所在州县安集，遂其生业。"

开元十二年（724年）六月，唐玄宗将上述原则具体化，发布了新的括户诏令，"制听逃户自首，辟所在闲田，随宜收税，勿得差科征役，租庸一皆蠲免。仍以兵部员外郎兼侍御史宇文融为劝农使，巡行州县，与吏民议定赋役。"六月诏令的要点有三：一是摈弃单纯括户做法，把括户与括田结合起来，令自首逃户"辟所在闲田"；二是只收自首逃户随土所产的实物税，免征正赋，即随宜收税，毋得差科征役，租庸一皆蠲免；三是对不便于自首逃户的赋役，劝农使有权与吏民重新议定，即"巡行州县，与吏民议定赋役。"这一诏令的三个要点表明，这次检括户口是把括户与括田以及赋税改革结合起来，较好地体现了宽严相济的原则，以安抚为主，因而在实践中能较为顺利地推行，使检括户口收到了明显的成效。

由此可知，宇文融既是这次括户的策划人、设计师，又是组织者、主持人。宇文融以劝农使兼租地安辑户口使的身份，凭借着唐玄宗授予他的"与吏民议定赋役"的大权，在"劝农判官"的协助下，于全国范围内大张旗鼓、雷厉风行地推行检括户口诏令，收到了明显的成效。在推行诏令的过程中，朝廷有人提出异议，户部侍郎杨玚认为这是"籍外取税，百姓困弊，得不酬失"。唐玄宗坚决支持宇文融，将杨玚贬官，"融乃自请驰传行天下，事无巨细，先上劝农使，而后上台省，台省须其意，乃行下。"可见，宇文融既有唐玄宗所赋予的"量事处分"大权在手，又有由他选择的诸多得力"劝农判官"的协助，终于使这次检括户口工作在全国获得了颇为圆满的成功。

显然，政策上的变化有利于括户的进行，也能够得到大部分逃户的支持。据说，宇文融巡行宣布新诏令时，“老幼欣跃，唯令是从，多流泪以感朕心，咸吐诚以荷王命”。为了使新的政策得到认真贯彻，推行括户政策的宇文融职务几经变化。开元十一年（723年）八月，宇文融被任命为勾当租庸地税使，说明了此时括户与赋税征收已经配合起来。不久，宇文融又兼任括地使，说明括户与括田也配合了起来。

为了保证括户的进行，宇文融选拔了一批得力官吏，担任劝农判官。宇文融策划括户，所要解决的问题是“天下户版利隐，人多去本籍，浮食间里，诡脱徭赋，豪弱相并，州县莫能制”。而宇文融本人向唐玄宗提出“请校天下籍”的主要目的，在于“收匿户羡田佐用度”，通过括户与括田来增加国家的赋税收入。实践表明，宇文融在大体上解决了他所要解决的问题，基本上达到了预期的目的。

括户的结果，使户口增加八十万，即“诸道收没户八十万”，而开元十四年（726年）全国户口总数七百零七万。同隋开皇三年（583年）括户一百六十四万（合三十万户）相比，“八十万”应是历代括户的最高数字。括户与括田并举，即“收没户八十万，田亦称是”，解决了“籍外羡田”的问题。括户与括田的直接效果，是国家财政收入总额的大为增加，即“岁终，羡钱数百万缗”。在中宗神龙年间至开元初年，唐王朝的编户一直在六百万左右，而到括户结束后的开元十四年（726年），全国户数达到七百余万，这不能不说是括户的功劳。编户齐民的增长，在以农为本的封建王朝毫无疑问是社会安定，走向盛世的标志之一。

括田为自首逃户带来好处，括田官员所到之处，出现了“老幼欣欢，唯令是从，多流泪以感朕心，咸吐诚以荷王命”的动人场面。唐玄宗的诏书也表明，他的检括户口绝不只是为着增加赋税收入。在括户获得成效后，唐玄宗诏令“以客赋所在，并建常平仓”；“官司劝作农社，使贫富相恤”；农忙时“州县常务一切罢省”；对新归逃户，官府要予以“存抚，使遂其功”；对“复业”逃户，州县需按时申报，“不须挟名”。可见，唐玄宗是把括户同落实静民劝农、体恤百姓的治国方针联系在一起的，目的是为着安民富民，强国兴邦。

诚然，唐玄宗、宇文融的检括户口，在推行过程中也有其弊病，如“州县希旨，张虚数以正田为羡，编户为客”，以至于加重了某些“实户”的赋税负担。此外，有些土著户为获得政府优惠政策，也离乡逃亡，国家虽采取措施予以制止，仍未能制止住户口流散的问题。但是，同括户所取得的巨大成就相比，上述弊病和遗留问题，不过是次要的支流而已。

括户的同时，垦田也得到了相应的增长。在隋唐时期，开垦荒田一直受到政府的鼓励，特别是从人多地少的“狭乡”到人少地多的“宽乡”开垦荒地，更是如此。按照《唐律》，废弃耕地和占田超过规定限度者要受到处分；然而属于开垦荒地而占田超过限度者，则不算犯罪。宇文融在括户括田时，采取了鼓励返乡逃户开垦荒地。从贞观至开元、天宝年间，垦荒数一直呈上升趋势。与此同时，江南地区围水造田的数量也有明显的增加。垦荒（包括开山造田）和围水造田而导致的耕地面积的扩大，对于开元、天宝年间农业生产的发展来说，无疑是一个重要的因素。

户口、垦田的增长，就意味着政府财政收入的增长。可以说，盛唐经济的发展与国家财政的稳定，与括户是分不开的。开元十二年（724年），群臣在请求封禅的表章中称：“年谷丰稔，开辟以来，未之有也。”这一称颂，虽不乏阿谀的成分，但从一个侧面反映了玄宗主持括户括田、发展农业的功绩。在整个开元时期，玄宗对农业生产的重视程度基本上是前后如一的。一直到开元二十三年（735年），玄宗还在强调统治者应不误农时，劝课农桑。“农桑之时，不得妨夺，州县长官，随时劝课。”

农业生产的发展，离不开水利建设。据有关专家统计，开元年间兴修水利工程达三十八处；其数量超过了此前此后的各个帝王。具体分布如下：

开元元年（713年），杭州盐官县重筑捍海塘堤。开元二年（714年），华州刺史姜师度在华阴县修敷水渠；太原府文水县令戴谦修造甘泉渠、荡沙渠、灵长渠、千亩渠。开元五年（717年），华州刺史樊忱在华阴县治理渭漕、衙州西安县修造神塘。开元六年（718年），兖州莱芜县令赵建盛修普济渠、冀州堂阳县修造漳水堤。开元七年（719年），同州刺史姜师度在朝邑县修通灵陂；会州刺史安敬忠在会宁县修黄河堰。开元十年（722年），沧州刺史姜师度在清池县修东未名渠、衡漳东堤，又在景州刺史任上在南皮县修未名渠，治理毛河、临津、清池；越州会稽县令李俊之修防海塘。开元十四年（726年），海州刺史杜令昭在朐山县修永安堤。开元十六年（728年），沧州清池县治理无棣河、阻通河，修浮河堤、阳通河堤、永济北堤。开元二十二年（734年），孟州河阴县令李杰修梁公堰。开元二十三年（735年），剑南长史章仇兼琼在成都府温江县治理新源水。开元二十七年（739年），采访使齐浣在濠州虹县修广济新渠；郎州刺史李逬在武睦县修北塔渠。开元二十八年（740年），魏州刺史卢晖在贵乡县修西渠。修建于开元年间但具体时间不详的水利工程还有：蔡州新息县薛务增修玉梁渠，赵州柏乡县令王佐修千金渠、万金堰，景州东光县治理靳河，明州鄮县县令王元玮修小江湖。玄宗时期修造的这些水利工程和设施，遍布全国，其中以关中渭河流域和黄河中下游地区居多，在这一地区形成了一套比较健全的水利系统，极大地增强了防止自然灾害的能力。

从水利工程分布的地域来看，以山东最多，其次是山西、河北、河南、陕西。水利是农业的命脉，兴修水利在开元年间形成高潮，这同唐玄宗贯彻静民劝农的治国方针有关，对开元年间农业的迅速发展起到了重大的作用。开元年间在兴修水利方面所取得的成就，反映了开元盛世的一个侧面。

在中国古代，运输问题是经济与财政的一个重要内容。由于古代的赋税以实物为主，没有健全的运输体系，国家财政就不能运转，特别是输送物资到京师的漕运，历代都是经济与财政的保证重点。唐朝京师长安的物资供应，在玄宗以前一直是政府财政体系中的薄弱环节。在唐朝前期，保证长安供应的基本渠道，是洛阳到长安的黄河与渭河水运，而这一渠道的运量过小，代价过高，无法保证首都的实际需要。在高宗永徽年间，每年的漕运数量只有二十万石左右。武后定都洛阳，长安的物资需要随之下降，使黄、汴、渭水系的运输体系弃置失修。到玄宗即位时，不仅渭河的航运已经成问题，而且大运河与黄河交汇处的大坝和水闸已不能使用，由南方各地向洛阳的转运由洛阳向长安的转运都受到了一定影响。玄宗即位后，对这一运输体系进行了改造与重建。

开元初，河南尹（治所在洛阳）李杰着手整修黄河漕运。他以陆烙拉纤的方式改进洛阳与陕州（今河南陕县）之间的运输，并重建汴渠与黄河之间的梁公堰，使每年漕运到长安的粮食达到一百万石，长安的物资供应得到大大改善。“先是，河、汴州有梁公堰，年久堰破，江、淮漕运不通。杰奏调发汴、郑丁夫以浚之，省功速就，公私深以为利，刊石水滨，以纪其绩。”但是，如果遇到水旱灾害，依然有一定困难。所以，从开元到天宝年间，玄宗以及他的辅政大臣们一直十分重视改进黄河和谓河的水运体系。

开元二十一年（733年），关中地区秋雨连绵，庄稼歉收，京师谷价腾贵。玄宗“诏出太仓米二百万石给之”，不得不沿袭高宗武后时的老办法，巡幸东都洛阳以缓解长安的供应困难。京兆尹裴耀卿上书建议进一步兴修漕运术道，从根本上解决问题，说：“臣以国家帝业，本在京师，万国朝宗，百代不易之所。但为秦中地狭，收粟不多，倘遇水旱，便即匮乏。往者贞观、水徽之际，禄廪数少，每年转运不过一二十万石，所用便足以此车驾久得安居。今国用渐广，漕运数倍于前，支犹不给。陛下数幸东都，以就贮积，为国大计，不惮劬劳，只为忧人而行，岂是故欲来往。若能更广陕运，支粟入京，仓廪常有三二年粮，即无忧水旱。”玄宗深以为然，拜裴耀卿为同中书门下平章事，充转运使，负责改革漕运。到开元晚期，随着水利建设的发展，常平仓和义仓制度的健全，封建国家抵御自然灾害的能力也大幅度提高。

手工业兴，成就卓越

农业的繁荣，带动了手工业、商业、交通及城市经济的繁荣。丝织业、陶瓷业、造船等传统手工业在原有的基础上有了突破性的飞跃。像唐三彩已成为唐朝繁盛的典型代表。手工业的发展，在开元时期卓有成就。

西安何家村发现的唐朝窖藏金银器，据专家考证，是雍王李守礼府上的遗物。其工艺之精致，造型之细腻，是少见的，反映了开元时期在这一方面的水平。

唐朝的手工业从经营方式上看，是官府手工业和民间手工业两大类。就官府手工业同汉代相比，各部门的划分日趋精细，国家对官府手工业的管理也有所加强。在中央政府中，国家设置有四监来专门管官府手工业。四监及监下诸署的设置，表明官府手工业管理机构的庞大和分工的精细，是官府手工业比汉代有较大发展的标志之一。

唐朝的民间手工业，可分为家庭手工业与手工业作坊两类。其中，民间手工业作坊在唐朝有较大的发展，有的手工业作坊已具有相当大的经营规模，定州何名远拥有五百张绫机的手工业作坊，便是个突出的例子。从手工业的部门来看，唐朝的手工业比前代均有长足的发展，可从采矿业、铸造业、陶瓷业、纺织业、印染业、造纸业、印刷业、造船业、漆器业、食品业十个部门看出。

唐朝的采矿业主要由政府掌握，只是在一定限度内允许私人开采，依产量多寡向国家纳税。唐朝采矿业已相当发达，各种金属矿有一百六十八处之多，年产铁两百万斤、铜二十六万斤、银上两万斤。其中，铁矿的分布以南方诸道最多，有六十余处，北方诸道有三十余处。除金属矿外，唐朝文献中已有关于煤矿和开采石油的记载。

唐朝的金属铸造业部门较多，所铸造的金属器物种类也不少。从现存唐朝的金属器物来看，铸造技术比前代已有明显进步，工艺技术有所提高。除铸造和锻炼外，还有手工打制、加工磨制以及镀金镀银等。金银合铸难题的解决，可谓唐朝金银铸造技术的成就之一。在唐朝的金属铸造业中，铸钱业和兵器制造业占有特殊重要的地位。

玄宗开元年间，在铸币问题上一直处于两难境地：如果由政府垄断铸币，禁止私铸，那么，因铜源有限，铸币数量跟不上，会使钱不敷用，妨碍经济的发展和商品的流通；如果放开对铸币的限制，允许私铸，则会使国家财政被私铸货币左右，市场充斥恶币，利人私门，严重者甚至会危及国家的统一。对此，开元时期的君臣从农业社会的自然经济角度出发，倾向了禁止私铸。越南币不能适应当时的社会需求，政府对货币的垄断未能收到积极的成效。开元五年（717年），玄宗巡幸洛阳时，宋璟主持禁止恶币流通。第二年，再度诏令禁止私铸，查处恶钱，并委派御史萧隐之到江淮办理查禁恶钱事宜。但严格的禁令导致了物价波动，商业萧条，民众不满，宋璟被罢相。后来，玄宗也意识到了仅仅禁止私铸货币无济于事，便改变了政策，采取了增开铜矿、加设钱炉等方法，但不够得力。从总体来看，开元时期的货币政策不是很成功。

在唐朝，由于文化事业的飞速发展，官府设置了很多造纸作坊，仅安徽、四川、江西、江苏、浙江等地，就有造纸作坊九十余处，造纸业十分兴盛。从造纸业的工艺、种类、质地来看，唐朝的造纸业确实大大超过了前代。当时生产的一些名纸，如宣州泾县的宣纸、浙江的剡藤纸、蜀郡的双流纸、薛涛笺、十色笺、鱼子笺，都颇负盛名，远销各地。当时造纸业最为发达的地区是四川，其他地区也有所发展，如南海生产的谷纸、罗州生产的香皮纸等。同前代相比，唐朝的造纸业分布更为普遍，种类与名目更为繁多，印色更为讲究，用途就更加广泛。总之，唐朝造纸业的空前发展，是同这时期社会经济的繁荣与文化事业的昌盛以及雕版印刷术的兴起紧密地联系在一起的。雕版印刷术的出现，是唐朝对中国印刷术发展的一大贡献。所谓雕版印刷术，是把文字刻在一定规格的整块木板版面（或其他质料版面）上，然后在整块版面上加墨印刷。唐朝印刷业的中心是长安与成都，在今陕西、河南、江西、四川、江苏、浙江均有分布。

唐朝国内外贸易的空前发展，水运交通从内河到海上都承担着重要的任务。这种实际需要，对促进唐朝造船业的发展是一种巨大的推动力。当时造船所用木料，以坚硬耐久的楠木为上，其次是樟木。此外，木兰、杉树、柯树也被用来造船。由于这些树木大多生长在长江流域和球江流域，因而造船业也大多分布在这一地区。从有关记载来看，唐玄宗开元、天宝年间，造船业在规模和型号上均有较大发展。据载，颇得唐玄宗宠遇的刘晏，曾在扬子县（今江苏仪征）设置十个官府造船工场，造船两千艘以供内河航运。当时内河航运船只，其式样种类繁多，有平底船、座船、浅底层予船、杂船座船、海鸥船、网船、车船、马船、铁头船、腾浅船、万石船等。唐朝的漆器业，除前代已颇为盛行的干漆工艺外，又有"剔红"工艺。这种工艺，用印版刻于平锦，是宋代剔红漆器的先驱。唐朝漆器中，颇负盛名的是所谓"平脱器"。日本正仓院所收藏的金银平脱器物，保存完整，种类繁多，可知平脱漆器在唐朝已经很流行。

唐朝较大的盐业区有长芦盐区、两淮盐区、两浙盐区、福建盐区。当时的盐池有十八所，盐井有六百四十处。唐朝制茶业因唐人饮茶之风盛大而得到迅速发展。在长江流域，西起四川，沿江而下，湖南、江西、安徽、江苏、浙江乃至于福建，都是重要的茶叶产区。有些地区还出现大型的茶园和制茶作坊。蔗糖制造业在中国始于唐朝，唐太宗贞观十一年（637年）曾派遣使者到摩揭陀（在今印度）学习并吸取熬制蔗糖的方法。唐朝出产蔗糖的地区与现今的蔗糖产地大致相同，这与甘蔗的产地分布在这一地区相关。今日产糖的广东、四川、福建、台湾等地，在唐朝史籍中已有产糖的相关记载。

繁荣商业，振兴经济

唐朝农业和手工业的迅速发展，特别是开元、天宝年间的经济繁荣，导致了商品经济和商业的迅速发展。这一发展，集中地体现在商业都市的繁荣上。

全国大中小城市星罗棋布，长安、洛阳、扬州、成都、广州颇为富庶，各地经济互通有无，贸易频繁，交通便利。当时以长安为中心，形成四通八达的几条重要交通干线，要道上设立了一千六百三十九所驿站。陆驿备马，水驿备船。这是专供官方所用，招待商旅则另有私人开设的客店。杜佑记述当时情况说："东至宋汴，西至岐州，沿路设店肆待客，酒食丰盛。每店均有驴赁客乘，倏忽数十里，谓之驿驴。南至荆襄，北述太原、范阳，西抵蜀川、凉府，皆备店肆，以供商旅，远出数千里，不持寸刀。"可见道路通畅，交通发达，社会秩序稳定，一片太平。

唐朝的商业都市，繁华程度超过隋朝。京都长安的东西二市，行铺林立。东市市内财货有二百二十行，四面设有邸店；西市市内"店肆如东市之制，市署前有大衣行，杂糅货卖之所"。

在唐朝，最大的商业都市是扬州，其次为成都，即所谓"扬一益二"。扬州的繁荣，一是位于东南的商品经济发达地区，二是它又为国际贸易的商埠，与水（长江、大运河）陆交通的枢纽城市有关。作为国内外商人和海内外商品聚集地的扬州，实为唐朝商品经济繁荣的窗口与缩影。唐朝留下的文献其中包括诗词、小说等文学作品，对唐朝扬州的繁荣程度多有生动的记载。

益州（成都）作为唐朝的第二大商业城市，其繁荣程度不下于扬州，故人称“江山之秀，罗锦之丽，管弦歌舞之多，伎巧百官之多，扬州不足以侔其半”。唐朝的大商业都市，还有江南的苏、杭二州。当时人称杭州“骈樯二十里，开肆三万室”，诗人杜牧称杭州“户十万，税钱五十万”。在扬州和广州之间，最大的商业城市是洪州（今江西南昌）。海外和岭南的货物，大多由广州越过大庾岭，取水道到达洪州，然后沿长江东下，到扬州。在长江中游的荆州（今湖北江陵），也是一大商业都会，称有三十万人口。岭南地区最大的商业都会，是著名的国际商港广州。此外，作为对外贸易的商港都市，还有浙江的越州（今浙江绍兴）、明州（今浙江宁波）等。

乡村集市特别是草市的繁荣与遍及乡镇各地，也是唐朝商业繁荣的一个重要侧面。在唐朝商业都会和大型草市上从事商业活动的是商人阶层。这一阶层，就他们所拥有的资金和经营规模而言，有大、中、小之分。在经营方式上，仍有行商与坐贾之别；有的商人又兼营手工业。唐朝的商业繁荣，便是同商人阶层的活跃紧密联系在一起的。其中，大商人阶层的空前活跃，是唐朝商业繁荣的集中表现之一。

中国自秦以来，统治阶级大多在不同程度上实行“重农抑商”的政策。然而，每当在社会经济特别是商品经济有较大发展的时期，大商人便会成为社会上的活跃人物。唐朝商品经济的发展，使得大商人的商业活动空前活跃。由于商业利润高于农业和手工业生产，即所谓“用贫求富，农不如工，工不如商”，从事商业的人数日趋增多。正如诗人姚台的诗篇所描绘的那样：“客行野田间，比屋皆闭户。借问屋中人，尽去作商贾。”大商业都会是大商人最为集中的地方。在扬州，“富商大贾，动逾百数”。当时大商人的活动，在唐朝诗人如刘禹锡、白居易、元稹、张籍的诗篇中均有所反映。例如，张籍《贾客乐》的诗句“金多众中为上客，夜夜算缗眠独迟”，既写出了富商大贾在社会上的受人青睐，也描绘出大商人为获取利润而日夜谋算的惟妙惟肖的形象与情景。在元稹的《估客乐》中，描写商人为追逐利润而长途贩运，不避艰难，写道：“估客无住处，有利身即行。”“求名有所避，求利无不营。”当时大商人为得到官府势力的依托和庇护，无不通过行贿的方式同豪门权贵相勾结，以便牟取暴利，这便是元稹《估客乐》中所写的：“先问十常侍，次求百公卿，侯家与主第，点缀无木精。”在大商人牟取暴利、经商之风盛行各地的情况下，不少王公贵族和中外官吏，并不以接受大商人的贿赂为满足，朝廷和地方官吏中直接参与或同商人合伙经营商业活动的，已成为一种风气。他们借职权之便，争先在各地设置店铺、牟取暴利。唐政府曾三令五申禁止官吏经商，无奈收效甚微，最后只得承认现实，允许官吏在乡镇及坊市开设邸店，同百姓一样照章纳税。

唐初沿用隋代五铢钱，但流通中由于劣币充斥，唐高祖武德四年（621年）废隋五铢钱，铸造并发行“开元通宝”钱，“轻重大小最为折中，远近甚便之”。这种新货币的推行，基本上获得成功，直到唐玄宗开元年间，钱文均以“开元通宝”为定制。流通过程中，也时有铜钱成色不足问题的发生。为此，唐玄宗在天宝年间对铜钱的成分从制度上做出明文规定，这无疑是铸钱制度上的明显进步。开元通宝创制在我国货币发展史上的划时代意义，在于此后铜钱不再以重量为名，称谓“通宝”“元宝”，使铜币脱离了量名钱体系，发展成为更高一级的铸币形式。从此，开元钱的形制往往成为后世制钱的模本。当时，全国共设置九十九炉铸钱，每年铸钱达三百二十七万余贯。

开元通宝钱对中国的衡法亦有极大的影响。此外，铜钱以“通宝”命名，反映出人们对货币的实质与作用的认识已有进一步的加深，也反映出货币地位在社会经济生活中的增强。在开元年间，也曾出现过私铸铜钱、“恶钱”的问题，特别是由于商品经济的发展，还出现钱重物轻的“钱荒”（流通中铜币的相对不足）问题。人们积蓄铜币，更使钱荒问题加重。为此，政府一方面禁止蓄钱和铜钱出境，另一方面奖励采铜而增加铸钱，同时鼓励铜钱与绢帛兼行，明令以绢帛为合法货币。待至盛唐时期，绢帛开始逐渐被铜钱的流通所排挤。铜钱的匮乏问题，一直困扰着有唐一代。

唐朝同周边民族的互市贸易，有着多方面的目的与意义。周边民族从互市中得到的商品主要是丝绸和茶叶。自唐王朝建立以来，同突厥、吐谷浑、回纥、吐蕃等周边民族时而有战事发生，但彼此间的互市贸易却相当频繁。互市贸易加强了唐王朝与周边民族的经济文化交流，既得到了国防上的用马，而丝、茶的输出也刺激了内地商品经济的发展，可以说是互惠互利的。

唐朝的对外贸易，除了通过丝绸之路同中亚或西亚的贸易外，更主要的是以与南海诸国的海上贸易为大宗。经海上来中国贸易的国家有日本、新罗、南海诸岛国、印度、波斯、大食（阿拉伯）。其中，以大食最为重要。西亚各国商人由海上来华，要由波斯湾经印度，绕过马来半岛，抵达广州，广州是当时全国最大的对外海港贸易中心。到达广州的外国商品，一部分经南岭由河道经洪州到达扬州，再分散到各地；一部分经海运运抵福州、明州、温州等通商口岸。海上贸易的发展，使得唐玄宗设立“市舶使”专门管理海上贸易，海上贸易自开元年间始呈现出日趋发展的势头。

丝绸之路的兴盛和海上贸易的增加，使得开元年间来华的各国商人日趋增多。唐政府对外商来华予以种种优待，在经营和生活上为外商提供诸多方便，允许他们在京城、商业都市和通商口岸定居，自由经营，不予限制和歧视。有的城市还为外商专门划出居留区即“着坊”，为他们按照本国习俗生活、信仰本国宗教提供方便。因此，在一些城市的外商居住区中，建造了许多具有多国建筑风格的殿堂栋宇，包括不同宗教的庙宇教堂。在唐朝的商业活动中，外国商人的活动是一支颇为活跃的力量。

第四章 科技界群星璀璨 百业并举多昌盛

在唐玄宗李隆基的励精图治之下，开元时期百业俱兴，在科技文化、天文测量、数学医学、建筑地学、农业手工等方面，均有巨大成就。这些成就的获得和玄宗时期的政治统治、治国措施是分不开的。

天文测量，收获颇丰

唐朝在天文学上的成就，最著名的人物就是僧一行、李淳风等。

唐玄宗开元十二年（724年），僧一行进行了天文测量。僧一行禅师（683—727年），本名张遂，魏州昌乐人。他从小就聪慧过人，青年时期勤奋苦读，博览群书，尤其对天文、历象、阴阳五行之学十分精通。道士尹崇知识渊博，有很多藏书。一行向他借览杨雄的《太玄经》，很快就归还了。尹崇说："这本书很深奥，我研习了这么多年，还未通其要义，你想研求，不用这么急归还。"一行回答："书中所要表达的意思，我已经全明白了。"并向尹崇展示自己所撰的大衍玄图及《义决》一卷。尹崇惊赞不已，就与一行共同研究《太玄经》。从那以后一行声名大振。那时候的世人甚至把他比作孔子的得意弟子颜回。武则天的侄子武三思听说后很想结交他，他避而不见。他历拜在禅宗大师普寂门下，削发为僧，取法号一行，隐居在嵩山。李旦即位后又派东部留守韦安石带厚礼邀请一行出山。一行借生病拒绝了邀请。一行访师求学，先后到天台山、荆州当阳山学习佛教经律和天文。

开元五年（717年），唐玄宗对一行的大名早有耳闻，就派他的族叔礼部郎中张洽拿着自己的诏挡召他到宫中侍奉，将他安置在光太殿。玄宗听说他记忆力惊人，为了试试他，递给他一本宫女名册。一行从头至尾看了一遍，马上将宫女的名字全部背出，这种记忆力让唐玄宗惊叹不已，佩服至极。唐玄宗还经常向他询问和征求治理国家和安定天下的方法，一行也毫无保留地提出自己的看法。开元八年（720年），天竺僧金刚智到长安传授密宗，一行拜其为师，此后成为唐朝密宗的一位领袖。

古代的封建帝王一向都很注重历律的修订。玄宗时期用的是高宗时期李淳风的《麟德历》，存在很大的误差，与当时天体的运行已很不一致。开元九年（721年），太史屡次上奏旧历预报日蚀不准确，唐玄宗对这件事十分重视，就命一行对前代诸家历法逐一考订，写出一本新的历律。一行认为，创历立元，须知黄道进退情况，但却没有黄道游仪。当他得知率府兵曹梁令瓒在丽正书院设计出黄道游仪，并已经制出一个十分精密的木制模型时，就向玄宗建议将木模游仪改用铜铁铸造。得到获准后，一行与梁令瓒合作，于开元十一年（723年）完成。为了符合岁差现象，与天体实际运行相一致，这架仪器的黄道是可以在赤道上移动而非固定不变的。玄宗十分高兴，亲自提笔写了铭文，把仪器安放在灵台（古代的天文台）以考星度。

一行使用这个仪器测量恒星的赤道坐标和对黄道的相对位置，在与汉朝前人观测的结果进行比较研究时，发现了恒星也在不断移动的天文现象。将近一千年后，英国天文学家哈雷才有类似的发现。通过浑仪，一行还发现了一种对以后制历意义重大的一个现象，即太阳运行速度不均匀的规律。不久，一行和梁令瓒又奉皇上的命令制造出了一台具仪器水运浑象，称为水运浑天或开元水运浑天俯视图。古代最初的浑象可能是西汉人耿寿昌发明的。东汉天文学家张衡所制成的漏水转浑天仪具，利用了铜壶漏水的力量。一行等人的浑象就是在前人基础上研制出来的。这种用铜铸成的仪器，推动轮子依靠的是流水的动力。如此，仪器便可以昼夜自转一周。又把太阳和月球缀于二轮上，可绕浑象运行，每天西转一周，日东行一度，月行十三度十九分，转二十九周多一点即日月相会。地平用木柜作成，仪器的一半埋于土中，可以极准确地反映出晦明朔望的变化。仪器还在地平线上安放了两个棰木人，面前置有钟鼓。每隔一刻就有一个木人击鼓，每隔一时辰（两小时），一木人出来敲钟，这种自动报时装置，形成中国特有的天文钟传统。

开元十三年（725年），唐玄宗很爽快地答应了一行组织人员在全国进行太阳影子长度和北极高度测量的要求。实际担任此任务的，还有太吏监南宫说和太吏宫人相元太等。

这次大规模的天文实测，南至林邑（今越南中部），北抵铁勒（今内蒙古自治区以北），中间选十二个测量点。这次测量的内容包括：每个测量点二分（春分、秋分）二至（夏至、冬至）时正午日影长度，测点的北极高度，以便确定南北昼夜的陡短、各地日食的食分等。在这次测量中，以一行所领导的、南宫说等人所主持的河南一段的测量更为精细。开元十二年（724年），测量人员以今河南焦作为中心，在河南白马（今河南滑县）、浚仪（治所在今河南开封）、扶沟、上蔡四个测量点，测量了夏至日影长和北极高度，用绳子测量测点之间的距离。虽然一行他们经过实测所得到的子午线长度与现代高新技术测得的数据结果相比还有较大的误差，但是用较为科学的方法实地测量子午线，这还是世界上的第一次，比西方的阿尔曼孟于814年测量子午线早九十年。这次全国大地测量，对于一行《大衍历》关于日食和昼夜长短的计算有很重要的意义。

在海南，测量队还看到了在大陆从未见过的老人星（又称“南极老人”或“寿星”）下的璀璨群星及南极二十度以上的星群。

开元十三年（725年），一行开始编订新历。他研究了历代旧历，考证古今得失，两年之后初步完稿，命名为《大衍历》。727年，一行不幸去世，年仅四十五岁。玄宗马上令已经退休而仍兼集贤殿学士的特进张说和历官陈玄景继续修订整理成书。

《大衍历》结构严谨，演算步骤合乎逻辑，与此前所有的历法相比是最精密的一部，对太阳周年视运动中速度变化的规律的描述与以往所有历法相比都更与实际相符。在日食计算中，首次考虑了全国同地点的日食情况，提出全国不同地点相对于标准点阳城计算时差的办法，这就是“九服时差”。一行在天文计算方面也很有成绩：他在刘焯的基础上确立了不等间距二次差内插法的计算公式；在编制天文数表时，吸收运用了从印度传入的正弦函数；又在计算月亮距黄道度数时提出用等间距三次差内插法的近似公式，极大地推动了古代天文学的计算。

唐朝在日食计算上的进步，可见于一行《大衍历》关于不同地区所见食分不同的描述：“日月交食，大小相差，而月在日下，自京师钭射而望之，假中国食既，则南方载日之下，所亏才半。”这段叙述，事实上已隐约谈到全食带及食带以外见食不同的道理了。关于判别日食的亏超方位问题，一行《大衍历》也做出了很好的论述，比汉代人“日食皆从西，月食皆从东，无上下中央者”的认识更为全面和细致。“月食：月在阴历（指黄道北），初起东南，甚于正南，复于西南。月在阳历（指黄道南），初起东北，甚于正北，复于西北。其食十二分以上者，皆起于正东，复于正南。”“日食：月在阴历，初起西北，甚于正北，复干东北。月在阳历，初起西南，甚于正南，复于东南。其食十一分以上者，皆起正西，复于正东。”

开元十七年（729年）起，根据《大衍历》编算成每年的历书颁行全国，成为当时一部最先进准确的历法。开元二十一年（733年），《大衍历》传入日本。《大衍历》共分七篇，分别计算朔望和平气，计算七十二候，计算每日的太阳位置和运动，计算月亮的位置和运动，计算每天见到的天空星象和昼夜时刻，计算日月食，计算五大行星的运行和位置。《大衍历》是当时最为优越的历法，自《大衍历》问世后，后代的历法家以《大衍历》的格式编写历法，足见《大衍历》在中国历史上的地位。一行在天文、历法、仪器制造和数学方面的诸多成就表明，他是中国科技史上卓有建树的科学家。

一行死后，为表彰他在天文史上所做的杰出贡献，玄宗下令给他立墓碑，并亲手书写碑文，还拿出了国库中的五十万钱为他建塔，以示纪念。

唐朝的天文学名著，除《大衍历》外，还有李淳风所著的《晋书·天文志》《隋书·天文志》《乙巳占》等。

李淳风是当时著名的天文学家、天文仪器设计制造家、数学历算家、占星家。他撰写的《晋书·天文志》《隋书·天文志》，被公认为历代《天文志》中的杰作，为撰写《天文志》建立了科学的格式。上述二志中，李淳风对历史上谈论天地结构的学说、论点、论据以及不同观点的争论，皆有简要的介绍。他论述了天文仪器的名称、结构、功能和研制者，记录了恒星天区的划分、星官名称、星数记录及其相对位置，列出测量的十二次度数和分野原则，最后是各样的天象记录和用该天象所做的星占。通读二史书的《天文志》，能得有关古代和唐朝天文学史上有关的资料和成果，为后世撰写《天文志》开创了新的局面。

《开元占经》是开元年间收集到的天文星占资料的分类汇编，是一部经过系统编辑的古代天文资料大全，记载了许多古代天文学家的一些精辟论著。全书一百二十卷，前两卷收录古代天文学家关于宇宙的理论，卷三至卷九〇是辑录各种天象及星占占文，卷九一至卷一〇二辑录各种气象及相应占文，卷一〇三抄录了李淳风的《麟德历》，卷一〇四谈算法并抄录了从印度传入的《九执历》，卷一〇五是历代二十九种历法的基本数据，卷一〇六至卷一一〇讲星图中的星位，最后十卷是有关草木鸟兽与人鬼器物的占文。《开元占经》的丰富内容，保存了历代天文历法资料：古老的恒星位置测量结果、三家星官的本貌、历代天象观测记录及论述、仅见于本书的古代论天资料、包括《麟德历》与《九执历》在内的历代历法资料、已经失传的古代文献资料、颇为全面的历次星占术资料，因而理所当然地受到了中外天文史学界的高度重视。

数学医学，多有建树

唐朝贞观年间至开元、天宝年间在医学上的成就，集中体现在孙思邈的《千金要方》《千金翼方》、苏敬的《新修本草》、王焘的《外台秘要》上。此外，唐太医署在教学考试制度上，也是颇有建树的。

孙思邈（581—682年）是唐朝著名的医学家，京兆华原（今陕西耀县）人；少年时因体弱有病而学医，钻研医学典籍，博览经史百家，是一位集儒、佛、道三教于一身的饱学之士。他在自己的从医实践中，对医术

孙思邈画像

精益求精，又虚心学习古今医学成果，亲自做调查研究，不断总结经验，不慕名利，曾多次拒绝隋文帝、唐太宗、唐高宗请他入京做官的要求，不嫌贫贱，不辞劳苦，以治病救人为神圣的崇高职责，医德堪为万世表率。他的高明医术和崇高医德，使他在当时和后世享有极高的声誉。千百年来，有关他治病救人、起死回生的生动故事，一直在民间广泛地流传着。孙思邈在20岁时便因医术娴熟而闻名远近。他长寿，百岁有余，一生成就甚大，而《千金要方》和《千金翼方》则是他一生医学成就的结晶。

《千金要方》撰成于唐高宗永徽三年（652年），因“人命至重，有贵千金，一方济之，德逾于此”而以“千金”命名，供患者“各急”之用。孙思邈百岁时，他又将自己一生亲自到各地采集、种植、炮制药物以及临床实践经验，写成《千金翼方》，实为《千金要方》的姊妹篇。《千金要方》与《千金翼方》作为孙思邈一生最具代表性的医学巨著，二者相互补益。《千金要方》被后世誉为我国医学史上第一部临床医学的百科全书。

《千金要方》又名《备急千金要方》，30卷，总编232门，合方论5300余首，有“论”有“方”，包含有妇科、儿科、五官科、内科、外科以及解毒、急救、食治、按摩、脉学、针灸等多方面的内容。《千金翼方》30卷，对233种药物的采集时节和方法有集中的论述，记述了20余种常用药物的栽培方法，记载133州出产的药物，弥补了《新修本草》的疏漏和不足。《千金要方》于卷首序例之后，首列“妇人方”3卷、“少小婴孺方”2卷，将妇科、儿科放在首要地位。他认为：“生民之道，莫不养小以为大”，“先妇人、小儿而后丈夫，耆老者，则是崇本之义也。”在《千金要方》《千金翼方》中，妇产科内容达7卷之多，对月经不调、崩漏、带下以及临产、难产、婴儿急救、妇幼护理和预防妇婴传染病方面，均提出了一系列简便易行、切实有效的医疗保健方法，为妇幼科的医疗和理论的发展作出了卓越的贡献。

孙思邈十分重视伤寒病的医治。他收集张仲景医治伤寒的部分药方和华佗、王叔和、张湛、张苗等人关于伤寒的论述，在《千金要方》和《千金翼方》中各有两卷专论医治伤寒，记载了很多预防温病传染的措施。孙思邈晚年见到了《伤寒杂病论》的另一传本，在深入研究的基础上，以类证的方法进行编次。例如对太阳病，他提出分别用桂枝汤法、麻黄汤法、青龙汤法、柴胡汤法医治，即所谓“方证同条，比类相附，须有检讨，仓促易知”。这对后世医治伤寒病有深远的影响，长期被应用下医治伤寒病的治疗实践之中。关于杂病证治，孙思邈也取得了突出的成就。他以五脏六腑为纲，对内科杂病进行论证，每类脏腑均单列一卷，论证其病理及其相关疾病，从而形成了一个个相对独立的完整体系，对诊断和医治内科杂病作出了贡献。

强调针灸与药物并用的医病原则，是孙思邈医学理论的又一特色。他提出“针灸之功，过半于汤药”，认为只有既精通针灸又精通药方并将二者相结合，才称得上是一位好医生。他所绘制的三幅大型彩色人体经脉穴图——明堂三人图，分别从正、背、侧三个方面，把十一正经和奇经八脉用不同的颜色绘出，标定650个穴位，开创彩色针灸绘图先例。孙思邈记

载的多种针灸方法和100多种病症的400多条针灸处方，在针灸学上具有很高的价值。

提供饮食治疗，是孙思邈医学理论的重要组成部分之一。他继承和发展了传统医学中关于疾病与饮食关系的理论，主张无病时要注意调节饮食，有病时首先应采用食疗，食疗不愈再采用药治，因为用各种药物在治病时，除正面作用外，还有不利于人身的副作用。《千金要方》中有“食治”一卷，按果实、蔬菜、谷米、鸟兽四类收载154种食物，介绍它们的性味、禁忌、功效和主治、阐述食疗的功效和意义，为“食疗学”的发展奠定了基础。孙思邈重视老年保健，精于养生之术，把卫生保健同老年疾病防治结合起来，从而形成了颇为系统而完整的保健学说；主张把养成良好的卫生习惯与适度的劳动或运动同定期服用营养药物结合起来。

在药物学方法上的成就，孙思邈的《千金要方》与《千金翼方》中共记载6500多个药方，集历代药方之大成，是我国方剂学史上的重要里程碑之一。由于药物学上的成就卓越，孙思邈被后人称为“药王”。

《新修本草》是我国最早的一部国家药典，也是世界上第一部由国家编修颁布的药典，比国外最早的《纽伦堡药典》早800多年。南朝陶弘景所编的《本草经集注》在《神农本草经》的基础上集汉、魏以来所发现的、未载入《神农本草经》的365种药物，用墨笔写成《名医别录》，同时用朱笔写出《神农本草经》，并将两部书合编在一起，称《本草经集注》。《本草经集注》的贡献一是对《神农本草经》所载药物逐一进行整理，纠正原书或传抄中的错误；二是按照药物的天然来源把药物分成玉石、草木、虫鱼、禽兽、果菜、米食六类，其药物分类法颇为独特；三是对药物性味、产地、采集、形态和鉴别的认识比前代大有提高，将药性分为寒、微寒、大寒、平、温、大温、大热七种，首创了根据疾病来分类药物的方法，开列各种病的通用药，为临床提供便利。

《本草经集注》也有它的时代和地域的局限性，陶弘景一生偏居南方，对北方药物了解不够。隋唐的统一天下，特别是唐朝中外交流的发展，从边疆、外国传来一些新药物，而医疗实践中又有很多新的经验需要整理与总结，因而编写一部能反映唐朝药物学成就的药典，条件已大体具备。

唐高宗显庆二年（657年），李绩奉诏编修本草，在《本草经集注》的基础上加以扩充，取名为《英公唐本草》。后来，苏敬上书唐高宗，请求政府组织官方力量修订本草，高宗准其组织20余名专家对本草进行修订工作，最后由长孙无忌等人再作修订，于唐高宗显庆四年（659年）完成颁行，定名《新修本草》。《新修本草》共54卷，内含本草20卷、药图25卷、图经7卷、目录2卷，收载药物844种。该书在《本草经集注》的基础上，所收载的药物品种比《集注》多114种，其中包括来自南洋、阿拉伯、波斯、印度的新药。在药物分类法上，该书把药物分为玉石、草、木、人、兽禽、虫鱼、果、菜、米谷，有名未用回互类，确立了按药物自然来源对药物进行分类的方法，成为后世药物学分类法则之一。该书总结唐朝以前和唐朝建国以来药物学的成就，内容丰富，图文并茂，由国家作为药典颁行全国，具有很高的权威性。这对统一药名，订正对药性的认识，便利医生的临床应用，起了重大的积极作用。该书颁行后被太医署定为教材，成为此后中国两三百年间医学上的必读之书；同时，又传入日本、朝鲜等国，被日、朝等国列为医学界的必读课程。

《外台秘要》是唐朝医学文献大师王焘所编纂的一部医学文献巨著。

王焘（670—755年）是陕西眉州（今陕西眉县）人。王焘幼而多病，因此喜好医学，与名医多有交往，并经常与名医探讨医学理论，从中受益颇多。他曾在唐国家图书馆——弘文馆任职20余年，有机会阅读许多医学典籍，并认真摘录大量的宝贵资料。他有感于以往医学家对病因理论与医方联系的研究欠缺，致使二者相互脱节或相互矛盾，因而在阅读和摘录医学典籍的基础上、在离开弘文馆的10余年中，继续研究医书，对所摘录的大量医学文献资料进行分类整理，体现病因理论与医方之间的联系，终于在天宝十一年（752年）编成《外台秘要》。“外台”是指国家的藏书之处，“秘要”是说书中所列方剂是从较为秘密枢要的文献中摘录出来的。

《外台秘要》共40卷，辑录唐朝以前医学家关于各科医病的病理与药方，共分1104个门类，载药方6000余首。全书记载内、外、骨、妇产、小儿、皮肤、眼、齿以及精神病等科医病与药方，还记载了乳石、明堂灸法、丸散成方、兽虫伤及畜疾等药方，引用了大量的文献资料。在编纂方法上，《外台秘要》首先引述隋代巢元方《诸病源候论》或其他医学名家对病因病理的认识，然后再列举诸家医方和方论，先“论”后“方”，体例严谨，改变了《诸病源候论》只论病因症候而不列方药、各家方书，详于方药而略于理论的缺欠，把医学基本理论、病症表现和治疗方药、方法紧密地联系起来。《外台秘要》在摘录每条医学文献资料时，注明资料的出处（书名和卷数），同时还注明自己的校勘意见。在中国医学史上，整理和编纂大型医学文献并详注引书的书名、卷数，王焘实为第一人。他为后世用科学的方法整理医学文献树立了典范。

《外台秘要》作为继《千金要方》后又一部医学巨著，辑古代医学文献69家；除大量引用《伤寒论》《诸病源候论》《千金要方》外，其他如范汪的《范氏方》、陈延之的《小品方》、僧深的《深师方》、崔知悌的《崔氏方》、张文仲的《张文仲方》、许仁则的《许仁则方》等。古代流传下来的各家医方，古人的许多创见、发明等宝贵经验，均赖此书的辑录而得以流传下来。一些医学文献大多到宋代后逐渐失传，赖此书而保存下来。《外台秘要》注意总结我国医学上的创造性成果，特别是急性传染病中的伤寒、温病、疟疾等病的方论，在书中占有较大的比例。艾灸疗法、人工急救、病理检验、医学护理等方面的技术经验，例如《必效方》《古今录验》关于根据小便味甜诊断消渴病（糖尿病）的方法；《肘后方》《删繁方》所载用竹片夹裹骨折部位的骨折定位法等，都是《外台秘要》所记录下来的医疗方法，为后来的医学发展提供了宝贵的资料。

《司牧安骥集》是我国现存最早的一部中兽医学专著，《宋史·艺文志》称其为李石所著。从书的内容和附图的风格来看，应属于唐朝作品，很可能是唐太仆寺兽医博士所写的教材，由李石主编而成。

唐朝数学上的成就，可见于王孝通的《缉古算经》、僧一行的二次内插法、十部算经与算科教学等有关方面。

《缉古算经》是中国古代算经十书之一，系唐初数学家王孝通所著，约成书于唐武德九年（626年）之前，是我国现存最早的解数字三次方程的著作。该书是为解决实际问题而作：自隋统一中国后，修筑长城、开凿运河等大型工程的建设，对数学知识和计算技能提出了更高的要求；讨论若干复杂的土方工程及勾股形解法，解决了修建工程中的许多计算难题。自祖冲之的《缀术》一书失传后，该书便成了我国数学史上关于二次方程最早的数学著作。在世界数学史上，《缉古算经》也是关于三次方程数字解法及其应用系统论述的最早著作，比其他国家的同类工作至少早600年

以上。

一行的二次内插法，是他在发现二十四节气的间隔并不相等之后，发明了自变不等距内插公式即二次内插公式，用来计算太阳的不匀速视运动。一行的二次内插法是在刘焯内插公式的基础上创立的。刘焯把日月的视运动视为匀速运动，认为二十四节气的间隔是等距的。

一行的《大衍历》中还有其他一些数学成就，如三次差分、等差级数求和、二次方程求根公式等。此外，一行还编制了世界上最早的正切表。一行二次内插法的创立，在数学史和天文学史上均具有很重要的价值。同世界其他国家相比，印度数学家、天文学家婆罗摩笈多使用等间距二次内插法要晚于刘焯。

除此之外，十部算经是历算学家李淳风为“算学科”所编辑的一部教材。算学被列入国家的最高学府国子监，始于隋代。唐初在国子监也设有“算学科”，杜佑《通典》记载：“唐贡士之制，有秀才，有明经，有进士，有明法，有明算。每岁仲冬，郡县馆监课试。”可见，算学已被国家、州、县三级学校列为课程。李淳风为学校所编辑和注释的十部算经，包含有《周髀算经》《九章算术》《海岛算经》《孙子算经》《五曹算经》《张邱建算经》《五经算术》《缀术》《缉古算经》《夏侯阳算经》。李淳风在注释《十部算经》中，除一般解释外，还纠正了前人算学著作中的一些错误，因而具有较高的学术价值。关于算学科的修业情况，据记载，算科学30名，分成两组，各15人；所学课程，两组各自有所侧重，学制均为7年。

《新唐书·选举志》还记载了算科科举考试的情况：“凡算学，录大义本条为问答，明术造数，详明术理，然后为通。试《九章算术》三条，

《海岛算经》《孙子算经》《五曹算经》《张邱建算经》《夏侯阳算经》《周髀算经》《五经算术》各一条，十通六，《记遗》《三等数》帖读十得九，为第。试《缀术算经》《缉古算经》录大义为问答者，明数造术，详明术理，无注者合数造术，不失义理，然后为通。《缀术算经》七条，《缉古算经》三条，十通六，《记遗》《三等数》帖读十得九，为第。落经者，虽通六，不第。”科举考试及第后，刁任从九品下的官阶。唐朝学校中的算学教学，从机构设置、教师任用、学生修业、教材编辑、科举考试和录取后的官品待遇来看，均有制度上的明文规定，可谓相当完备，在当时处于世界领先地位。

建筑地学，技术辉煌

唐朝的建筑业有蓬勃的发展，形成了完整的建筑体系，是中国古代建筑发展史的一个高峰——在都城建设和宫殿建筑的规划布局上有重大的创新，成就辉煌。

唐朝所兴建的诸多宏伟单体建筑和规模宏大的建筑群组，标志着唐朝木构建筑技术所达到的高度水平。例如唐朝大田宫含元殿、麟德殿等建筑，雄伟壮阔。武则天在洛阳所建明堂，高294尺，方300尺，堂内有“巨木十围，上下通贯，桶栌榉楗藉以为本”。可见，这一高大建筑是用巨木做中心柱来连接所有承重木构件的方式，以保证建筑整体的牢固。当时建筑的基本构件，形式逐渐定型化，各构件有一定的比例关系。唐朝木构架

建筑，从尺度规模、柱列布局、材分制度、斗拱形制、榫卯技术等方面，均已达到成熟阶段。用料标准化、规格化是唐朝木构架建筑技术的重要成就和建筑技术成熟的重要标志。大量规格化预制构件的采用，使大规模建筑可以在短期内较快地完成。

唐朝的主要建筑材料有木、石、土、砖、瓦、石灰、琉璃、金属以及油漆等。在重要建筑基座、门阙已广泛使用贴面砖，宫殿和贵族宅第已用花砖铺地。唐朝的屋顶用瓦，有灰瓦、青提瓦和琉璃瓦三种：青提瓦质地紧密，表面光亮，多用于宫殿和寺庙建筑；琉璃瓦多用于宫殿的檐口、屋脊、鸱吻，盛唐以后一些重要建筑已满铺琉璃瓦顶，还有表面雕刻莲花的绿琉璃型砖；琉璃瓦的颜色多为绿色，也有蓝色，流光溢彩，使建筑物华美生辉。

建筑上的彩画和雕刻，是古代建筑装饰艺术的重要组成部分，彩画对木构件又有防腐的作用。唐朝建筑上的油漆彩画的部位不断扩大，天花、藻井、檐、斗拱、本栏杆、柱、梁枋均有彩画或刷色。矿物染料品种的增加，使建筑的色彩和图案更为丰富，技艺也日趋成熟，有“退晕”“叠晕”等技法。唐朝彩画图案丰富，纹饰生动活泼，以团花和绵纹居多，西域传入的宝相花、石榴花以及莲花的纹样也很普遍。敦煌石窟的彩画、壁画，为了解唐朝彩画的盛况和造诣提供宝贵的实物。唐朝在建筑与雕刻、绘画的结合上有重大发展，形成了特有的新风格，取得了辉煌的成就。雕饰的花纹繁复多样，图案富丽而丰满。各种雕饰的运用，极大地丰富了建筑艺术的感染力。保存至今的安济桥栏板、龙门石窟奉先寺大佛背光、大雁塔门楣、南京栖霞寺舍利塔等，都是运用建筑雕刻的优秀范例。

不仅如此，在地学方面，也有着巨大的成就。唐朝地图绘制学继承了传统制图学的积极成果，在大地测量蓬勃发展的基础上有很大的进展。唐朝疆域的辽阔和国家政治、军事上的需要，大大地推动了地图绘制学的发展。唐王朝建立后，重视本土地图的绘制，同时注意收集边疆、藩属和邻国的地图。盛唐时期国家对地图绘制更为重视，据记载："建中元年（780年）十一月二十九，请（诸）州图每三年一送职方，今改五年一遣送。如州县有创造，即不在五年之限。"由国家以命令的形式规定地方政府送呈地图的年限，足见唐王朝对地图绘制的重视。同时，国家再根据地方州县地图绘制全国的"十道图"（即全国疆宇地图）。十道图一般有山川、户口、赋税、行政区划、州县及文武官员数字，以适应行政管理的需要，作为国家核定户口、征收赋税的根据之一。地图的绘制须随着实际情况的变化而不断修改，文献曾记载长安四年（704年）、开元三年（715年）、元和八年（813年）都绘有"十道图"。据著录可知，"十道图"应有数卷，分别标明不同项目的内容和数字。如当时的《西国行传》10卷，便有附图3卷。

唐朝著名地理学家贾耽（730—805年），曾担任鸿胪卿兼左右威远营使，有机会经常接见外国使节和外宾，询问："其山川土地之始终，是以九州之夷险，百蛮之土俗，区分指画，备究源流。"正是在这种有利条件下，他撰写《古今郡国县道四夷述》，并绘制《陇右山南图》一轴。这轴地图是按裴秀六体的方法绘制，可以悬挂，图面上"歧路之侦候交通，军镇之备御冲要，莫不匠意就实，依稀像真"。后来，贾耽升任宰相，有机会收集到更多的地理资料，于唐德宗贞元十七年（801年）绘制出一轴"广三丈，纵三丈三尺，率以一寸折百里"的《海内华夷图》。该图面积10方丈，比例为上1：1500000，用朱、墨两种颜色标注地名，自称"宇宙虽广，舒之不盈庭；舟车所通，览之成在目”。可惜这轴地图并没有流传下来。据记载，贾耽还绘制有从中国到朝鲜、越南、中亚、印度以及巴格达的地图。

唐朝《元和郡县图志》是我国现存最早的一部全国性方志名著，也是一部以疆域行政区划为主体的地理总志，内容“起京兆府，尽陇右道，凡四十七镇”，“每镇皆图在篇首，冠叙事之前”。由于成书于唐宪宗元和八年（813年），故名《元和郡县图志》。南宋时“图”亡而“志”存，因此又称《元和郡县志》。

《元和郡县图志》作者李吉甫（758—814年），赵州赞皇（今河北赵县）人，唐宪宗时曾任宰相。在《元和郡县图志》的序言中，李吉甫认为通过“图书”来了解和掌握全国各地的“山川扼塞，户口虚实”，是“事关兴替、理切安危”的大事；而编撰与绘制《元和郡县图志》的目的，是“扼天下之吭，制群生之命，收地保形胜之利，示形束壤制之端”；强调：“成当今之务，树将来之势，则莫若版图地理之为切也。”在安史之乱后藩镇割据的年代，李吉甫关于“版图地理”有利于维护和加强中央集权的论述，是有一定道理的，尽管版图地理并不能解决藩镇割据的问题。《元和郡县图志》对当时全国十道所属各府、州、县的范围大小、四至、八到（按八个方位到主要城镇的距离和路线）、丘壤山川、疆域沿革、户口多少、贡赋物产、名胜古迹，均有详细的介绍。全书所记载的河流有550余条，湖泊130余个。《元和郡县图志》对形势险要等与军事有关的内容，尤为重视。书称：关中形势，“居高屋之上建瓴水也”；襄阳形势，“北接宛洛，跨对樊沔，为荆郢之北门，代为重镇。”《元和郡县图志》继承了汉魏以来地理志、图志的积极成果，内容丰富，文笔简练，图文并茂，被后人称为“体例最善”，被后世的各种方志书奉为楷模，是我国地理志、图志和方志发展史上的重要里程碑。

唐朝航海事业发达，对潮汐规律的观察与计算比前代有长足的进步。唐朝窦叔蒙著《海涛志》，对潮汐周期性现象的三种情况有明确的认识和阐述：一是一日内海水有两次涨落（两次潮汐循环），即“一晦一明，再潮再汐”；二是一个朔望月内海水有两次大潮和两次小潮，即“一朔一望，载盈载虚”；三是一个回归年也有两次大潮和两次小潮，即“一春一秋，再涨再缩”。他不仅阐明了正规半日潮的一般规律，而且总结出一个回归年中阴历二月和八月出现两次大潮的规律。他还发明了一种推算潮汐时的图表法，根据当天月相，便可以从图上查出高潮到来的时刻。比窦叔蒙稍晚的封演，把朔望月中潮时逐日推移规律述说得很详尽。他在《说潮》一文中说：“大抵每日两潮，昼夜各一。假如月出潮以平明，二日三日渐晚，至月半，则月初早潮翻为夜潮，夜潮翻为早潮矣。凡一月旋转一匝，周而复始。月虽有大小，魄有盈亏，而潮常应之，无毫厘之失。”后人评论封演对潮汐规律的叙述“语必征实，足资考证”，可见他的结论是从认真观察的记录中得出的结论。李吉甫在《元和郡县图志》中，对钱塘江潮也有准确的记载：“常以月十日、二十五日最小，月三日、十八日极大。小则水渐涨，不过数尺；大至涛涌至数丈。每年八月十八日，数百里士女共观。”

对潮汐成因的认识，窦叔蒙在《海涛志》中阐述了潮汐和月球运动的密切关系：“潮汐作涛，必符于月。”晚唐卢肇在《海潮赋》中谈道：“日激水而潮生，月离日而潮大”，提出了太阳的作用与潮汐生成相关，可谓是一种新的见解。唐朝的潮汐理论，在当时处于世界领先的地位。

农业手工，技艺成熟

唐朝农业科技方面的成就颇多。唐朝新式农具的出现和推广，首推出现和应用于南方水田的曲辕犁即所谓“江东犁”。晚唐陆龟蒙的《耒耜经》，对江东犁的构造和性能上的优点有详细的介绍。江东犁由铁制的犁铧、犁壁和木制的犁底、压镵、策额、犁箭、犁辕、犁梢、犁评、犁盘等零部件组成。同原有的犁相比，江东犁重大的改进在于把直辕、长辕改为短辕、曲辕，犁架重量减轻，受力点降低，不仅可减轻扶犁者体力消耗并提高畜力使用效率，而且犁具轻巧灵活，便于操作，从而提高了生产效率，有利于保证耕地质量。江东犁的主要结构和性能原理，使它也适用于北方旱作地区。到宋元时期，江东犁已成为我国南北方所普遍使用的耕犁了。

从《耒耜经》的记载看，南方水田所使用的主要农具除江东犁外，还有整地用的方耙，可用来破碎犁起的土垡，用耙齿清除杂草和作物残茬。方耙比北方旱作地区整地用的一字形耙和人字形耙要大，人站在耙上不易陷于泥水中，在结构上也更牢固些，可经受较大的阻力，适于水田整地，大大地提高生产效率。在提灌工具方面，被用来在河渠中提水灌田水车（即“翻车”），在唐朝已被广泛地应用于南方和北方的广大地区。据记载：太和二年（828年）闰三月丙戌朔，“内出水车样，令京兆府造水车，散给缘郁白槊百姓，以溉水田”。可见，国家对推广水车相当重视。唐朝还有从河渠提水的“筒车”。李毫注释杜甫的诗句“连筒灌小园”，“川中水车如纱车，以细竹为之。车骨之末，缚以竹筒，旋转时低则流水，高则泻水。”此外，还有用一个水轮带动一个或几个辗轮的水碾。《旧唐书·高力士传》曾记载：“于京城西北截沣水作碾，并转五轮，日破麦三百斛。”

江东犁在江南地区的普遍推广，使南方水田的耕作技术相应地有较大的提高。犁具的改进，可使耕翻的宽度与深度保持一致，使耕起的土垡均匀整齐，合于“行必端，履必深”的要求，从而使耕地质量的提高有了保证。同样，方耙等农具的推广，对提高整地的技术也起到了很大的保证作用。

在大田作物的品种上，从文献记载来看，以水稻新品种的增加最为突出。在《四时纂要》和唐朝诗歌中所见到的水稻品种，据不完全的统计，有香稻、红莲、黄稻等12种，其中，有9种不见于前代的记载。成熟期较晚的水稻品种的增加和普遍种植，不仅可提高水稻的产量和质量，也使稻、麦的复种成为可能。稻麦复种制至迟在开元年间已颇为普及，樊绰《蛮书》，记载云南“从曲靖以南，滇池以西，土俗唯业水田，水田每年一熟，从八月获稻，至十一月、十二月之交，便于稻田种大麦，三、四月即熟。收大麦后，还种粳稻，小麦即于岗陵种之”。在唐朝诗人的某些诗句中，也可以看出江南的大部分地区已实行稻麦复种。南方水田栽培技术上的进步，可见于柳宗元散文《龙城录》的零星记载：“余南迁高邮（今江苏高邮），道逢老叟，帅年少于路次，讲明种艺。其言：深耕概（稠）种，时耘时籽。却马牛之践履，去螟螣之戕害。勤以朝夕，滋以粪土，而有秋之利，盖富有年矣。”这段简短文字，已谈到栽培技术中的深耕、

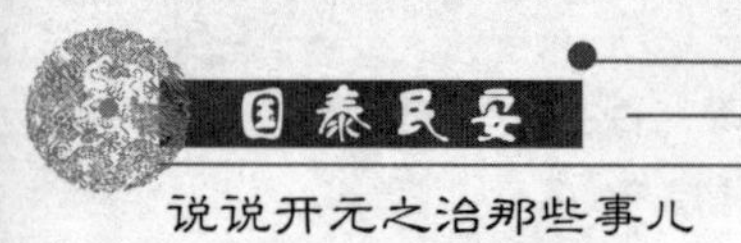

密植和及时除草、施肥、除虫害等田间管理等诸多重要环节。

关于虫害的防治。开元初年蝗虫灾害严重，宰相姚崇力主扑灭，而汴州刺史倪若水等人却表示反对，认为应当用“德化”消除虫灾。在唐玄宗的支持下，姚崇采取利用蝗虫夜间投火光束掘坑焚埋的办法，终于战胜了蝗灾。《岭表录异》记载了用蚂蚁防除柑橘害虫的“生物防治法”，“岑南蚁类极多，有席袋贮蚁子窠鬻于市者。蚁窠如薄絮囊，皆连带枝叶。蚁在其中，和窠而卖。有黄色大于常蚁而脚长者。南方柑橘若无此蚁，实多蛀，故人竞买之以养柑橘。”这不仅是我国用其他生物防除虫害的最早记录，也是世界上关于生物防除法用于农业的最早记载。

唐朝关于益虫的认识，可见于对白蜡虫、紫胶虫、五倍子蚜的认识。白蜡虫是寄生在女贞和白蜡树上的一种同翅目、蚧科昆虫；雄虫能分泌白蜡，包围躯体；这种白蜡坚硬、洁白、光滑，熔点高达83℃，是一种重要化工原料；产地遍及长江流域及江南广大地区，从唐朝贡品中有黄色蜂蜡和白色虫蜡来看，唐朝已知道养白蜡虫和用白蜡。宋人周密《癸辛杂识》中有关于养虫和制蜡方法的详细记载。紫胶虫亦是同翅目昆虫，寄生于牛肋巴、秧青等200余种树木上，云南、西藏、台湾等地多有出产。紫胶虫的雄虫能分泌紫胶，亦是一种难以替代的重要化工原料。紫胶的记载，始见张勃的《吴录》，自苏敬《新修本草》将其录入药物后，始受人们注意。紫胶古称紫钟，唐人李珣在《海药本草》中称“紫钟生南海山谷。其树紫赤色，是术中津液成也”。《酉阳杂俎》指明：“紫铺树，出真腊国，蚁运上于树端作窠。蚁壤得雨露凝结而成紫”，认识到紫胶的生成与蚁有关。

在园艺业方面，唐朝从边疆和国外引进了一批新的蔬菜和果树品种，如蔬菜类的莴苣、菠菜、浑提葱、西瓜等。食用菌的培养方法，《四时纂要》可谓是最早的文献记录：“种菌子，取烂构木及叶，于地埋之。常以泔浇令湿，两三日即生。又法：畦中下烂粪，取构木可长六七尺，截断槌碎，如种菜法，于畦中匀布，土盖，水浇，长令润。如初有小菌子，仰杷推之；明旦又出，亦推之；三度后出者甚大，即收食之。本自构木，食之不损人。构又名楮。”除对食用菌的生长条件有较为详细的记载外，“有小菌子，仰杷推之”，实为帮助菌种扩散，是菌类培养技术的重大成就。关于利用地热资源进行蔬菜栽培，可见于《新唐书·百官志》的记载：“庆善石门温泉汤等监，每临监一人，凡近汤所润瓜蔬，先时而熟者，咀荐陵庙。”唐朝诗人王建《宫阐》中的“内园分得温汤水，二月中旬已进瓜”诗句，表明利用地热资源促成蔬菜瓜果早熟已大见成效。

在果树栽培方面，从边疆和国外引进的果树品种有产于西亚和北非的波斯枣、海棕、枣椰、扁桃（巴旦杏）、菠萝蜜、木菠萝、油橄榄等。国内新驯化的猕猴桃，此时亦流传到海外。《四时纂要》曾记载果树嫁接技术上的进步：“其实内子相类者，林檎、梨向木瓜砧上，粟向栎砧上，皆活，盖是类也”，指出种子形态结构相近似的果树，嫁接后易于成活。《四时纂要》中的“取树本如斧柯大及臂者，皆可接，谓之树砧”，表明在果树嫁接技术已有长足的进步。唐朝在果树栽培技术上的进步，还表现在柑橘栽培地区向北的推进、根据果树是否冬眠来确定是冬季移栽或春季移栽，葡萄扦插法繁殖等方面。

花卉业在唐朝的大城市及其周围地区有很大发展，出现器种植花卉为生的花农，都市中出现了专门售花的花市，花卉种植和花卉业有很大的发展，培育出很多卉木品种。名花甚至价值千金，备受保护，即白居易《卖花》所说的“下张幄幕庇，旁织巴篱护。水洒复泥封，移来色如故。”“一束深色花，十户中人赋。”在唐朝的花卉栽培中，牡丹花的栽培因武则天、唐玄宗赏识而成为社会上最为名贵的花卉。刘禹锡的《赏牡丹》中，有“庭前芍药妖无格，池上芙蕖净少情；唯有牡丹真国色，花开时节动京城”的诗句。此外，盆景艺术在唐朝已经出现。茶树的栽培和茶叶生产在唐朝有很大的发展，在栽培技术上已总结出许多宝贵的经验和理论。在《四时纂要》中，对茶园的选址、种植季节、播种方法以及除草、施肥、灌溉和遮阴等，均有颇为详细的记叙。

这个时期的《茶经》3卷，陆羽撰。他自幼喜欢饮茶，后来以制茶为生，于青年时期曾漫游长江中下游和淮河流域，亲自考察并收集了大量关于茶叶生产和有关茶事的大量资料。后来隐居于浙江苕溪（今浙江湖州），写成《茶经》一书。《茶经》系统总结前人种茶、制茶、饮茶的经验和他个人的体会，论述了茶的起源，采茶与制茶的用具、茶叶的种类与采制、饮茶器皿的优劣、煮茶方法及水质品位、饮茶风俗及品茶和饮茶方法、关于茶的典故和传说以及药效，列举名茶产地和茶叶优劣，要求将《茶经》书于绢帛而张挂告之。《茶经》是唐朝茶业生产和饮茶实践的经验总结，是我国和世界上最早、最著名的一部茶叶专著。它的问世，使茶树栽培、茶叶焙制和烹茶方法迅速地推广开来，饮茶之风因此而盛行全国。从此，茶叶成了我国人民的传统饮料，并逐渐传到国外，逐渐地成为世界人民普遍欢迎的饮料之一。《茶经》对后世影响很大，流传极广。他本人因此在生前受到人们的尊敬，死后人们一直在纪念他。

唐朝畜牧业以养马业最为兴盛，《司牧安骥集·相良马》中对相马术有颇为精练的总结。在畜种繁育上，《酉阳杂俎》谈到种马“十三岁以下可以留种”，合于“戎马八尺，田马七尺，驽马六尺”的标准。在唐朝，引进了大宛马、康国马和波斯马等优良种马来改良内地马种，取得了很大的成效。“既杂胡种，马乃益壮。”唐政府在同州（今陕西大荔）设置沙苑监，在沙苑牧场繁育良种羊，育成优良品种“同州羊”。

唐朝在鱼种培养和人工养鱼方面，已发现鱼在水草中产卵而采用收集水草的办法来采集鱼卵。《吴郡图经续记》记载：“夏至前三五日，白鱼之大者，日晚集湖边浅水中有菰蒋处产子，缀著草上，是时渔人以网罟取鱼。然至二更，则产竟散归深水，乃刈取菰蒋草有鱼子者，曝干为把，运送东都（洛阳）。”唐朝已广泛采用这种方法并有所改进。《北户录·鱼种》记载南海各郡，人们在八九月间“于池塘间采鱼子著草上者，悬于烟灶上”。来年二月，将“收草漫于池塘间，旬日内如虾蠊子状，悉成细鱼，其大如发”，“号为鱼种”。这种鱼种采集方法，对人工养鱼业的发展无疑具有重大意义。唐朝已采用开荒种稻的方法来人工养鱼，《岭表录异》记载：“新泷等州（今广西新兴、罗定一带）山田，拣荒平处，以锄锹开为町畦。伺春雨，丘中聚水，即先买鲩鱼子散于田内。一两年后，鱼儿长大，食草根并尽。即为熟田，又收渔利，及种稻且尤稗草。乃齐民之上术也。”这种养鱼方法，把养鱼、治田和利用生物防治杂草有效地结合在一起。据《朝野盒载》记载，至迟在唐朝已驯养水獭捕鱼：“通川界内多獭，各有主养之，取得鱼必须上岸，人便夺之，取得多，然后放，令自吃。”这一记载表明，继驯养鸬鹚捕鱼之后，驯养水獭捕鱼在某些地区已成为捕鱼方法之一。

自南北朝时期贾思勰的《齐民要术》至隋末的一百年间，没有新农书的问世。唐代，各种农书相继问世，据目录类图书的著录和其他文献的记载，农书或类似农书的著述有40种左右，大致可分为综合性农书和类专业性农书两大类。

综合性农书有《兆人本业》、韦行规的《保生月录》、诸葛颖的《种植法》、李淳风的《演齐人要术》、王旻的《山居要术》、薛登的《四时记》、裴澄的《乘舆月令》、王从德的《农家事略》等十余种。专业性的农书有《茶经》《耒耜经》《司牧安骥集》《相马经》《耕谱》《蚕书》《园庭草木疏》《广中荔枝谱》等。上述农书，大部分早已散失，其部分内容只见于其他文献所摘引。流传至今的只有《茶经》《耒耜经》《司牧安骥集》和《四时纂要》四种。《兆人本业》撰于武则天时期，《唐会要》卷三六说："垂拱二年（686年）四月七习，太后撰《百寮新诫》及《兆人本业》，颁朝集使。"据《旧唐书·文宗本纪》太和二年（828年）所载："庚戌，敕绛所进则天太后删定《兆人本业》三卷，宜令所在州县写本散配乡村"，可知该书由政府颁行的一部月令式农书，因而《田学纪闻》称该书讲述"农俗和四时种莳之法"。

《四时纂要》系唐末或五代初年的韩鄂所撰写，是我国古代最著名的一部农家月令书。全书5卷分12个月，每月依次列举天文、占候、从辰、禳镇、食忌、祭祀、种植、修造、牧养、杂事等农家逐月所应做的事项，摘录有关文献资料，资料大多采自《齐民要术》，少量采自《四民月令》《上居要术》等。全书4万余字，主要是有关农业生产包括农林牧副渔的有关内容，粮食与蔬菜生产的内容占有较大的比重；详细介绍农作物（含经济作物、蔬菜瓜果）的种植方法，包括药用植物的栽培技术，对农副产品（包括调味品、各种酒类的酿制技术）的加工工艺，均有简要的介绍。因此实用性很强，对普及农业科学知识有一定的作用。唐朝政府不止一次地向全国农家百姓颁发月令式农书，反映了国家对农业生产的重视，说明此类农书对唐朝农业生产的发展确实起到了积极的作用。直到北宋天禧四年（1020年），《四时纂要》和《齐民要术》仍被朝廷刊印后发给各地劝农官，推广于民间。

盛唐时期的手工业技术成就是多方面的。唐朝冶金技术上的进步，有多方面的内容。在炼铁技术上，1958年于安徽繁昌竹园湾一带所发现的6处较大的冶铁炉遗址、17个废墟敦的实物表明，炼炉已具有炉身和炉腹角，比汉代直筒式炼炉有较大的进步；用石灰石做熔剂的技术有新的发展；炉的规模虽比汉代竖炉小些，但与当时的鼓风能力、燃料条件更相适应。

关于胆水炼铜技术，唐朝已有把铁与胆水中铜的置换作用的认识，用于生产实际。据成书于唐乾元元年至宝应年间（758—763年）的《丹房镜源》记载："今信州铅山县有苦泉流以为涧，挹其水，熬之则成胆矾，即成铜。煮胆矾铁釜久久亦化为铜矣。"

在铸造技术方面，1975年于扬州发掘的唐朝铸铜遗址，在200平方米内出土9座炉灶和5件较为完整的尖底杯状坩埚。这种形制的坩埚对于了解殷墟出土将军盔的用途有一定的启示。关于失蜡法铸造，虽然发明于春秋时期，但文献记载却始见于唐朝。唐初行开元通宝钱，《唐会要》记载："询初进蝎模，因文德皇后捻一甲迹，故钱上有捻文。""蝎"即蜡，"蝎模"即是蜡质钱样。据有关资料记载，至迟在唐朝已采用翻砂铸钱。一些特大铸件如大周颂天枢（用铜铁200万斤）、九州鼎及十二神、扬州方丈镜、沧州铁狮子（重约50吨，用500多块外范）等，表明唐朝的金属冶炼和铸造技术已达到较高的水平。

在热处理技术方面，可锻铸铁技术在汉魏有较大发展，后来在农业、手工业工具锻造中出现了“以锻代铸”的过程，致使可锻铸铁工艺有衰退趋势。近年有人分析唐朝铸铁件，发现多数农具已进行不完全的脱炭退火和石墨化退火。在金银器加工技术方面，已出现了在银器上饰镀金花纹的新兴工艺。

唐朝的瓷器业在胎料选择和胎料加工技术上，均有较大的进步和提高。瓷器成型技术上的重大进步之一，是较大型器具的制造。如瓶高50余厘米、口径60余厘米的唐朝瓷器的出土，表明瓷器的成型和烧遣技术均有较大的进步。在装饰技术上，已普遍采用模印法、粘贴法。纹胎瓷器即用褐自两色胎泥相间绞合，然后拉制成坯，施釉后烧制而成。这种瓷器花纹状如木纹，似彩云变化无穷，是陶瓷技术上的一项特殊创造。在釉彩技术方面，唐朝青瓷釉技术的发展、白釉成分的选择、化妆上技术的广泛使用、青花瓷与釉下彩和釉上彩技术的发明等，都取得了很大的成就。此外，唐朝瓷器釉彩技术上的乳浊釉的发明和发展、花釉瓷的发明和发展，特别是唐三彩的兴盛，都是釉彩技术上的重大进步。在瓷器的装烧技术方面，唐朝的主要成就是采用匣钵装烧。这种技术的优点在于：坯件有匣钵保护，不受重压，不易损坏，同时也减少了明火对坯件的烧烤，这就为烧制精细瓷器创造了良好的条件。

唐朝纺织技术的发展，从织物的品种来看，技术要求较高的纬锦，自唐朝中期以后，随着重型打纬机的发展和人们对多色大花型的需要，使得斜纹、纬纱显花织法逐渐取代了平纹、经显花的主导地位。1966年和1967年在新疆吐鲁番阿斯塔那村48号墓与92号墓相继出土的“贵”字孔雀纹锦和联珠对鸭纹锦，堪称唐锦中的精品。由于纬显花织物具有很多优点，致使后来人们几乎放弃经显花技术。斜纹织物能充分显示丝线光泽，因而被织锦工艺广泛采用。从平纹经锦过渡到斜纹纬纹，是丝织技术上的一个重大进步。此外，缂丝技术即以本色丝作经，彩色丝作纬的纬丝起花艺术织物，已形成“通经回纬”的结构特征，此种工艺在唐朝大为盛行，有很多精品保存至今。

唐朝纺织技术的进步，表现在丝类和麻类织物的诸多品种上。除锦外，许多织物的组织都有很大的变化。盛极一时的绫，在唐朝出现了四枚异向绫、以三枚斜纹为地的同向绫等。绮、绫都采用了纬显花工艺。此外，还出现了有固定绞组罗。唐朝束综提花机技术也得到了广泛的推广。在印染技术上，唐朝已普遍采用植物性染料，印花织物种类繁多，染料技术有很大发展。在吐鲁番出土的唐朝丝织物中，不同色阶的红、黄、蓝、绿、黑色织物，计有24色之多。在印花技术上，颜料印花、防染印花均有较大发展，并创造了碱剂印花。印花型版有凸纹版和镂空型版两种，颜料印花即用凸花型版或镂空型版将印浆直接印在织物上，把花纹显示出来。随着植物性染料的发展，绞缬制品在唐朝颇为盛行。碱剂印花工艺，是唐朝的创造。

唐朝航海业相当发达，造船技术亦有明显的进步，至迟在唐朝早期，已采用了“水密分舱”技术。水密舱壁是经过密封处理、由多块厚板拼合成的横向壁板，分舱是把船舱分隔成多间的技术。这样，即使一舱漏水，其他舱仍安然起增浮作用；同时，分舱又可起到支承、加强甲板和外板的作用。1973年于江苏如皋县出土的一艘唐朝早期木船，船分9舱，舱房间有隔舱板，缝间用石灰桐油填塞，严密而坚固，结构合理。水密分舱技术的发明，是中国对世界造船技术发展的一大贡献。李约瑟认为欧洲的水密分舱技术，是18世纪时从中国学习的。

在唐朝，车船技术被用于战船。《旧唐书·李皋传》曾谈道：战舰“挟二轮踏之，翔风鼓疾。若挂帆席，所造省易而久固”。这种用双脚驱动的车船，在造船史上亦具有重要意义。在古代平底船基础上发展起来的“沙船”，因“出崇明沙而得名”。这种船平底方头，船体较宽，吃水较浅，可通行于浅水水域且航行平稳。船底涂漆技术，在唐朝已被发明和使用。《旧唐书·杜亚传》曾记载，杜亚于唐德宗贞元年间任扬州长史兼淮南节度观察使。他“令以漆涂船底，贵其速进”。可见，船底涂漆可减少水的阻力，又可以起到防腐的作用，因而被后世所采用。

造纸原料来源的扩大，表现在除主要原料麻类外，以皮类（如藤皮）为原料的皮纸有大量的增加，并且出现了麻、皮混合纤维纸；也有的纸是用麻、桑皮、月桂树纤维混合抄造的。竹纸在唐朝中期已经出现。在造纸工艺技术上，起悬浮剂作用的某些植物浆液，被作为“纸药”用于造纸工艺流程，用来改善纸浆性能，提高纸的质量。

唐朝对纸张成型后的表面处理，曾采取施胶、拖浆、填粉、加蜡、研光等技术。施胶大多是将一种淀粉剂掺入纸浆中，或刷于纸张表面上。淀粉剂的优点是不走墨，缺点是时间过长，淀粉层会因龟裂而脱落。因此有用植物胶或动物胶来代替的。涂蜡有黄纸涂蜡、白纸涂蜡、粉纸涂蜡。染成黄色的纸再涂蜡，称为“黄硬”或“硬黄”。这种用优良纸张加工而成的纸，是唐朝名贵纸张之一，它味苦、气香、色美、质地坚密，且防水防蛀。粉蜡纸是由施粉和涂蜡两道工序加工而成。纸面涂蜡技术，在欧洲是1866年才出现的。唐朝产纸地点遍布全国各地，产量很大，品种很多，用途很广，除书写、印刷、绘画用纸外，窗户纸、灯笼纸、防水纸也被广泛使用。当时著名的纸有色纸（特别是黄色纸使用最广）、水纹纸、宣纸、澄心堂纸、金花纸等。雕版印刷是在章印、拓印和纺织品的型版印花的基础上发展起来的。我国至迟在唐朝早期已出现雕版印刷，并于唐朝中晚期在全国逐渐推广。770年前后，日本天皇下令雕印的梵文和汉文陀罗尼经咒，曾分藏于日本当时的各大寺院，有不少保留至今。朝鲜、日本的雕版印刷术，显然是从唐朝传入的。唐朝晚期的印刷品增多，雕印技术有较大的提高。

第五章 发展教育千秋业 文化艺术集大成

在大力发展经济的同时，文化教育也取得了前所未有的成就。开元时期，学校教育到达顶峰时期。经过教化，这个时期的社会风气以及民俗都有了较大的改善。不仅如此，在宗教、诗歌、修史、文学、音乐、舞蹈、美术、雕塑等方面，也都取得了长足的进步和发展。

发展教育，风俗融合

唐玄宗在位期间，是唐朝学校最为兴盛的时期。开元七年（719年），唐玄宗敕令从州县学生中选送“聪悟有文辞史学者”四门学为“俊士”，贡举落选而愿意入学者也可以入四门学学习。这一敕令，开创了后世贡举入监制度。与此同时，还规定了学生补阙制度，特别是朝廷规定允许百姓设立私学，有愿在州县学校寄读的受业者，亦予以允许。

开元六年（718年），设置丽正书院，以文学名士徐坚、贺知章、张说等人为学士，令这些人在修书之余兼作讲学，为后世兴办书院提供了经验。开元十三年（725年），改丽正书院为集贤书院，五品以上为学士，六品以下为直学士，对学士与直学士的待遇颇为优厚。

开元二十六年（738年），唐玄宗敕令天下州县在乡里设立学校，使学校教育普及到基层，这在中国教育史上是一件大事。唐玄宗教令天下罢乡贡之举，规定不经由各级学校学习的学生不得参加举选，以支持学校教育的发展。尽管两年后又取消这一敕令，但亦说明唐玄宗对兴办各级学校的重视。开元年间的学校教育是唐朝教育最为兴盛的时期。

开元之治的表现，还体现在思想文化与社会风尚等各个方面。翰林院的设立，除了在政治上发挥着重大作用外，在推进文化事业的发展上也有着突出的贡献。“上即位，始置翰林院，密迩禁廷，延文章之士，下至僧、道、书、画、琴、棋、数术之工皆处之，谓之‘待诏’。”一大批文人术士，被集中到翰林院，他们以自己的文才、诗赋、艺术，活动于宫廷之中，丰富了唐王朝的文化生活，给盛唐增添了斑斓绚丽的艺术色彩。

在社会风俗方面，盛唐由于与北方各少数民族的来往比较密切，“胡化”的色彩较为浓厚。对此，玄宗采取了一些“禁胡化”的措施，但从整体上看，玄宗对“胡化”的禁止，收效并不大。

在玄宗采取的禁“胡化”措施中，以禁泼寒胡戏最有代表性。中宗时，泼寒胡戏在长安蔚成风气。所谓泼寒胡戏，来自波斯，与我国有些少数民族的泼水节有点相仿，只不过时在冬月而已。开元元年（713年）十月，张说上谏道：“泼寒胡未闻典故，裸体跳足，盛德何观；挥水投泥，失容斯甚。法殊鲁礼，亵比齐优，恐非干羽柔远之义，樽俎折冲之礼”，认为不合中华传统礼仪，建议禁断。玄宗接受了这一建议，于十二月下诏道：“腊月乞寒，外善所出，渐浸成俗，因循已久。自今以后，无问蕃汉，即宜禁断。”泼寒胡戏由此被明令禁止。从社会文化的角度看，泼寒胡戏只不过是一个民俗性的枝节问题，之所以被禁止主要是因为这一民俗与中原传统文化的差距过大。而中原地区在社会生活各个方面的“胡化”，甚至长安、洛阳两京的胡化，并未因禁止了泼寒胡戏而中断。开元时期，社会风俗和文化上的民族融合，始终占据着主导位置。从现在出土的唐朝文物、壁画等来看，尚不能说反对“胡化”在玄宗的各种治国措施中具有重要地位。

社会风俗中的民族融合，是无法以行政命令禁绝的。从开元时期到天宝年间，由于中原汉族和边疆少数民族的密切交往，唐朝的社会风俗和文化生活深受少数民族的影响。“天宝初，贵族及士民好为胡服胡帽。”元

稹在《法曲》一诗中也对开元、天宝时期的“胡化”描述道：“胡音胡骑与胡妆，五十年来竞纷泊”；“女为胡妇学胡妆，伎进胡音务胡乐”。之所以会出现这种普遍的“胡化”现象，与玄宗本人对“胡化”的态度由禁止到提倡的转变不无关系。

在开元时期，玄宗的统治措施并不是始终如一的。特别是在宫廷生活及其对社会风尚的影响方面，玄宗经历了一个由俭到奢的变化，社会风气也随之经历了一个由兢兢业业到奢侈豪华的变化。这一变化，对开元之治的影响是重大的。开元十七年（729年）四月，关中天气突变，蓝田山被大风雷雨摧裂百余步。占十术士就此阐发道：“人君德消政易则然。”占十术士的这种说法，是用天人感应观点解释自然现象，用自然灾害讥讽政治行为的必然结论。“德消政易”的说法，反映了当时玄宗在统治行为上的转变。这一转变，对社会风尚有着重大影响。

开元十六年（728年），玄宗移到兴庆宫听政。以此为标志，他在风尚上开始由提倡节俭逐步发展到追求奢华。开元十七年（729年），玄宗已经四十五岁，长期单调的公务使他感到疲倦和乏味。于是，他性格中铺张浪费、玩乐享受的一面慢慢暴露了出来。在这年的八月初五，玄宗庆贺生日，设宴招待百官达贵。酒酣耳热、轻歌曼舞之际，张说和源乾曜率文武百官上表，请以玄宗诞辰为佳节，玄宗欣然同煮，称“朝野同欢，早为姜事。依卿来请，宣付所司。”千秋节由此确立。到开元十八年（730年），根据礼部的奏请，又把千秋节与民间祈农报年的乡社结合起来，自此，千秋节成为全国性的重大节日。“以八月五日为千秋节，著之甲令，布于天下，咸令宴乐，休假三日。群臣以是日献甘露醇酎，上万岁寿酒。王公戚里进金镜绶带。士庶以丝结承露囊，更相遗问。村社做寿酒宴乐，名为赛白帝，报田神。”此后，年年千秋节都要大举庆祝一番。开元后期，玄宗在千秋节宴请百官的制书中称：“今属时和气清，年谷渐熟，中外无事，朝野乂安。不因此时，何云燕喜？卿等即宜坐饮，相与尽欢。”在召集京兆父老宴饮的敕令中称：“今兹节日，谷稼有成。顷年以来，不及今岁。百姓即足，朕实多欢。故于此时与父老同宴，自朝及野，福庆同之，并宜坐食，食讫乐饮，兼赐少物，宴讫领取”，处处表现出了一副功成名就、及时享乐的架势。

除了千秋节，从开元十八年（730年）起，玄宗以天下无事，还下令大臣百官于春节旬休，各自寻找胜地，踏春游宴。于是，朝廷内外，官宦士绅都沉湎陶醉于奢侈享受之中。尽管唐玄宗在开元中晚期大不如前，但从总体上看，开元之治毕竟把唐王朝推向了兴盛的顶点。在中国的封建社会里，开元之治所取得的成就，是历代王朝所少见的。

开元之治的出现，显然是与唐玄宗分不开的。无论我们怎样据谓当时的料套田素，如果没有玄宗在即位初期的励精图治、辅政大臣的通力合作，开元之治不可能“必然到来”。宪宗时的大臣崔群，对开元之治产生的原因归纳道：“玄宗少历民间，身经遭难，故即位之初，知人疾苦，躬勤庶政。加之姚崇、宋璟、苏颋、卢怀慎等守正之辅，孜孜献纳，故致治平。”旧史家对开元之治加以高度赞扬，称：“我开元之有天下也，纠之以典刑，明之以礼乐，爱之以慈俭，律之以轨仪。黜前朝徼幸之臣，杜其奸也；焚后庭珠翠之玩，戒其奢也；禁女乐而出宫嫔，明其教也；赐酺赏而放哇淫，惧其荒也；叙友于而敦骨肉，厚其俗也；搜兵而责帅，明军法也；朝集而计最，校吏能也。庙堂之上，无非经济之才；表著之中，皆得论思之士。而又旁求宏硕，讲道艺文。昌言嘉谟，日闻于献纳；长辔

远驭，志在于升平。贞观之风，一朝复振。于斯时也，烽燧不惊，华戎同轨。西着君长，越绳桥而竞款玉关；北狄酋渠，捐毳幕而争趋雁塞。象郡、炎州之玩，鸡林、鲲海之珍，莫不结辙于象胥，骈罗于典属。膜拜丹墀之下，夷歌立仗之前，可谓冠带百蛮，车书万里。天子乃览云台之义，草泥金之札，然后封13观，禅云亭，访道于穆清，怡神于玄牝，与民休息，比屋可封。于时垂髫之倪，皆知礼让；戴白之老，不识兵戈。虏不敢乘月犯边，士不敢弯弓报怨。'康哉'之颂，溢于八纯，所谓'世而后仁'，见于开元者矣。年逾三纪，可谓太平。"

唐人《开天传信记》也对开元期间的盛世景象描绘道："河清海晏，物殷俗阜。安西诸国，悉平为郡县。自开远门西行，亘地万余里，入河湟之赋税。左右藏库，财物山积，不可胜较。四方丰稔，百姓殷富，管户一千余万，米一斗三四文。丁壮之人，不识兵器。路不拾遗，行者不囊粮。其瑞叠应，重译麇至，人情欣欣然，感登岱告成之事。"可以毫不夸张地说，开元之治，把唐玄宗推到了辉煌的顶点。

宗教盛行，诗歌大成

唐玄宗时期的开元盛世，形成了社会安定、经济繁荣、文化昌盛、民族和睦、中外交流频繁和国力强盛的局面。与此相联系的是，唐朝实行兼容并包的文化政策和宗教政策，因而各种宗教都得到充分的发展，盛极一时。宗教活动空前活跃，一派发达景象。从外国传入内地的各种宗教，也获得了合法的地位与发展。唐朝宗教文化作为精神文明的重要组成部分，对政治、经济、哲学、文学、道德、音乐、美术、建筑、雕刻、科技等诸多领域均有重要的作用与影响。

从唐太宗到唐武宗，唐王朝都坚持三教并重、多教共存的政策。即或是偏重佛教的武则天，也认为三教任务相同，令人撰写《三教珠英》。朝廷大典时，往往令三教代表人物上殿宣讲各自的经典。唐朝实行三教并存、多教共存政策，使人们有宗教信仰的自由。

由于唐王朝实行三教并重政策，三教之间的融合成了三教关系中的主流。就佛教而言，唐朝的佛教已是中国化的佛教，不同程度地具有中国传统文化的内容和品格。在佛教的诸多宗派中，天台宗、华严宗和禅宗最具中国传统文化特色，尤其是禅宗，完全是中国独创的新宗派，受儒道两家影响最深。禅宗认为人人皆有佛性，只要“明心见性”，即可成佛。就道教而言，唐初的清静无为学派如成玄英、王玄览、司马承祯等人，其学说皆援佛人道，轻炼丹符箓，重清修养神。王玄览吸取佛教三世皆空和万法唯新学说，以灭绝“知见”为得道。司马承祯主张人与道一体，应静心修道，从而达到彼我两忘，恰如涅槃之境。甚至佛教的报应说、轮回说与天堂地狱说，都逐渐被道教不同程度地吸取。

就儒学而言，虽有如傅奕、韩愈那样的反佛儒者，但更多的儒者是爱好佛法，认为佛儒相通，可以互补。唐代，喜爱佛法的儒家学者不胜枚举。在唐朝三教合流的社会气氛中，士大夫阶层人士三教兼习或二教兼习已成为一种风气，热衷与僧、道交游；同时，僧人、道士结交儒者、朝廷官吏，熟悉儒家学说者亦大有人在。当时的诸多宰相、大臣，同僧人道士交往密切；僧人习儒家典籍者，如元嵩“资其儒，故不敢忘孝；迹其高，故为释”。总之，儒佛道三教在唐朝的共处，已为当时的思想文化界所接受，成为多数人多元信仰精神生活的一大特色。

佛教文化本身就是唐朝文化的一颗明星，对当时社会意识形态的诸多方面有着深刻的影响。因此，佛教文化在唐朝文化中的重要地位是不容置疑的。佛教活动的社会化和世俗化，使佛教教义和礼仪渗入社会生活的许多层面，成为当时人们精神生活的重要内容之一。佛教法会有常例和不定期两类，常例法会有佛生日、成道会、涅槃会、讲会、盂兰盆会、天子诞辰、国忌等。不定期法会包括佛牙供养法会、斋会、八关斋会、讲经法会等。法会所举行的佛教仪式内容和礼仪颇多，有诵经歌咏，举行法会时所吸引的群众很多，场面很大。

佛教对唐朝文学特别是诗歌的影响，在于盛唐诗歌中深浸着佛教的脱俗和超逸精神。所谓以禅入诗、以诗述禅的样言诗，在盛唐有很大的发展。例如平生信佛的王维，其诗以表现禅宗情趣见长，后世有“诗佛”的雅称。他的《鹿柴》写空山人语、林景青葺，把空山人寂的情景和世界寂灭无常联系在一起。《一住寒山万事休》诗，更是饱含禅宗机锋的禅言诗。佛教对唐朝文学的又一重要影响，是以讲述佛经故事为主的“变文”，其说唱形式的保留和说唱内容向历史故事和民间故事的转化，即由雅文学向俗文学的转化，在唐朝出现了《伍子胥变文》《王昭君变文》《董永变文》《孟姜女变文》等。

佛教对唐朝绘画的影响，在于涌现出一批佛画大师。唐朝的“画圣”吴道子，便是著名的佛画大师。他曾在长安、洛阳做佛道壁画300余间房屋，树立了一代新的画风。著名的诗人王维，又是著名的画家。他诗中有画，画中有诗，画风洒脱超然，淡泊高远，独具风格。佛教绘画为唐朝绘画增添了绚丽的色彩。佛教对唐朝雕塑的影响，首先见于佛像的雕塑上。敦煌石窟中的释迦涅槃雕像，清瘦羸弱，目中有无限的慈悲与智慧。石窟中的大力金刚彩塑，尽得阳刚之美的健美造型。壁画中的飞天仙女，更是栩栩如生。今日云岗、龙门、敦煌等石窟中，聚集了诸多雕塑彩绘，是唐朝佛像雕塑彩绘精品的荟萃之处。

不仅如此，道教文化作为唐文化的内容之一，对唐文化的也有着巨大的影响。道教中的一些理论，与中医学和中药学有一定的联系，孙思邈本人便是道士兼医学家。道教中的炼丹术对化学知识的积累、火药的发明、金属的冶炼，均在不同程度上起过推动的作用。道教注意炼气炼神，包含有气功的合理内容，对养生之道有一定的积极意义。唐朝的一些清修无为派道士，多为哲学家，他们的论著是唐朝哲学的组成部分之一。

道教对唐朝文学艺术的影响之一，在于道教中的一些仙话，在唐朝形成民间故事，又形成民间文学。例如，唐与五代的道士钟离权、吕洞宾、张果老等人被后人艺术化，到宋代形成了“八仙”的民间传说，从中派生出不少文艺作品。唐朝的一些志怪传奇，如《柳毅传》《南柯太守》《枕中记》《游仙窟》等，其中渗透着某些道教意识。这些作品，后来又演变成戏曲。道教故事中的仙人与仙境，对发扬文学作品中的浪漫主义手法有所贡献。道教对唐朝文学艺术的影响之二，在于唐朝的一些诗词以咏神仙事迹为题材，或借助神仙故事进行艺术构思。浪漫主义诗人李白相信道教，写了不少歌咏神仙的诗，如《梦游天姥吟留别》等，他本人也被称为“诗仙”。现实主义诗人杜甫，也写有一些游仙类的诗篇。白居易《长恨歌》的结尾部分，也是借助于道教的想象力完成的。在绘画方面，吴道子的《送子天王图》《八十七神仙卷》和阎立本的《十二真君像》，都是以道教神仙为题材的绘画名作。

盛唐诗歌是唐朝诗歌的辉煌时代，在文学史上被誉为“盛唐气象”“盛唐之音”，是开元盛世文化昌盛的重要内容和标志之一，是中国文学史上一个伟大的里程碑。盛唐诗坛上的诗人，依其生活经历、作品题材和艺术风格，可分为以孟浩然、王维为代表的田园诗人和以高适、岑参为代表的边塞诗人。

孟浩然（689—740年）是襄阳（今湖北襄阳）人，早年隐居襄阳，曾游历长江上下，40岁入长安应进士科举不第，返乡后漫游吴越，写了不少山水田园诗歌，山水隐逸是孟诗的主题。孟诗语言简净流丽，情深高雅，格调颇高，独具一格，比初唐诗歌有明显进步，显示出唐诗从初唐向盛唐过渡的痕迹。

盛唐时期的另一位具有代表性的山水田园诗人是王维。王维字摩诘，太原祁（今山西祁县）人，开元九年（721年）中进士，官至殿中侍御史。王维诗歌题材广泛，主要有政治诗、边塞诗和山水田园诗。

在王维的诗篇中，山水田园诗更是独具特色，因而被后人列为盛唐山水田园诗的代表性作家。他的山水诗，诗中有画，动静相生，名篇佳句甚多。如写大自然幽静恬适之美的《山居秋暝》中有“明月松间照，清泉石上流。竹喧归浣女，莲动下渔舟”。写秋雨过后山村傍晚景色的《鸟鸣涧》：“人闲桂花落，夜静春山空。月出惊山鸟，时鸣春涧中。”还有意境开阔、气势雄伟的山水诗，如《终南山》：“太乙近天都，连山到海隅。白云回望合，青霭入看无。分野中峰变，阴晴众壑殊。欲投人处宿，隔水问樵夫。”还有意境空寂、感情寂寞的山水诗，如《竹里馆》：“独坐幽篁里，弹琴复长啸。深林人不知，明月来相照。”

在王维的田园诗中，最具代表性的有《新晴野望》：新晴原野旷，极目无氛垢。郭门临渡头，村树连溪口。白水明田处，碧峰出山后。农月无闲人，倾家事南亩。其他如写田家生活的《渭川田家》：斜光照墟落，穷巷牛羊归。野老念牧童，倚仗候荆扉。雉雊麦苗秀，蚕眠桑叶稀。田夫荷锄立，相见语依依。即此羡闲逸，怅然吟式微。可见，王维的山水田园诗构思精巧，音韵和谐，诗画与禅趣融为一体，又多用五言律诗和五言绝句的形式，艺术成就很高，对后来的山水诗和山水画有深远的影响。

盛唐时代的山水田园诗人，著名的还有储光羲，作品有《田家杂兴》《田家即事》《钓鱼湾》等，皆为传世名篇。此外，裴迪、常建等人，也有山水田园佳作。

盛唐时代的边塞诗，均为有过军旅生活的诗人所作，其代表人物有高适、岑参以及王昌龄等人。

高适（700—765年），字达夫，渤海蓨（今河北景县）人。他的诗歌今存200余首，其内容有的反映早年的坎坷遭遇，如《别韦参军》；有的反映人民的疾苦，如《封丘县》。他的20余首边塞诗，成就很高。高适的边塞诗，内容丰富，有的写征人思归的感情，有的写边塞风光和描绘战斗场面，有的揭示边防政策的弊病以及对战士的同情、对某些将帅的讽刺等。

岑参，荆州江陵（今湖北江陵）人，天宝三年（744年）中进士，曾任职于边庭，后来又入朝任右补阙，出任嘉州刺史。他一生三次出塞，任职于安西、北庭、关西节度幕府。他的400余首诗中，边塞诗占有很大部分。岑参诗中用奇特想象造成的鲜明诗句颇多，如“一川碎石大如斗，随风满地石乱走”；“忽如一夜春风来，千树万树梨花开”；“纷纷暮雪下辕门，风掣红旗冻不翻”；“长安在何处，只在马蹄下”，如此等等。后

人殷瑶评论说，岑诗“语奇体峻，意亦造奇”，可谓中肯之语。总之，在描写边塞奇异景色方面，岑参可谓是盛唐第一诗人。

高适、岑参都是擅长于七言歌行体的边塞诗名家，这种体裁既不受局限，又声韵谐和，形式富于变化，音调悲壮洪亮，气势雄伟。高、岑的七言歌行诗，实为盛唐歌行体的典范。高、岑的诗有共性，也有个性。严羽说：“高岑之诗悲壮，读之使人感慨。”胡应麟说：“高岑悲壮为宗。”《诗谱》谈高、岑诗各自的特色，说道：“高适诗尚质主理，岑诗尚巧主景”，评价颇为中肯。高、岑之外，王昌龄是盛唐擅长以七言绝句写边塞诗的一位著名诗人。他的诗作名篇很多，长期流传于民间，是学童们初学古诗时首先背诵的诗篇之一。

李白（701—762年），字太白，祖籍陇西成纪（今甘肃天水附近），出生于中亚碎叶城，父亲可能是富商，幼年随父迁居绵州（今四川江油）。

李白生活在开元盛世，从小受到多方面的教育，五岁诵六甲，十岁观百家，十五好剑术，十五游神仙，十五观奇书，作赋凌相如。20岁前后，游历成都、峨眉山，又在青城山隐居几年。他接受儒家思想与道家思想，但受道家思想的影响更大些。开元十三年（725年），李白离开四川开始了他的漫游生活。他不屑于参加科举考试，希望凭自己的才能在得力人物推荐下直取卿相职位。十几年间，他的漫游足迹遍及大半个中国，写出了许多水朽的优秀诗篇。天宝元年（742年），李白经吴筠推荐被唐玄宗征召入京，颇受玄宗的礼遇。由于不肯投靠权贵，诽谤与冷遇接踵而至，于天宝三年（744年）离开长安，又在各地流浪了12年。这次离开长安，他结识了杜甫，两人结下了深厚的友谊。安史之乱爆发后，李白加入了永王李璘幕府。唐肃宗征讨永王，李璘兵败被杀，李白被捕入狱，流放夜郎（今贵州桐梓）。次年于三峡遇赦放还，62岁时病逝于安徽当涂。李白一生诗作颇多，现存1000首左右。

李白在中国文学史上的地位，首先在于他的诗歌继屈原之后，是我国古代积极浪漫主义的新高峰。李诗中的理想主义、反抗精神和英雄性格的统一，达到了很高的艺术境界，使中国文学史上诗歌的浪漫主义传统得以发扬光大。在李白的诗篇中，表现他反权贵、轻王侯的反抗精神的诗句，不胜枚举。由于时代的局限，李白的反权贵、轻王侯精神，不可能同人民大众的反抗斗争结合起来，并从中汲取力量，因而狂放不羁、追求个性自由，成了李白诗歌中浪漫主义的又一个重要方面。他在《行路难》中呼喊着“大道如青天，我独不得出”，于《赠新平少年》写道：“摧残槛中虎，羁绁鞲上鹰，何时腾风云，搏击申所能！”在山水诗中，李白追求自由、冲决羁缚的精神得到充分的体现。他歌颂“黄河之水天上来，奔流到海不复回”（《将进酒》）。又说：“登高壮观天地间，大江茫茫去不还”（《庐山谣》）。李白的诗歌，一反六朝华艳柔靡的诗风，为唐诗的繁荣和发展开创了新的局面，在诗歌的艺术上取得很高的成就。他的诗写景物，驰骋想象，其意象往往超越现实，名句甚多，如“白发三千丈”（《秋浦歌》）、“蜀道之难难于上青天”（《蜀道难》）、“疑是银河落九天”（《望庐山瀑布》）、“燕山雪花大如席”（《北风行》）等。李诗语言清新，不拘于格律，不雕琢字句，从而形成了飘逸、豪放、雄奇、瑰丽的艺术风格。李白才华横溢，诗篇“惊风雨”“泣鬼神”，具有无穷的艺术魅力，为后世留下了宝贵的精神财富，影响深远，哺育着一代又一代的诗人和作家。正如韩愈的《调张籍》所说：“李杜文章在，光焰万丈长。”他的好友杜甫也称颂说：“白也诗无敌，飘然思不群。清新庾开府，俊逸鲍参军”（《春日忆李白》）。作为中国古典诗歌黄金时代的代表人物，李白以他诗歌的崇高成就，被后人称为“诗仙”。

杜甫（712—770年）是盛唐时代与李白齐名的又一位伟大诗人。他祖籍湖北襄阳，出生于河南巩县，祖父曾任修文馆直学士，父亲曾任朝议大夫、兖州司马、奉天令。杜甫出生在唐王朝的鼎盛时期，一生经历了唐王朝由鼎盛向衰落转换的历史时代。这个时代和个人的经历，使杜甫的诗歌创作可划分为四个不同的时期。

35岁以前，杜甫接受了良好的教育，年轻时便显露出杰出的才华。20岁后开始漫游天下，写出了不少惊人的诗篇。33岁时，杜甫与李白相识，一道漫游了汴州（今河南开封）、齐州（今山东济南）、兖州（今山东曲阜）等地。李白的反抗权贵、追求自由的精神和艺术上的成就对杜甫有很大的影响。35～44岁，是杜甫困守长安时期。他从小接受儒家思想教育，立志忠君报国，但35岁时在长安应试科举而落第。当时奸相李林甫专权，朝政腐败，虽曾多次投诗干谒，但都没有结果。困居长安的10年，杜甫对社会的认识逐渐深刻了。41岁时，他写出了名篇《兵车行》，在现实主义道路上跨出了一大步。44岁所写的名篇《自京赴奉先县咏怀》，则标志着杜诗现实主义特点已初形成。

44岁这一年，安史之乱爆发。44～48岁期间，是杜甫陷于贼手和为官时期。这一时期，他写出了《羌村》三首、《北征》、“三吏”“三别”等一系列忧国忧民的不朽诗篇，使他成了一位伟大的现实主义诗人。48～59岁，杜甫在成都定居4年有余，后来又流离各地，生活穷困。这一时期，他又写了不少反映与同情人民疾苦的诗篇，如《茅屋为秋风所破歌》等。59岁时，杜甫死于由长沙到衡阳的一条船上。

反映和揭露现实，讽喻时政，是杜诗现实主义内容的一个重要方面。杜甫的《兵车行》一诗，谴责唐玄宗穷兵黩武政策给百姓带来的灾难；《自京赴奉先县咏怀》的“窃比稷与契”，表达了他忧国忧民的责任感；《北征》与“三吏”“三别”揭露了战争与动乱给百姓带来的苦难。尖锐的贫富悬殊和阶级对立，他只用“朱门酒肉臭，路有冻死骨”便深刻地概括出来。在很多诗篇中，杜甫写出了当时人民的疾苦，如《负薪行》《又呈吴郎》等，可知他关心百姓的冷暖疾苦，他的思想感情同人民大众是相通的。杜甫热爱生活，善于写景咏物，人们日常生活的诸多景物，一旦被他的笔端点画出来，便显得格外生动、亲切。

杜甫诗歌题材广泛，形象多样而生动，形成了雄浑苍劲的艺术风格。他善于把感情凝聚在秋景之中，留下了许多名句，如“王师未报收东郡，城阙秋生画角哀”。

在《登高》诗中，用秋风、高天、猿啼、飞鸟、沙溯、无边落木、不尽长江等景物，来衬托自己的处境，抒发自己的心情。《秋兴》八首，也是以秋天和大江的景物来表达自己的感情，体现出雄浑苍劲的艺术风格。在艺术手法上，杜甫善于选取典型事物，对现实生活进行高度的艺术概括。如“朱门酒肉臭，路有冻死骨”，“戎马不如归马逸，千家今有百家存”。在杜诗中，雄浑壮阔的艺术境界和细致入微的表现手法，是和谐与完美的统一。例如《古风》十九的“俯视洛阳川，茫茫走胡兵。流血涂野草，豺狼尽冠缨”。《春望》的“国破山河在，城春草木深。感时花溅泪，恨别鸟惊心。”“盛唐一味秀丽雄浑，杜则精粗、巨细、巧拙、新陈、险易、浅深、浓淡、肥瘦，靡不毕具。”在语言技巧上，杜诗的千锤百炼，确实达到“语不惊人死不休”的境地。如“风急天高猿啸哀，渚清沙白鸟飞回。”“三年笛里关山月，万国兵前草木春。”

杜甫作为中国文学史上一位承前启后的伟大诗人，他继承《寿经》和汉乐府诗的现实主义传统，又吸取六朝至盛唐时诗歌存音韵格律、修辞造句上的技巧，把现实主义诗歌推向新的高峰。正如《诗薮》评论所说：“大概诗有三难：极盛难继，首创难工，遘衰难挽。子建以至太白，诗家能事，杜后起集其大成，一也。排律近体，前人束备，伐山道源，为百世师。二也。开元既往，大历继兴，砥柱其间，唐以复振，三也。”元稹称杜诗“尽得古今之体势，而兼文人之所独创”，概括了杜诗在题材、形式和技巧上集前人诗歌成就之大成，又有自己的创新和发展，因而对后世也有着深远的影响。杜诗在中国诗歌史上的伟大成就和承前启后的伟大作用，使他被后人誉为“诗圣”。

设馆修史，编纂图书

唐玄宗开元盛世时期的史学成就，主要有设馆修史和《史通》的问世。而在这个过程中，最具代表性的人物就是刘知几。

刘知几，字子玄，徐州彭城（今江苏徐州）人。他自幼喜读历史，20岁时举进士，授河南获嘉县主簿，连任20年，这一期间他阅读了包括史书在内的大量文献典籍。在武则天执政期间，刘知几三次上书言事，引起了女皇的注意。从武后圣历二年（699年）到他临终前后的20年，他在朝廷担任史官，参与撰修国史的工作，撰成《史通》一书。

《史通》作为中国史学史上第一部系统的史学理论专著，它的问世，标志着中国的史学批评即史学理论的发展进入了一个新的、自觉的阶段。《史通》共20卷，分内外篇两大部分，共52篇，现存49篇。刘知几的史学思想，可从历史观和历史编纂理论两个方面来谈。《史通》的《疑古》《惑经》敢于对圣贤经传提出怀疑批判，是刘知几历史观中的进步思想。《疑古》篇对《尚书》中的有关记载提出疑问，认为《尚书》所载尧、舜禅让说与实际不相符合。《惑经》篇对孔子《春秋》提出12条“所未谕”的问题，指出孔子存在着五种虚美现象。《史通·惑经》无疑是受了王充《论衡》的《问孔》和《书虚》篇的影响，但他敢于再次进一步提出疑古和惑经的问题，对圣贤经传提出怀疑批判，毕竟是可贵的。

对天命论思想提出反对意见，是刘知几进步历史观的又一内容。《史通·杂说上》对《史记·魏世家》的“太史公下”提出批判：“夫论成败者，当以人事为主，必推命而言，则其理悖矣。夫推命而论兴灭，委运而忌褒贬，以之垂诫，不其惑乎？”在刘知几的历史观中，还存在着相信天人感应、迷信灾祥符瑞以及轻视人民群众的问题。

《史通》一书的主要成就，在于对历史文献编纂理论所作出的重大贡献。关于编撰史书的目的与作用，《史通·曲笔》说：“盖史之为用也，记功司过，彰善瘅恶，得失一朝，荣辱千载。”在编纂内容上，刘知几主张在以往史书“五志”的基础上“广以三科”（即“一曰叙沿革，二曰明罪恶，三曰通古今”）和增加三志（即“一曰都邑志，二曰氏族志，三曰方物志”），《史通》的《书事》和《书志》对此有详细的论述。在史书编纂体例方面，刘知几主张断代的编年与纪传应并行不悖：即“班、荀二

体，角力争先，欲废其一，固亦难矣。后来作者，不出二途。”在史书取材方面，刘知几主张“良史以实录直书为贵”，在叙事上以简要为主：“夫国史之美者，以叙事为工；而叙事之工者，以简要为主。”为此，他又提出“省句”“省字”的问题。在“文”与“史”的关系上，刘知几主张“史之为务，必借于文”，但“文之于史，较然异辙”。《史通》诸篇在文献编纂理论方面，所立篇目甚多，提出了不少宝贵的见解。《史通·断限》关于取材的时间断限理论，刘知几肯定孔子编纂《尚书》的“以舜为始”和左丘明编纂《左传》的“以隐为先”。自我国第一部断代“正史”——《汉书》问世后，断限问题便成了取材时不可回避的问题。《断限》说：“因有滞革，遂相交手，事势当然，非为滥轶也。”刘知几认为时代皆有一定的时间断限，因时代沿革，关联处必然相涉，这不能算作“滥轶”。应当注意的是在相关处避免重复，即“亦有一代之史，上下相交，若已见它记，则无宜重复”。

《史通·采撰》关于选材的理论，刘知几主张“征求异说，采摭群言”，“寸有所长，实广见闻”，广泛地搜集史料，如此才能成一家之言，“传诸不朽”。与此同时，刘知几又主张对广泛搜集的史料进行考证，去伪存真，反对把“道听途说”“街谈巷议”作为可信史料写入史书。对于“异辞异事，学者宜善思之”。《史通·载文》关于史书载文的理论，刘知几肯定先秦史书以“诗云”“书云”的方式转录或摘录其他文献中可信史料的做法，因为这些“载文”合乎“不虚美，不隐恶”“俱称良直”的原则。至于《史记》《汉书》以来的一些载文，则指出“其失有五”：“虚设”类的“禅书”“让表”，“厚颜”类的敌对政权之间相互攻击的“诰誓”与檄文，“自戾”类的以皇帝名义发布的、与实际情况不一致的褒贬文字，“假手”类的并非由君主起草的“诏命”，“一概”类的不顾实际的颂扬之词。总之，刘知几关于史书“载文”的理论，在于是否堪称实录、有无信史价值。

《史通·称谓》关于文献中称谓的理论，刘知几认为，历史文载中所载当时的称谓，自有其形成的缘由和背景，无一定的准则。史臣编纂史料，应尊重当时的历史实际，一般不宜更改，即：“夫历观自古，称谓不同。缘情而作，本无定准。史臣编录，无复张弛。盖取叶（协）随时，不藉稽古。”今日编纂历史档案文献汇编，大体上也是遵循这一原则的。《史通·题目》关于撰写题目的理论，刘知几认为，题名（如史书书名、档案史料汇编选题的题名）应遵守“名以定体，为实之宾”原则，与史书的体例（如编年、纪传、本末）相符合，做到题名一致。刘知几还主张拟制题名时，在文字上要力求精练，言简意明，做到“辞约而旨丰”。《史通·编次》关于编排史料的理论，刘知几认为，除了编年体以年代顺序排列外，其他如纪传体史书中的人物列传，特别是几个历史人物的合传，要遵守分类的逻辑原则，同坝类别必须按同一根据划分，同一级各类别应当界限分明，不能互相交义、包含或从属。对于《史记》一书将老聃与韩非并列一传、龟策与历史人物同为列传等“不可胜记”的“舛误”，刘知几提出了质疑。《史通·补注》关于注释的理论，刘知几认为，注释作为文献学中，不可缺少的部分，指出注释前人文献的意义在下“开导后学，发明先义”。他称赞裴松之《三国志注》、刘峻《世说新语注》的取材丰富，“喜聚异同”，从而保存了许多宝贵的史料。至于“兼采”众家之说为主的注释之外，还有“以训诂为主”的注释，应务求简明准确。在这个问题上，刘知几的上述见解是不适用的。《史通·论赞》关于撰写论赞的理论，刘知几认为，撰写史书论赞的目的，在于“辨疑惑，释滞凝”，帮助读者解决读史时的疑难或误解的问题。他称赞《左传》中的“君子曰”，对《史记》中的“太史公曰”提出非难。这是一个值得探讨的问题。但是，刘知几关于撰写论赞时应当遵守的“事无重出”“文省可知”原则，至今仍是撰写史书评论时应当借鉴的。《史通·序例》关于撰写序言、凡例的理论，刘知几认为，撰写序言的目的在于“叙作者之意”，帮助读者解原作的时代背景、写作目的等。关于“序”中附出之“例”，刘知几认为“夫史之有例，犹国之有法。昔夫子修经，始发凡例”。关于“序”与“例”的关系，正如浦起龙所概括的那样：“大指滑序贵简质，例贵严明。”即是说：序言在文字上要简练而质朴，忠于原作的本意；凡例要严明而准确，与所编（或所著）之书完全符合。所谓“序中附出之例”表明序言与凡例（即编辑说明）二者既有联系（因而有时可合二为一），又有区别（因而往往是分立），二者在内容上各自有所侧重。

《史通·叙事》等篇关于编纂的理论，在《叙事》篇，刘知几谈到叙事应“以简要为主”“务却浮词”，做到“言近而旨远，辞浅而意辣”。在《书事》篇，刘知几指出“叙事为烦”的四大流弊，如记载“祥瑞”、记录“非复异闻”、记载官员的虚衔、非关国史的家谱等，应予以消除。在《烦省》篇，刘知几主张编纂史料应遵守“远略近详”的原则。《史通》关于文献编纂的上述理论，对于档案文献编纂来说，大多具有一定的借鉴和指导意义。

从事文献编纂（含档案文献编纂）工作的是史官和史家。史官和史家的学术水平和工作态度，与编纂工作的质量有着密不可分的联系。在《史通》一书中，刘知几第一次明确提，史家应具有才、学、识“三长”。在修史制度上，刘知几主张个人修史，“一家独断”，反对设局修史。刘知几和《史通》作为中国第一部系统的史学理论专著，其成就确含多方面的内容，在中国史学史上具有特殊重要的地位，是盛唐史学成就的主要内容；而有关历史文献编纂理论的内容，又是《史通》的主要贡献。

在开元时期，思想与文化也很有特色，其中最突出的，当数玄宗在统治思想上对道家和道教的提倡以及对图书典籍的整理。

在文化事业方面，唐玄宗是十分热心、重视而且紧抓不放的。开元初期，玄宗在政务纷乱之际，还念念不忘图书典籍的搜集整理，于开元五年（717年）专门派员在洛阳乾元殿整理刊校群书，“大加搜写，广采天下异本”，数年间，四部充备；后又改乾兀殿校书院为丽正书院，加强了整理编纂的力量。开元九年（721年），完成了《群书四录》，收书48169卷。再后来，丽正书院改为集贤院，张说、徐坚主持其事，使图书典籍的整理工作取得了空前的成果。开元二十三年（735年），宰相裴耀卿入书库观书时，赞叹道：“圣上好文，书籍之盛事，自古未有。朝宰充使，学徒云集，官家设教，尽在是矣。前汉有金马、石渠，后汉有兰台、东观，宋有总明，陈有德教，周则兽门、麟趾，北齐有仁寿、文林，虽载在前书，而事皆琐细，方今之日，则岂得扶翰捧毂者哉！”这一赞叹，在一定程度上反映了玄宗对盛唐文化事业的贡献。除对古籍图书的整理外，开元年间，在玄宗的积极倡导和大力支持下，诗赋、书法、绘画、雕塑、歌舞、杂技等，竞相发展，文化艺术出现了欣欣向荣的局面。

在唐朝的文化事业中，图书事业和语言文字均有很大的发展，取得了很多具有划时代意义的成就。

首先是类书的编纂。类书是将图书所含各种内容按分门别类原则进行编纂而成的、具有资料汇编性质的图书。我国最早的一部类书是成书于三国时代的《皇览》。唐朝自建国以来，由朝廷组织力量和私人编纂的类书很多，见于公私书目著录的有50余种。其中，较为重要的有成书于唐高祖武德五年（622年）的《艺文类聚》100卷。该书开创“事居其前，文列于后”的体例，保存汉至隋代的多词章名篇，对后世类书的编纂有很大的影响。唐太宗贞观年间，李世民命魏征等人编纂《群书治要》50卷。贞观十年（636年），唐太宗不满意《群书治要》，命高士廉、魏征、房玄龄等人编纂《文思博要》，成书于贞观十五年（641年）十月，全书1200卷、目录12卷。该书卷帙浩大，资料丰富，北宋官修《太平御览》时曾多所资取。北宋南渡后，该书失传。武则天时期所编纂的《三教珠英》1300卷、目录13卷，至南宋时仅存3卷，今已不存。《初学记》是唐玄宗命徐坚所撰，原为供皇子学习所用。该书以知识为重点，兼辞藻典故，每一事目下均分“叙事”“时对”和“诗文”三部分。其中，“叙事”部分对类事进行精心编纂，组成前后连贯的文章，有近似于现代百科全书的做法之处，深受后世文人学者所喜爱，流传至今。唐朝类书的大量编纂，一是所创立的类书体例对后世类书编纂有很大影响，二是保存了大量古代文献资料，为后代学者的校勘和辑佚工作提供了条件。

在图书管理方面，唐朝秘书省的长官秘书监皆由德高望重、学识渊博的人，如魏征、虞世南、颜师古、令狐德棻等人担任。除秘书省外，与图书事业有关的机构还有弘文馆、崇贤馆（又名崇文馆）以及司经局、史馆、翰林院、集贤院等。其中，弘文馆学士“掌详正图书”，兼备顾问、贵族子弟学校等职责。崇贤馆隶属东宫，“掌校理四库书籍，正其讹谬”。史馆中的藏书以史部书籍为重点。翰林院亦有大量藏书。集贤院是唐玄宗专为校书而设。唐朝由国家上述部门所典藏的图书，是按经、史、子、集四类分库典藏的。唐朝的图书主要是手写本，这种手写本的图书主要是采用“卷轴装”的形式。由于类书的出现，卷帙浩大，又出现了折叠装的书籍形式，称“经折装”。在经折装的基础上，又出现了“旋风装”的形式。唐朝后期雕版印刷的出现，开始逐渐出现了以散叶装订成册的印本图书形式。唐朝图书形式上的变化与改进，是唐朝文化事业发展的标志之一。

魏晋南北朝时期的南北对峙，加剧了南北方音分歧，致使韵书“各有乇风，递相非笑”。隋统一中国后，陆法言在前代韵书的基础上，写出了统一中国音韵的韵书定性之作——《切韵》。《切韵》作为中国音韵学史上的一部划时代著作，体例完备，为后代韵书所效法。它上推古音，下考当代方言，颇受后代音韵学界重视。《切韵》也有它的不足，即收字较少，训释有不完备之处，还存有些错误。唐朝订补《切韵》的著述有王仁昫的《刊谬补缺切韵》。他解释书名说：“刊谬者，谓刊正谬误；补缺者，谓加字及圳。”可见，该书的宗旨和基本内容，在于纠正《切韵》的错误，增收文字，增加训释。孙上圗的《唐韵》是唐朝订补《切韵》的又一部重要著作。除了刊正谬误、增加文字和注释外，《唐韵》的贡献在于在《切韵》193韵的基础上又增加11个韵部。《刊谬补缺切韵》增加的广、严二韵，基本上奠定了后来《广韵》206韵的规模。

汉魏以来反切注音法的产生，表明人们已把汉语音节分成声母和韵母两部分。《玉篇》卷首所载《切字要法》表明，它所归纳30类声类，已包括了30个字母在内。唐人在前代反切上字的基础上，创造出30个字母。敦煌发现的《归三十字母例》与守温的30字母相一致。守温根据声母发音部位不同，把声母分为唇、舌、牙、齿、喉五音，并且把喉音分为清音和浊音两类。这种分类，标志着汉语音韵学已朝着科学的语音分析方向迈出了可喜的一步。

唐朝少数民族文字主要有古藏文、于阗文、突厥文、回鹘文、龟兹文等。上述几种少数民族文字的体制，在唐朝均有较大的发展，日趋完备。藏文是我国仍在使用的民族文字中历史悠久的民族文字之一，通行于西藏和青海、甘肃、四川、云南等省的藏族地区。藏文创制后，曾进行过三次修订，以9世纪的第二次修订影响最大，在规范化上取得明显成效。藏文的书写方式为由左向右横写。自创制以来用藏文书写和记录的文献浩如烟海，是中华民族传统文化的重要组成部分之一，为藏族文化传播和丰富祖国文化宝库作出巨大的贡献。

于阗文是我国古代塞种使用的语文，因发现于新疆和阗（古称平闻）而得名，又称于阗塞克文。《汉书，西域传》称："塞种本允姓之戎，世居敦煌，为月氏追逐，遂往葱岭。"由于古代于阗为佛教东来的经由之路，至今所发现的于阗文大多为佛教经典。于阗文的词形变化具有印欧语的特征，如名词分阴、阳二性和六格，有单数、复数之分；动词有人称、时、式、态四种变位，这显然同印欧语的人群曾定居这里有关。

突厥文是古代突厥、回纥等所使用的文字。这种文字的碑文发现于鄂尔浑河和叶尼塞河流域，有"鄂尔浑—叶尼塞文"之称；因其与古代北欧日耳曼民族使用的卢尼文外形相似，有人称它为"突厥卢尼文"；此外，还有"蓝突厥文""西伯利亚文"等名称。突厥文的文献主要是可汗与文武大臣们的墓志铭、记功碑以及宗教性文献和官府文书等。突厥文有40个字母，有的字母有五六种变体，是一种音素、音节混合型文字，通常是从右到左横写。

回鹘文足以粟特（或称率利字母）字母为基础的拼音文字，为回鹘族人所使用。使用这种文字的地区包括今日蒙古人民共和国以及我国的甘肃、新疆等地区。回鹘文是唐朝西域各国广泛流行的文字，不仅代表着东突厥各族文化的发展水平，而且对其他民族文化有很大影响，契丹文、蒙文、满文都是在回鹘文的影响下产生的。焉耆—龟兹文因发现于焉耆、龟兹（今新疆库车）而得名。至今所发现的焉耆—龟兹文的文献多为佛经、戒律、密咒、本生故事等，也有寺院账目、书信、诗文、剧本、字书和医方。

艺术繁荣，技巧精湛

唐朝开元年间，社会稳定，经济繁荣，为音乐舞蹈的发展提供了物质基础。唐王朝对外开放、兼收并蓄的文化政策，使得唐代音乐舞蹈在继承前代成果的基础上，大量吸收各民族的音乐舞蹈成就，从而使唐朝音乐舞蹈成为我国古代音乐舞蹈发展的高峰。

从音乐体式上看，唐朝最为重要也最具有代表性的是歌舞大曲。大曲一般由散序、中序和曲破三部分组成，每一部分又可分成若干段落：散序为乐器演奏部分，节奏自由；中序以歌唱为主，用器乐伴奏，节奏较慢，中序亦称“歌头”；曲破亦称“舞遍”，以舞为主，用器乐伴奏，节奏渐快。歌唱部分大多为抒情段落，人破后舞蹈渐趋高潮，结尾或炽烈激扬，或优雅飘逸。有一部分大曲又称“法曲”，曲调大多典雅清悠，受了佛教音乐和道教音乐的一些影响。唐玄宗死后不久，崔令钦撰写成《教坊记》，记载大曲曲名46个，其中有些曲名是以地名命名的，例如《凉州》《伊州》《甘州》《龟兹乐》等。《霓裳》是唐朝最负盛名的歌舞大曲，全称为《霓裳羽衣舞》，又从曲作的角度称《霓裳羽衣曲》。这部法曲淡丽典雅，有清乐风格，乐舞宛转飘逸，表现了羽化而登仙的道教思想。天宝四年，唐玄宗册立杨太真为贵妃，曾表演《霓裳》。刘禹锡的诗作曾写道：“开元天子万事足，唯惜当时光景促。三乡陌上望仙山，归作霓裳羽衣曲”。据白居易的《霓裳羽衣舞歌》及自注，可知《霓裳》的散序6段，器乐演奏，不歌不舞；中序18段，亦名拍序，且歇且舞；曲破12段，节奏急促，有舞而可能无歌。白居易《早发赴洞庭舟中作》有“出郭已行十五里，唯销一曲慢霓裳”。可见，这一清雅的大型法曲是很长的。

唐朝文人的诗（特别是精致绝句）词作品，其中有一部分在当时是人乐歌唱的。因而唐朝诗乐、词乐的音乐基础是民间曲子。唐朝流传最广、绵延最久的诗乐是《渭城曲》。该曲的诗作是王维的《送元二使安西》：“渭城朝雨浥轻尘，客舍青青柳色新。劝君更尽一杯酒，西出阳关无故人。”由于诗句有三次迭唱，又称《阳关三叠》。白居易《南园试小乐》有“高调管色吹银字，慢拽歌词唱渭城”诗句，可知《渭城曲》的节奏是相当缓慢的。在人乐的唐人诗歌中，绝句因其短小精练，更多地被当时人乐歌唱，故后世有人称唐人绝句为“唐朝乐府”。

唐朝僧人说唱佛经故事以及历史传说和民间故事的底本称“变文”，

变文大多是散文与韵文相间。散文部分由说唱人讲说，韵文部分由说唱人歌唱。这种散韵说唱的结构与形式，实际上开创了后世说唱艺术典型结构的先河，后代戏曲中的“道白”与演唱，可上溯到变文说唱。由于变文说唱艺术的对象是广大下层民众，因而变文的音乐不仅借助于民间曲调，而且受外来音乐影响较大。《宋高僧传》记载唐朝僧人少康说：“康所述偈赞，皆附会郑卫之声，变体而作。非哀非乐，不怨不怒，得处中曲韵。譬犹善医，以饧密涂逆口之药，诱婴儿入口耳。”说唱音乐的题材内容为宗教性（宗教故事）和世俗性（历史故事与民间故事）两大类，这种情况，从北宋至明清一直如此。

据《隋书》《旧唐书》《新唐书》的《音乐志》和《礼乐志》记载，隋唐时期的乐器种类很多，有笙、排箫、笛、篪、觱篥、埙、贝、琴、瑟、筑、筝、卧箜篌、竖箜篌、秦琵琶、五弦琵琶、曲项琵琶、编钟、编磬、铜钹、腰鼓、节鼓、檐鼓等。上述乐器中，有中原传统乐器，也有许多外来乐器。

同唐朝音乐盛况相联系的是唐朝著名乐器演奏家辈出。宋人朱长文《琴史》载隋唐琴师，有29人之多。盛唐开元年间的著名琴师，有陇西人董庭兰。他琴艺超群，擅长琴坛盛行的“沈家声”和“祝家声”，颇受与他交往的诗人称赞：“董夫子，通神明，深山窃听来妖精。言迟更速皆应手，将往复旋如有情。空山百鸟散还合，万里浮云阴且晴。嘶酸雏雁失群夜，断绝胡儿恋母声。”除琴师外，唐朝的各种乐器如曲项琵琶、五弦琵琶、箜篌、笙、笛、觱篥、方响、羯鼓等，都分别有诸多著名演奏家留名于后世。有些演奏家又是作曲家，如擅长曲项琵琶的段善本、擅长箜篌的张徽、擅长羯鼓的唐玄宗李隆基等。

来自西域的音乐和乐器（特别是曲项琵琶和觱篥）与中原音乐和乐器的融合，对后世宫廷音乐和民间音乐的演奏有着深远的影响。唐朝乐队独奏、重奏、合奏的体制，也是同这一实际有着直接的联系。从清商乐、西凉乐、龟兹乐演奏时所用乐器来看，中原传统音乐清商乐中所使用的中原传统乐器篪、埙、琴、瑟、筑、秦琵琶等，在西凉乐中未被采用。作为西域音乐的典型代表龟兹乐，所使用的重要乐器有觱篥类、竖箜篌、五弦琵琶以及贝、铜钹、腰鼓、齐鼓、檐鼓等。作为兼有西域音乐和中原音乐特点的西凉乐，既采用了中原传统乐器卧箜篌、编钟、编磬等，也采用了西域乐器中的曲项与五弦琵琶、腰鼓、齐鼓、檐鼓等。从清商乐、龟兹乐和西凉乐所使用的不同种类乐器来看，这种不同的乐器构成，大体上代表了唐朝中原传统乐队、西域乐队和中原与西域混合型乐队三种不同的乐队体制。清商乐、龟兹乐和西凉乐所共同使用的乐器，除来自西域的曲项琵琶外，还有中原传统乐器笙、排箫、笛类、筝类。这种情况表明，唐朝中原汉族音乐和西域少数民族音乐、外国音乐的交流和融合，取得了前所未有的成就，极大地丰富了中华民族的音乐文化。

唐朝开元年间舞蹈艺术内容丰富，形式多样，技巧高超，是中国古代舞蹈艺术发展的高峰。就舞蹈的形式而言，既有单双人的小型演舞蹈，又有大型的表演舞蹈；既有宫廷舞与四方乐舞，而宫廷乐舞又有“坐部伎”与“立部伎”之分；社会各阶层的群众性舞蹈之中，既有节日歌舞与风俗歌舞，又有民间艺人的歌舞献艺与皇室贵族的自舞之风，还有民间祭祀与寺院舞蹈。唐朝舞蹈在服饰、化妆、演出场地等方面都颇为讲究，文艺界人才辈出，舞蹈技巧精湛，舞蹈编导造诣高深，同时为后世留下了宝贵的舞谱记录和大量壁画等。在唐朝的单双人小型表演性舞蹈中，可按照风格特点区分为“健舞”与“软舞”两部品类。这两部品类的小型表演性舞蹈，曾广泛流传在唐朝的宫廷、贵族士大夫家中和民间。“健舞”以其动作雄豪刚健、节奏明快而间有舒缓段落而得名，“软舞”的动作优美柔婉、节奏舒缓而含有节奏明快的舞段。崔令钦作于天宝年间记述开元年间教坊制度的《教坊记》和成书于晚唐时期的《乐府杂录》曾分别列举当时的“健舞”与“软舞”节目，除《柘枝》相同外，其余则全不相同。从所列舞名来看，中外各民族的民间舞蹈占有很大的比例。

“健舞”类舞蹈来自西域的“胡风”舞蹈，舞风矫健、活泼，体现了游牧民族的豪爽性格，与当时兴旺向上、豁达开放的时代精神相一致，因而与当时人审美观点和欣赏情趣相吻合，深受各阶层人们的普遍喜爱和欢迎。以快速、轻盈、急速、连续旋转为主要特征的胡旋舞、胡腾舞、柘枝舞等皆属于此类。其中，尤其是风靡一时的“胡旋舞”，以其特有的艺术魅力，更是令唐朝人们喜爱、惊叹不已，以至于达到了“臣妾人人学圈转”“五十年来制不禁”的程度。《乐府杂录》记载：“舞有骨鹿舞、胡旋舞，俱于一小圆毽（毬）子上舞，纵横腾踏，两足终不离毬子上。其妙如此也。”“东方药师净土变”乐舞图中，两个伎乐天，展臂旋转，佩带飘绕，表演动作类似胡旋舞的急速连续旋转动作，两人都是立于一个小圆毯子上起舞。胡腾舞是以腾踏跳跃为主要特征的“健舞”类著名舞蹈，从中亚一带传入。唐朝诗人刘言史《王中丞宅夜观舞胡腾》、李端《胡腾儿》诗，对胡腾舞扮演者的民族、服饰、急促多变的腾踏舞步，演员惊喜、幽默、诙谐的表情，均有细腻的描绘，表演结束时，观众无不“四座无言皆瞪目”。陕西西安市东郊苏思局墓壁画，有一胡人舞者高跃后刚刚落地的舞姿，与唐诗中描绘的胡腾舞形象极为相似。柘枝舞有的归入“健

舞”，有的归入“软舞”，原是中亚一带的舞蹈。《全唐诗》中有很多描绘柘枝舞的诗篇和诗句，从这些诗句中可知，表演者多为年轻女子、身着轻薄贴身的绣花窄袖罗衫；纤细的腰间，系垂着花带与珠翠饰品；头戴珍珠绣帽，垂挂金铃；足登红色软锦靴；面容雪白姣好，步履轻盈。在鼓类乐器的伴奏下，窈窕纤细的妙龄舞女，以其轻盈多变的舞步，边舞边歌，以其“体轻似无骨”的风姿和神韵，征服了在座的所有看客，收到了“观者皆耸神”的效果。在卢肇《湖南观双柘枝舞赋》中，有“乍折旋以赴节，复婉约而含情”“缥渺兮翔风，婉转兮游龙”和“突如其来，翼尔而进”、“将腾跃之激电，赴迅速之惊雷”、“来复来兮飞燕，去复去兮惊鸿”等诗句，柘枝舞所具有的飞燕之轻盈和惊鸿之迅捷这一“软舞”和“健舞”的双重特征，跃然纸上。

双柘枝作为柘枝舞在中原地区长期流传中的发展与演变，在唐人诗赋中多有描述。这种由两位年轻女子表演的舞蹈，在长期发展中逐渐地与西域民族风格的单人舞相区别，演变成屈柘枝，从而被归入“软舞”类。据《乐府诗集·柘枝词》题解引《乐苑》所载：屈柘枝“羽调有柘枝曲，高调有屈柘枝。用二女童，帽施金铃，抃转有声，其来也于二莲花中藏，花坼而后见，对舞相占，实舞中雅妙者也。”可见屈柘枝是由柘枝演化而来，增加了汉族传统舞蹈的情调。除“胡腾”“胡旋”“柘枝”三舞外，健舞类的剑器、黄獐、达摩支等都同武术或武舞有关。

唐朝“软舞”类的舞蹈，影响较大的有绿腰六幺、春莺啭。在五代南唐画家顾闳中“韩熙载夜宴图”，绘有舞伎舞“六幺”的场面。元稹《法曲》诗、张祜《春莺啭》诗，都提到春莺啭舞蹈。此外，唐朝的“软舞类”舞蹈还有回波乐、乌夜啼和兰陵王。

唐朝歌舞大曲是音乐、舞蹈、诗歌相结合的大型套曲，它是在汉代相和大曲的基础上，吸收西域的歌舞形式融合而成。大曲的第三部分即“破”，是全曲的高潮和结尾部分，也是舞蹈表演的主要段落。大曲中有一部分称“法曲”，情调比大曲更优雅些。在唐朝的大曲、法曲中，就其中的舞蹈部分来看，最为精彩且最具代表性的是《霓裳羽衣舞》。曾目睹过该舞的白居易，在诗中用“飘然转旋回雪轻，嫣然纵送游龙惊。小垂手后柳无力，斜曳裾时云欲生”，描绘了舞女轻盈旋转的动作，回眸微笑的媚态，飘起的舞裙，犹如一抹浮云；而“上元点鬟招萼绿，王母挥袂别飞琼”，分别描绘了舞女的相向聚拢和扬袖相背分开；“繁音急节十二遍，跳珠撼玉何铿铮。翔鸾舞了却收翅，唳鹤曲终长引声”，描绘“人破”后乐曲节奏加快，舞蹈旋转动作急促，舞蹈的结束动作犹如飞舞的鸯风收翅落地，“长引声”是乐舞结束时，乐声渐弱而悠长，令人回味，遐想无穷。陈嘏《霓裳羽衣曲赋》，称该乐舞“制神仙之妙曲，作歌舞之新规”，盛赞“千歌万舞不可数，就中最爱霓裳舞”。霓裳羽衣舞有独舞、双人舞及数百人大型舞等多种形式，是唐朝舞蹈的代表作之一，也是中国古代舞蹈史上的一颗耀眼的明珠。唐朝的大曲舞蹈名目很多，从内容上可分为表现仙女的舞蹈，有《凌渡曲》《菩萨蛮舞》；表现哀怨情绪的舞蹈，如《何满子》《叹百年队舞》（又称《叹百年》）；表现飞鸟美姿的《火凤舞》。此外，还有“花舞”“字舞”等。

唐朝的宫廷乐舞，将礼仪性、艺术性与娱乐性融合，规模大，乐部多，兼具中原与地方特色，有继承更有创新，是汉朝传统乐舞吸收少数民族乐舞、某些外国乐舞而发展起来的，体现了唐王朝的疆域辽阔、国力强盛和睦邻友好的民族政策与对外政策。从“十部乐”来看，除燕乐、清商乐外，其余八部均为少数民族和外国乐舞，共二十二曲。而清商乐在武则天时尚存60余曲。少数民族和外国乐舞，在名称、译音、服装和乐器方面，均保有原来的民族风格和地方特色。燕乐作为宫廷传统乐舞，其内容主要是对唐王朝及其统治者歌功颂德，祝福昌盛，有景云乐等四曲，以《破阵乐》《庆善乐》为大型演出形式；《景云乐》是歌颂贞观十四年“景云现，河水清”的祥瑞。清商乐曲目最多，不用于祭祀，主要用于宴享，其舞蹈的总体风格是“舞容闲婉”，“从容雅缓，犹有古士君子之遗风，他乐则莫与为比”。西凉乐是兼有汉族乐舞与西域乐特色的乐舞，西凉地方风格明显，如《凉州舞》《狮子舞》等。天竺乐是古印度乐舞，随佛教艺术传入中国，舞者的形象、服饰和舞姿，均含有浓厚的印度乐舞风韵。高丽乐是鸭绿江地区高句丽族的民族乐舞。该乐舞服饰华丽，“极其长袖”，“双双并立而舞”，多是一种对舞的形式。龟兹乐、康国乐、安国乐、疏勒乐、高昌乐皆为西域乐舞。其中，龟兹乐舞艺术成就最高，民族与地方特色最浓，已发展成为歌、乐、舞一体的多段体大型乐舞。康国乐“舞急转如风，俗谓之胡旋”，属于“健舞”类舞蹈。高昌乐风格近似龟兹乐，对中原乐舞有所吸收。

唐朝宫廷宴享乐舞按演出形式与场合又分为坐部伎、立部伎两类。坐部伎于“宫中宴用坐奏”，在室内厅堂演出，表演人数在3～12人之间。这一特点使得坐部伎的舞蹈精致，艺人技艺水平较高。所谓“太常阅坐部，不可教者隶立部；又不可教者，乃习雅乐”，表明坐部伎演员必须具有较高的技艺水平。立部伎于“殿庭宴用立奏”，在室内庭院或广场演出，故规模较大。这一特点使得立部伎艺人所表演的舞蹈雄伟壮丽，表演者技艺水平略低于坐部伎艺人。唐朝坐、立部伎中的乐舞，是宫廷长期积累的保留节目。节目在中原乐舞的基础上，吸取并融台少数民族和国外乐舞，因而风格多样，表现手法丰富，具有较高的艺术性和欣赏价值，在中国音乐舞蹈史上享有一定的地位。

据文献记载，坐部伎乐舞有贞观年间的《燕乐》（《景云乐》《庆善乐》《破阵乐》《承天乐》），武则天时期的《长寿乐》《天授乐》《鸟歌万岁乐》，唐玄宗时期的《龙池乐》《小破阵乐》。立部伎乐舞规模较大，人数众多，乐舞有唐朝以前的《安乐》《太平乐》，贞观年间的《破阵乐》《庆善乐》，唐高宗时期的《大定乐》《上元乐》，武后时期的《圣寿乐》和唐玄宗时期的《光圣乐》。《破阵乐》（又名《七德舞》），是唐朝著名乐舞，与《庆善乐》《上元乐》合称“唐朝三大舞”。《破阵乐》的内容是歌颂唐太宗李世民统一天下的武功，原名《秦王破阵乐》，演出于宫廷的隆重场合。贞观七年，唐太宗亲绘《破阵乐》舞图，令乐官吕才编制音乐，魏征、李百药等人制歌词。表演者披银甲执戟而舞，多达120人。乐舞分三大段，每段四个阵势，按传统阵法设计队形，“象战阵之形”，其中有“前出四表，后缀八幡，左右折旋，趋走金鼓，各有其节”的“八阵图”场面。《庆善乐》宣扬唐太宗荣归出生地即庆善宫，宴请群臣，赏赐乡里。《上元乐》以舞蹈的形式将皇帝当做天神歌颂，用于郊庙祭祀，有宗教意味。《大定乐》是歌颂平定辽东武功的舞蹈。《圣寿乐》是用“字舞”的形式歌颂皇帝的舞蹈，《开元字舞赋》对此舞有细腻的描写。上述7部乐舞都是为歌颂皇帝的武功和文德而作，只有《太平乐》（又称《五方狮子舞》）是来自民间的乐舞。坐、立伎各部乐舞由于是宫廷乐舞，编导力量强、演员阵营大，训练有素，深受统治阶级的重视，因而具有较高的技艺水平，对唐乐舞的发展有所推动和贡献。

民间群众性舞蹈是唐朝舞蹈的重要内容之一。民间群众性舞蹈所取得的成就，是唐朝舞蹈高度发展的重要标志之一。民间舞蹈包括节日歌舞和风俗歌舞。

“踏歌”同其他民间歌舞一样，可以上溯到很早以前。唐朝盛行“踏歌”，诗人对“踏歌”多有描述。如李白《赠汪伦》诗句：“李白乘舟将欲行，忽闻岸上踏歌声。”储光羲《蔷薇》诗句：“联袂踏歌从此去，风吹香气逐人归。”张祜《正月十五夜灯》诗句：“三百内人连袖舞，一时天上著词声。”

“泼寒胡戏”是唐朝盛行的西域风俗歌舞，类似今日泼水节的群聚泼水、歌舞、游乐活动。《新唐书·宋务光传》载清源县尉吕元泰“上书言时政”，谈到“比见坊邑相率为‘浑脱’队，骏马胡服，名曰‘苏莫遮’。旗鼓相当，军阵势也”；又说“腾逐喧噪”，“锦绣夸竞”，“胡服相欢”，“浑脱为号”，“法胡虏之俗”，“鼓舞跳跃而索寒”。从吕元泰对“泼寒胡戏”提出“非先王之礼乐”的指责中，可见这一群众性风俗歌舞的盛大热闹场面和西域胡人风俗的特色。张说《苏摩遮》诗及题解，对《泼寒胡戏》亦有生动的描写：“摩遮本出海西胡，琉璃宝服紫髯胡。闻道皇恩遍宇宙，来将歌舞助欢娱。绣装帕额宝花冠，夷歌伎舞借人看。自能激水成阴气，不虑今年寒不寒。腊月凝阴积帝台，豪歌击鼓送寒来。”开元元年，唐玄宗为推行开元新政，于十月十七日诏令：“放腊月乞寒，外蕃所出，渐浸成俗，因循已久。自今以后，无问蕃汉，即宜禁断。”这一风俗歌舞娱乐活动从此被明令禁止。

唐朝的上层社会，皇室、贵族、百官及文人学士，除观赏伎人乐舞外，大多喜爱自舞。《新唐书》的《太平公主传》和《安乐公主传》，曾记载两位公主起舞之事。朝廷大臣起舞之事，史书亦多有记载。《旧唐书·安禄山传》，记载安禄山“至玄宗前，作胡旋舞，疾如风焉”。《旧唐书·郭山恽传》记载唐中宗与修文学士集宴，令各人即必表演舞蹈取乐，工部尚书张锡舞《谈容娘》，将作大匠宗晋卿舞《浑脱》，左将军张洽舞《黄麞勤》，簇唐人诗句中亦有“笔纵起龙虎”“胡姬貌如花”等。

唐朝宫廷与民间还流行酒宴中的自娱舞蹈“打令”。朱熹谈这种舞蹈，“唐人俗舞，谓之打令，其状有四：日招、日摇、日送。其一记不得舞时皆裹幞头。列坐饮酒，少刻起舞。有四句号云：‘送摇招邀，三方一圆，分成四片，得在摇前。’人多不知，皆以为哑谜。”在唐朝的乡镇中，还活跃着很多民间歌舞艺人。他们活动于广大民众之中，乡村、城镇多有他们的足迹。杜甫《观公孙大娘弟子舞剑器行》，有“一舞剑器动四方，观者如山色沮丧”的诗句。常非月描写艺人街头献艺，在《谈容娘》中有“马围行处匝，人压看场园”的诗句。至于民间的胡姬歌舞，唐人诗句中亦有记载，如：“胡姬春酒店，弦管夜锵锵”；“笔纵起龙虎，舞曲拂云霄。双歌二胡姬，更奏远清朝”；“胡姬貌如花，当炉笑春风。笑春风，舞罗衣，君今不醉将安归”。可见，乡镇酒店亦是胡姬献舞的场所之一。据《唐会要》记载，唐初宫廷中的散乐艺人，是由各州的艺人按规定时间，轮流到宫廷值班。民间艺人个别入宫献艺，也是常有的事。《明皇杂录》曾记载，新丰（今陕西临潼）曾经献女伶谢阿蛮入宫，进献《凌渡曲》乐舞。

唐朝民间祭祀及寺院舞蹈活动很是兴盛。自古代以来，宗教祭礼中的舞蹈，是人们“通神”“娱神”的手段。所谓“巫舞”，是指民间祭祀中巫人娱神的舞蹈；“傩舞”是驱疫赶鬼的“傩礼”（又称“大傩”）戴着假面所跳的舞蹈。这两种古老的舞蹈，在唐朝更为流行。唐朝的“巫舞”，其神秘气氛有所淡薄，更加美丽悦目。王维的《祠渔山神女歌·送神》，有“纷进舞兮堂前，目眷眷兮琼筵悲，急管兮思繁弦，神之驾兮俨欲旋”的诗句，描写祭祀结束时送神的舞蹈动作和乐曲节奏与旋律。王毂《迎神》诗中的“遵草头花椰叶裙，蒲葵树下舞蛮云”，《送神》诗中的“振振山响答琵琶，酒湿青莎肉饲鸭”。李贺《神弦曲》中的“画弦素管声浅繁，花裙捽绦步秋尘”等诗句，对女巫们的衣裙、打扮，均有生动的描绘。

此外，唐朝迎神赛神，均有舞蹈表演。王建《赛神曲》写道：“男抱琵琶女作舞，女人再拜听神语。纷纷醉舞踏衣裳，把酒路旁劝行客。”刘禹锡的《阳山观庙赛神》，亦有“日落风声庙门外，几人连踏竹枝还”的诗句。王维《凉州郊外游望》写道：“野老才三户，边村少四邻。婆娑依里社，箫鼓赛天神。洒酒浇刍狗，焚香拜木人。女巫纷屡舞，罗袜自生尘。”

用歌舞祭神求雨，渊源于古代，唐朝亦盛行不衰，如李约《观祈雨》写道：“桑条无叶土生烟，箫管迎龙水庙前。朱门几处看歌舞，犹恐春阴咽管弦。”至于宫廷或民间的“傩礼”或“傩舞”，有的已不具有“大傩”的阴森气氛，而颇像有趣的歌舞游戏。孟郊《弦歌行》写道：“驱傩击鼓吹长笛，瘦鬼染面惟齿白。暗中卑率拽茅鞭，倮足朱禅行戚戚。相顾笑声冲庭燎，桃弧射矢时独叫。”寺院中的乐舞，以具有佛教艺术色彩的大型女子群舞《四方菩萨蛮舞》最为有名。此外，还有《鹤舞》《花舞》等。舞蹈产生于民间，民间舞蹈是唐朝舞蹈赖以生存发展的泉源。唐朝舞蹈所达到的高超水平，是同民间舞蹈的生存发展分不开的。

唐朝乐舞的高度发展，是同著名舞蹈家和他们的高超舞蹈技艺联系在一起的。杨贵妃是当时著名的舞蹈家，《旧唐书·杨贵妃传》称她“姿质丰艳，善歌舞，通音律，智算过人”。白居易《长恨歌》用“回眸一笑百媚生，六宫粉黛无颜色”来形容杨贵妃的舞姿和魅力。她曾袭演《霓裳羽衣舞》和《胡旋舞》，舞技高超，白居易《胡旋女》诗“中有太真外禄山，二人最道能胡旋”，盛赞杨氏胡旋技巧的高超。江采苹是唐玄宗的宠妃，能歌善舞，喜爱梅花，又称梅妃。她擅长《惊鸿舞》，唐玄宗称赞她：“吹白玉笛，作《惊鸿舞》，一座光辉。”

谢阿蛮是宫廷舞蹈家，以擅长《凌波舞》而著名，舞技精美，颇受唐玄宗和杨贵妃的赏识。张云容原为杨贵妃侍儿，是著名的宫廷舞伎。因表演《霓裳羽衣曲》成功，杨贵妃赠诗称赞：“罗袖动香香不已，红蕖袅袅秋烟里。轻云岭上乍摇风，嫩柳池边初拂水”，对她的舞技给予形象的描绘和很高的评价。公孙大娘是盛唐杰出的舞蹈家，既献艺于民间，又多次被召入宫，以表演《剑器舞》而独具特色，技巧高超，首屈一指，杜甫诗称她“先帝侍女八千人，公孙剑器初第一”。郑嵎《津阳门》诗写公孙大娘在宫中为唐明皇生日举办的盛大乐舞表演：“公孙剑技方神奇”，同时注说：“有公孙大娘舞剑，当时号为雄妙。”唐朝的著名舞蹈家中，亦不乏男性，如来自西域安国（今中亚布哈拉一带）的著名舞人安叱奴，唐高祖时曾官居五品。

唐朝的舞蹈继承先秦、汉魏六朝舞蹈的优秀成果，吸取边疆民族和国外舞蹈技法，融合古代与汉代、汉族与边疆民族、国内与国外、北方与南方，即古今中外舞蹈，从而形成了唐朝舞蹈的丰富内容，多样形式

和雄健豪迈、节奏明快、优美流畅、飘逸轻盈、委婉哀怨的多彩艺术风格和高超的舞蹈技巧。气魄雄壮宏伟是唐朝健舞和武舞的共同特色。如大型男子群舞《破阵乐》的磅礴气势、雄壮场面；女子单人《剑器舞》那令人眼花缭乱的舞姿与快似闪电的剑影，体现了所向无敌的战斗精神和时代风貌。明快轻捷、急速旋转是唐朝流行的西域舞蹈的特有风格。如《胡腾舞》的腾踏跳跃、《柘枝舞》的机敏轻灵、《胡旋舞》急速旋转等。特别是快节奏的急速旋转作为唐朝舞蹈普遍流行的新颖技巧，在各种健舞、软舞等乐舞中，经常被不同程度采用，对唐朝舞蹈技巧和艺术风格有较大的影响。委婉飘逸的抒情特色，在唐朝软舞的巾舞、袖舞中有充分的体现和发展。

运用腰肢功夫以增加舞蹈表演技巧，在唐朝有很大的成就，见于唐人诗句的有："腰肢一把玉，只恐风吹折"（李群玉诗），"舞筵须拣腰轻女"（白居易诗），"纤腰间长袖，玉佩杂繁缨"（杜牧诗），"鼓催残拍腰身软，汗透罗衣雨点花"（刘禹锡诗）等。轻飘欲仙是唐朝表现神女天仙类舞蹈的鲜明风格。这种风格，在《霓裳羽衣曲》《凌波曲》《菩萨蛮》中有充分的体现。舞女们的舞姿，在音乐的伴奏下，个个犹如仙女下凡，把观众带入仙境之中。正如阙名诗所描绘的那样："霓裳绰约兮，羽衣蹁跹。高舞妙曲兮，似于群仙。"表演哀伤悲痛的舞蹈，在唐朝亦有很大的发展，如《何满子》《雨霖铃》《叹百年》等，"声词哀怨，听之莫不泪下"，"词语凄恻，闻者涕流"。总之，唐朝舞蹈的多种艺术风格和旋转、腾跃、软柔等高难度技巧，是唐朝舞蹈高度发展的重要内容和标志之一。

唐朝的美术，在绘画、书法、雕塑和工艺美术等几个方面，都取得了很大的成就，堪称中国古代的“美术盛世”。在人物画、花鸟画、山水画等方面，唐朝都取得了卓越的成就，超越前人，影响后世。

大型经变是唐朝佛教壁画最为完善且最具时代特点的绘画形式，其著名画家是吴道子。吴道子曾在长安、洛阳的寺观绘制大量宗教壁画，一生绘壁画三百余堵。吴道子在壁画中所绘制的不同人物形象，“奇踪异状”，无一雷同；各具特征，生动传神，受到了后人极为崇高的评价。《广川画跋》评论说：“吴生之画如塑然，隆颊丰鼻，趺目陷脸，非谓引墨浓厚，面目自具，其势有不得不然者。旁见周视盖四面可会意，其笔迹圆细如铜丝萦盘，朱粉厚薄，皆见骨高下，而肉起陷处，此其自有得者。”吴道子在使用不同表现手法时，注意整体画面的和谐统一，从而收到了“天衣飞扬，满壁风动”“下笔有神”的艺术效果。描绘贵仕女生活场面和情景的画家，是唐朝人物画家中的又一重要流派，其代表人物是张萱，他的名作有《捣练图》《虢国夫人游春图》。周昉的《挥扇仕女图》与顾闰中的《韩熙载夜宴图》，皆为深受盛唐仕女图影响而创作出的一代名画。

唐朝的花鸟画家人才辈出，各有特良。例如：冯昭正的花鸟画“尤善鹰鹘鸡雉，尽其形态。嘴眼脚爪，毛彩俱妙”；康萨陀的花鸟画“初花晚叶，变化多端；异兽异禽，千形成状”；殷仲容善画花鸟，“妙得其真，或用墨色如兼五彩”。边鸾画孔雀“翠彩生动，金羽辉灼”；画牡丹“花色红淡，若浥雨疏风，光色艳发”，因而被称为“花鸟冠于代”，张彦远《历代名画记》称他“善画花鸟，精妙之极。至于山花、园蔬，亡不遍写”。

山水画在唐朝亦有长足进步。著名山水画家李思训，系唐宗室，历武后、中宗、玄宗三朝，官至右武卫大将军。《历代名画记》称“其画山水树石，笔格遒劲，湍濑潺湲，云霞缥缈，时睹神仙之事，窅然岩岭之幽”，被称为“国朝山水第一”。唐朝诗人牟融《题李思训山水》，对李思训山水画有如下的描述：“卜筑藏修地自偏，尊前诗酒集群贤。丰岩松暝时藏鹤，一枕秋声夜听泉。风月漫劳酬逸兴，渔樵随处度流年。南州人物依然在，山川幽居胜辋川。”现藏台北故宫博物院的《江帆楼阁图》，气势雄浑，别具特色。

吴道子山水画与李思训山水画风格不同，朱景玄《唐朝名画录》记李、吴二人同作大同殿山水壁画，李思训用数月之功，吴道子画嘉陵山水则一日而成：“吴道玄者，天付劲毫，幼抱神奥，往往于佛寺画壁，纵以怪石崩滩，若可扪酌；又下蜀道写貌山水，由是山水之变始于炅，成于二李。”唐朝绘画艺术高度发展的重要标志之一，是绘画理论体系的日趋完备。唐朝绘画理论著作全书保存至今的有裴孝源的《贞观公私画录》、朱景玄的《唐朝名画录》和张彦远的《历代名画记》。裴氏《贞观公私画录》为绘画的见存著录。朱氏《唐朝名画录》为断代画史著作，在评介画家时分列神、妙、能、逸四个品次。张彦远是晚唐书画理论家，他的《历代名画记》约成书于大中元年（847年），书中提出了“笔”“意”论，提出品评作品的五个等级，对绘画源流、师授、古画特征、山水树石、鉴定、收藏，都提出了自己的独到见解。

唐朝书法艺术在隋代基础上有很大发展。盛唐时期的著名书法家有李邕（678—747年），其一生撰文及书碑八百通，他的行楷对中唐行楷有相当大的影响。而张旭的草书在今草基础上发展成为“狂草”，被称为“草圣”，其作品有《草书古诗四帖》和西安碑林的《肚痛帖》。

颜真卿早年受褚遂良影响，后来拜张旭为师，其书法浑厚圆劲，气度恢宏，结构宽博，被苏轼称为“鲁公书雄雄秀独出，一变古法”，“诗至于杜子美，文至于韩退之，书至于颜鲁公，画至于吴道子，而古今之变，天下之能事毕矣”。颜真卿的传世碑刻墨迹之多为唐朝书法家之冠，如《多宝塔碑》等，不胜枚举。颜真卿之后的唐朝著名书法家，还有中唐时期的怀素和晚唐时期的柳公权。唐朝的书法理论与绘画理论神貌相合，著述甚多，对后世具有重要影响的有唐太宗的《笔法诀》《指意》《论书》，李嗣真的《书后品》，孙过庭的《书谱》，张怀瓘的《书断》。

雕塑艺术，堪称盛唐艺术一绝，主要表现在佛道造像、陵墓雕塑等方面。佛道二教的神像雕刻，自六朝至隋代，已有相当的发展。唐朝高祖、太宗、高宗、武后在位期间，全国各地修建的寺院和佛道造像，多不可计。其中，奉先寺的群像塑造规模最大，超过了龙门所有石窟。当时，出现了不少雕塑佛道神像的能手。绘画大师吴道子，也善于雕塑，并且同自己的绘画具有相国的风格，被称为“吴装”。天宝四年，汴州相国寺造排云阁，阁中文殊、维摩像即是吴道子妆塑。杨惠之是天宝年间著名的雕塑家。他早年曾与吴道子同门学画，由于吴道子在绘画上技法超群，杨惠之便专攻雕塑，在雕塑上有创造性发展，因而当时画工塑匠中间流传着“道子画，惠之塑，夺得僧繇神笔路”。杨惠之一生塑造佛道神像甚多，被称赞为“形模如生”，“精绝殊胜，古无伦比”。有的记载说，塑壁技术和千手千眼佛的制作是由他创始的。洛阳广爱寺楞伽山和五百罗汉像、洛阳北邙山玄元观老君庙泥塑神山，都是杨惠之塑造。杨惠之在寺庙中所塑造的佛道神像，后来在民间寺庙中广为效法流传，影响深远。

敦煌莫高窟的佛像造像，人体结构和形体特征独具特色，手法更加细腻，善于表现人物性格和内心世界，含蓄优美，形成了特有的艺术风格。莫高窟第328窟的彩塑群像，姿态各异，于整体对称中求得变化。菩萨纤巧的手势与微妙的面部表情、优美的体态，表现出菩萨的精神状态。群像整体中的人物，迦叶正立合掌，阿难袖手斜视；前者和善，后者文静。菩萨的冥想与虔诚，都是在释迦牟尼向弟子说法这一情景下不同人物的不同表现。

莫高窟第130窟的倚坐佛像（俗称南大像），高达26米，第96窟倚坐大佛，高达33米。而开元年间兴造的乐山大佛高36丈。气势恢宏，是世界现存最大的佛像。唐朝皇帝陵墓石雕，内容十分丰富。今日所能见到的实物，有昭陵“六骏”浮雕，乾陵的石雕有侍臣10对、藩王像6上躯、华表1对、翼马1对、鸵鸟1对、鞍马5对，其塑造规模之大和数量之多，在唐朝陵墓中首屈一指。乾陵石蹲狮，头大体壮，卷鬣突目。神态威武，用写实手法雕造而成。石雕行列之首的翼马，高317米，长280米，立于双重基座之上，大有“昭陵六骏”的雄风。翼马的肩项浮雕，双翼作卷云纹饰，使形象更为生动。乾陵翼马寓有吉庆祥瑞的象征，唐朝乾照之后陵墓大多有翼马，并成为唐陵神兽雕刻的基本题材之一。武则天为生母扩建陵墓，增设石刻，有保存下来的“天鹿”，风格与翼马相似。天鹿兽身写实，头似鹿，顶生一角，足似马蹄，尾长大，双肩生翼。此外，顺陵朱雀门前有封走狮，体高305米，长345米，由整块石灰岩雕成。石狮静而待发、动作含蓄的走势，张口的吼状，表现了石狮威猛的雄风，形象十分生动。

唐朝开元年间工艺美术的成就，内容十分丰富，最具特色的有陶瓷类的唐三彩工艺，染织类的织绵工艺，夹缬、蜡缬、绞缬工艺以及金银器工艺、漆器工艺、玉雕、牙雕与石雕工艺等。

第六章 睦邻政策安外邦　远国交流彰盛况

开元时期，唐玄宗秉承太宗时期睦邻友好的对外政策和各民族平等政策，并且允许汉藩通婚。同时，唐玄宗还开辟道路，远交外邦，使得唐朝和世界各国在经济、文化等方面都有广泛的交流，也使得唐朝在世界上的影响力更加深远。

对等政策，互相往来

唐玄宗依贞观故事治国，继续执行唐太宗对“中华”与“夷狄”“爱之如一”的民族政策，把姚崇《十事要疏》中的“不幸边功”奉为开元新政中治国方针的重要原则之一，对边境地区的少数民族实行民族对等的政策。在开元年间的近30年中，唐朝对边境少数民族政权，除不得已动用武力抵制其骚扰，很少有主动发起武力征讨，更不必说是大规模的战争。对于主动归附或武力征服的少数民族地区，唐王朝执行少数民族区羁縻州的政策。到天宝年间。唐朝边境地区的羁縻州已多达856个。原少数民族的首领，仍担任着羁縻州都督、刺史的职务，与唐王朝中央政府保持着良好的隶属关系，而且不向朝廷缴纳赋税。

唐王朝执行民族对等政策，体现在政治、经济、军事和文化等诸多方面。首先，少数民族首领或少数民族出身人物被允许参与国家政权并担任重要职务。

宇文融，祖先为匈奴人。为唐玄宗检括户口有功，官至黄门侍郎、同中书门下平章事，位列宰相。源乾曜，祖先为鲜卑人，开元初年位列宰相。开元年间担任国家中央与地方重要文武官职的还有李光弼，契丹人，天宝末年任节度使，天下兵马副元帅。哥舒翰，突厥人，天宝元年任陇右道营田大使，天宝十二年任河西节度使。安史之乱爆发后任兵马副元帅，

宇文融画像

守卫潼关。高仙芝，高丽人，开元末年任安西副都护，后任安西节度使；安禄山范阳举兵造反，曾以副元帅职务出征。安禄山，父康国人，母突厥人；深受唐玄宗宠幸，身兼平卢、范阳、河东三镇节度使，有士众15万人；于天宝下四年举兵反叛。史思明，突厥人，官至平卢兵马使，与安禄山一同举兵反叛。王忠礼，高丽人，曾任河东节度使。仆固怀恩，铁勒族人，玄宗时曾任陇右节度使，因讨伐安禄山收复两京有功，官至尚书左仆射兼中书令、朔方节度使。王武俊，奚族人，开元年间任裨将，后来升任卢龙节度使。王廷凑，回纥阿布忠族人，曾任成德节度使。李国昌，沙陀族人，曾任代北节度使。尉迟胜，于阗人，曾任右威卫将军、骠骑大将军。尚可孤，鲜卑族人，天宝末年任左威卫夫将军。王毛仲，高丽人，官至辅国大将军。高力士作为唐玄宗在位期间握有大权的宦官，原是蛮族冯盎之曾孙，开元年间任右监门将军、知内侍省事。

这种民族和睦共事的盛况，在其他以汉族人为最高统治者的封建朝代并不多见。

不仅如此，唐玄宗时期，边疆地区少数民族政权与唐王朝之间有着频繁的朝聘往来。朝贡作为对唐王朝隶属关系的一种确认，当然要向唐朝进献本地的土特产品作为贡品；另一方面，唐王朝对前来进贡的使者，总是给予友好的接待和礼遇，特别是以中原的特产作为回赠。这在某种程度上体现着民族平等的关系。进贡与回赠，实际上成了双方贸易的一种形式，并不是经济上的掠夺与榨取。唐王朝的朝廷并不向羁縻州征收赋税，更可以说明这一点。

在唐王朝与边疆少数民族政权的朝聘关系中，唐与渤海的关系具有一定的代表性。渤海是唐王朝在东北地区建立的忽汗州都督府，又称渤海都督府，是一个以靺鞨粟末为主体的多民族国家。渤海与唐既有着中央政权与地方政权的关系，又有着宗主与藩属的关系。渤海须接受所在边州（先是平卢节度使，后改平卢淄青节度使）的统领，忠于唐朝；唐朝又向渤海派出“长史”，作为渤海王的助手，参与对这一地区的统治管理。渤海王在境内有权按本民族的传统方式进行统治，唐朝廷不予干涉。先天二年（713年），渤海王大祚荣接受唐朝册封，被封为左骁卫员外大将军、渤海郡王、忽汗州都督。从此之后，渤海与唐一直保持着非常友好的密切往来：每当老王去世、新王嗣立，都要向唐朝遣使“告哀”；同时请求册封，唐朝亦派使者携诏书至渤海吊祭和册立。这种友好关系，被唐朝诗人概括为“疆里虽重海，车书本一家”。

唐与渤海之间往来频繁，见于记载的有132次。据金毓黻《渤海国志长编》统计，渤海向唐朝进贡的土特产品有兽类、禽类、水产品、药品、金属类等42种；唐朝向渤海回赠的礼品有农产品、纺织品和金银器皿等。唐王朝与边疆少数民族之间的朝聘关系，在唐与渤海之间的朝聘关系中可见一斑。

不仅如此，唐朝与南诏之间也有着频繁的往来。开元二十六年（738年）九月，皮逻阁在唐政府的支持下统一六诏。次年，徙居太和城，定为国都。

唐朝时，西南地区的皮逻阁把西洱河作为基地，带领奴隶主，并将其他少数民族奴隶主联合在一起，建立了少数民族政权南诏，依附于唐。南诏王姓蒙，始祖名舍龙，从哀牢迁成蒙舍用，世代都在唐朝为官。吐蕃将势力扩张到洱海地区后，唐采用了支持南诏的策略，以遏制吐蕃在该地的势力发展。

开元元年（713年），唐玄宗封皮逻阁为台登郡王。开元二十五年（737年），在唐的支持下皮逻阁打败了河蛮。开元二十六年（738年），皮逻阁被唐封为云南王，赐名蒙归义。开元二十七年（739年），皮逻阁迁到太和城，定为国都，逐步建立完善了各种体制，南诏政权正式确立。南诏政权是一个奴隶制地方政权，所辖区域的中心在今云南西部大理自治州一带。南诏社会由奴隶主、奴隶、平民和部落百姓组成。战俘是奴隶的一个重要来源。史书记载，被俘的汉人郭仲翔给南诏人做奴隶，白天干活，晚上被关起来，曾被转卖三次。南诏的奴隶，一般从事农业，称为“佃人”。

在政治上南诏有较为完备的制度，大致上是仿效唐朝，继承王位要经过唐政府的册封。南诏王自细奴罗至舜化贞共十三王，历时二百四十七年，其中经唐政府册封的有十个王。南诏王之下各种政府的职官有清平官、酋望和大军将，其中相当于唐宰相之位的清平官，主理朝政国事；与清平官等列的是大军将，参与议定国事，到地方治军则为节度，下设六曹。9世纪以后，由于生产发展，社会生产力增强，南诏经济出现繁荣景象，其政治制度也有了相应的变革，“六曹”被扩为“九爽”。由清平官、酋望或大军将兼任这些部门的首领。九爽之上设有类似唐中央尚书省长官的督爽总领。

南诏政权对其辖内各族人民实行军事统治。地方各府的主将同时又是地方行政长官和奴隶生产的总监督。自由民则实行军事编组，几百户有一总佐，千户有一治民官，万户有都督一个。每个壮丁都要服兵役，称为“乡兵”，其中被选出勇敢善战的称“罗苴子”。南诏王和大军将的卫队成员就是从罗苴子中选出的，称为“负排”。每逢农闲时要集中训练，根据所居远近分为四军，各守一方。有战争时，文书下到村邑治国官手中，壮丁要被征召从军。国家不提供后勤物资，军队所需靠的是出境之后的抢掠。南诏的刑罚大致有三种：杖刑、徒刑和死刑。杖刑自五十至杖死；徒刑则被押往“丽水瘴地”；死刑可以用钱赎，改为徒刑。

南诏统治中心地带的农业、手工业非常发达，商业繁荣，畜牧业的发展也不错。投字是南诏所通用的文字，许多钟铭、石碑、佛经和砖瓦，均用汉字书写。在雕刻、建筑方面，南诏亦有很高的水平。宗教方面，南诏人信仰的是天师道，这是一种由五斗米教发展而来的宗教。由于南诏是在唐政府的扶持下建立国家的，所以立国后就接受了唐的册封，确立了对唐的依附关系。因此，南诏在政治、经济、文化等方面与内地汉族的关系十分密切，这种关系有利于双方的发展。

汉藩通婚，和睦相处

唐玄宗开元年间，汉族与边疆少数民族之间的通婚，由于统治阶级奉行“和亲”政策，上至皇室、贵族，下及平民百姓，多见于文献记载。皇族与少数民族首领之间的通婚，见于记载的有：

开元元年（713年）八月，“丙辰，突厥可汗默啜遣其子杨我支来求婚。丁巳，许以蜀王女南和县主妻之”。开元二年（714年），唐玄宗封奚族首领李大酺为饶乐郡王，以李大酺为左金吾卫大将军、饶乐都督，“诏宗室出女辛为固安公主，妻大酺”。开元四年（716年），唐玄宗以契丹首领李失活为松漠府都督，封松漠郡王，授左金吾卫大将军，“以东平主外孙杨元嗣女为永乐公主，妻失活。”开元十年（722年）十二月庚子，“以十姓可汗阿史那怀道女为交河公主，嫁突骑施可汗苏禄”。同年，唐玄宗以契丹王郁于为松漠郡王，“以宗室所出女慕容为燕郡公主妻之”。开元十四年（726年），“正月，癸未，更立契丹松漠王李邵固为广化王，奚饶乐王李鲁苏为奉诚王。以上从甥陈氏为东华公主，妻邵固；以成安公主之女韦氏为东光公主，妻鲁苏”。其中，具体情节是这样的：

开元元年（713年）八月，默啜可汗派子杨我支又来唐求婚，李隆基应允以蜀王的女儿南和公主下嫁。但开元二年（714年）二月，默啜可汗却派子同俄和妹夫石阿失毕率精锐骑兵包围北庭都护府。同俄恃勇单骑远出，进逼城下叫阵，被守城将郭虔瓘埋伏在道旁佝伏兵突然冲出来斩首。石阿失毕请用全军所带的财产粮食赎回同俄，后知已死，恸哭而去，但怕默啜可汗治罪不敢回归，于是携带妻子降唐。默啜可汗于武则天执政年间收服了东郡的奚和契丹，景云中又灭了西部的突骑施，白颉利可汗后最为强盛。但他自恃军力强大，残暴虐众，年老后昏暴更甚，众叛亲离。开元二年（714年）九月，葛逻禄等部至凉州降唐。十月，东突厥十姓胡禄屋等部至北庭归降唐。开元三年（715年）二月，东突厥十姓婿高文简和陕跌思泰等陆续降唐，前后共计万余户，玄宗命全部安置在河南，并于四月任命薛讷为凉州镇大总管，驻扎凉州的郭虏瑾为朔州镇大总管，居并州，整兵以备默啜可汗。

面对内部危机，默啜可汗一方面向唐屡次求亲以缓和与唐的关系，另一方面则加紧镇压反叛部落。而唐既答应和亲麻痹敌方，又积极支持叛离默啜可汗的部落，降唐的酋长们授以官爵，并派兵助他们叛乱。就在四月，默啜可汗发兵击葛逻棘、胡禄屋、鼠尼施等，玄宗令北庭守将汤嘉惠等发兵相助。

开元四年（716年），默啜可汗出兵漠北征讨回纥拔曳固部，在独乐水大获全胜。但默啜可汗恃胜骄傲轻敌，行军不设警戒，忽遇拔曳固败逃的战士颉质略突然从柳林冲出，将默啜可汗斩首。东突厥全军惊呆，颉质略乘机迅速奔驰而去。恰逢唐郝灵荃奉命出使东突厥，颉质略将默啜可汗首级奉献，一同回唐。玄宗令把他首级悬于大街示众，时在是年六月二十九日。与此同时，漠北拔曳固、回纥、同罗、菩、仆骨五部和东北的奚、契丹都归顺了唐朝。

默啜可汗死后，骨咄禄子阙特勒杀默啜可汗的儿子及亲信，立兄默棘连，称毗伽可汗，自己做左贤王，专掌兵马，以暾欲谷为谋主。当时暾欲谷已七十余岁，足智多谋，东突厥人很信服他。八月，在河南的东突厥降户知毗伽可汗待人仁和友好，又多次叛唐逃归。并州守将王晙上奏道：“东突厥以前因国家丧乱，故来降唐，若彼处安宁，必复叛走。今置河南，难制住他们，不仅经常兴兵剽掠，还充河北东突厥间谍。日月越久，奸诈越深，虏骑南班，必为内应，将成大患。愿在秋冬之交，将这些人全部集中起来。晓以利害，给其资粮，迁居内地，二十年后，渐变旧俗，皆成我劲兵，虽一时比较费力，然永久安逸。前贞观年间曾置东尧嘛降户于河南，平安无事，夸为何生疑？这是因为事情虽然相同，时机却不同。那时颉利败亡，降户无复异心，故能平安无变。今毗伽尚存，降户有的畏其成，有的怀其惠，有的是他的亲属，岂愿长期降我？以臣愚见，徙居内地，上策。多屯士马，严加防备，华夷相沓，人劳费广，次策不像今日不加变更。愿陛下仔细考虑这三策，择利而行，荏迁延泔，黄河冰封，恐必生变。”此表章还没批复，东突厥降户跌思泰、阿悉烂已叛。原来，东突厥户先前降唐时，单于副都护张知远把他们的武器全部没收，才令南渡黄河，这引起降户怨恨。后御使中丞姜晦到河南巡边，降户纷纷诉巍澧有弓箭，不能射猎，姜晦又令归还。降户得到武器后不久就叛归。十月，张知远没有准备，仓促之中与东突厥叛归降户战于青刚岭，兵败被抓起来了。降户想把张知远献给毗伽，于是押着他行进，但到静绥州境，遭唐将郭知途截击而大败，遂丢弃张知远障逃到黑山呼延谷。毗伽可汗得到跌思泰、阿悉烂等后，想南下到唐侵掠。暾欲谷劝阻道：“唐主英武，民和年丰，无隙可乘，不可躁动。我众新集，力尚疲羸，应当息养数年，才可观变而举。”毗伽可汗又要筑城，并建立寺庙。暾欲谷又劝阻道：“东突厥人众稀少，不及唐百分之一，能与之为敌的原因，正因随逐水草，没有固定的住处，射猎为业，人皆习武，强则进兵抄掠，弱则到山林中隐藏起来，唐兵虽多，无计可施。若筑城而居，变更习俗，一朝失利，必为所灭。另释、老之珐，教人仁弱，不是用武力来争胜，不可崇尚。”毗伽可汗因而放弃这一想法。

开元六年（718年）正月，毗伽可汗采纳暾欲谷的策略，遣使来唐请和，得到应允，北境暂时无事。但开元八年（720年）六月，唐朔方守将王晙杀了一些东突厥人。当时，还有一部分未叛唐的东突厥唆跌部落降户和仆固都督散居受降城两侧。羽磕说这些人暗中勾引东突厥，阴谋攻进受降城，秘密奏请诛杀。遂诱唆跌等八百余人宴于受降城，埋伏了军队将他们全部杀害。这在北方各部族中引起极大震动，原降唐的拔曳固、同罗诸部居大同军、横野军左右，听此消息后惊恐不安。驻守并州的张说连忙到这两部去抚慰，他只带二十随从，夜间就住在那里。部下李宪恐出意外，派人快马送信劝回。张说回书答道："我肉非黄羊肉，不害怕人吃。我血非野马血，不害怕人喝。士应舍身报国，正在今日。"拔曳固、同罗见张说这样赤诚，众心才安。

不久，王晙又奏请西发拔悉密，东调奚，契丹，约定秋季至稽落水一起攻击毗伽可汗牙帐。毗伽可汗得此信息，大惊失色。暾欲谷说："这不可怕。拔悉密西居北庭，与东面的奚、契丹距离太远，无法相互支援。王晙统领的朔方兵预计也不能来此地；就算来，待其将至，迁牙帐北行三日，唐兵粮尽自退。拔悉密贪利轻动，得王晙之约必喜而先至。况且王晙与宰相张嘉贞不和，王晙奏请一般得不到批准，定不敢贸然出兵。王晙兵不到，而只有拔悉密的兵士前来，击败他易如反掌。"

不出暾欲谷所料，拔悉密果然发兵逼近东突厥牙帐，而朔方及奚、契丹兵未至，拔悉密孤立无援，恐惧撤退。毗伽可汗要挥军进攻，暾欲谷说："这些人离家千里，存这时进攻，必将死战，以求复生。不如率兵尾随其后，见机行事。"当离北庭二百里时，暾欲谷分兵一支抄小路乘虚先攻陷北庭，随即纵兵进击拔悉密返回的军队，拔悉密大败，溃兵逃窜北庭，但老巢已失，都被东突厥俘虏。

十一月，暾欲谷引兵从北庭得胜归来，出赤亭向东，掠凉州羊马。唐河西节度使杨敬述派部将卢公利、元澄中途邀击，暾欲谷笑道："我乘胜而来，势不可当，杨敬述若守城保护自己，即与讲和，但他敢出兵，破之无疑。”卢公利等率兵往西门进军契丹，正遇上东突厥军。元澄令兵挽袖满弓西向，时值隆冬，又恰逢风雪裂骨之寒，兵士手皆冻僵，弓矢纷纷掉到地上。暾欲谷挥军进击，唐军大败，只有卢公利、元澄侥幸逃回。之后，东突厥进攻甘州、凉州，掠羊马数万而去。毗伽由此军威大振。

由于开元年间唐国势强盛，毗伽可汗难以与唐朝抗衡，因此对唐基本采取了请亲求和政策。开元九年（721年）二月，毗伽可汗派使来唐求和，玄宗赐书道：“想当初国家与东突厥和亲交好之时，华夷安逸，甲兵休息，国家买东突厥羊马，东突厥获国家缯帛，对双方都有好处。自数十年来，不像旧时，正因默啜可汗无信，口和心叛，数出盗兵寇掠边境，人神共愤，身死丧头。什么是祸，什么是福，都为可汗亲见。今你复蹈前迹，袭我甘、凉，又派使者前来求和。国家如天之广大、海之容量，但看今后，不追往咎，可汗如有诚意，则可保证无穷之福；否则，不要派使者徒劳往复。若胆敢侵扰，我自有主张。你要三思而行。”

开元十二年（724年）七月，毗伽可汗派臣哥解颉利发来唐求亲，玄宗借口使者职轻没有答应而给了很多赏赐遣回。开元十三年（725年），玄宗东巡泰山封禅，恐东突厥乘机入寇。裴光庭谏言：“四夷之中，东突厥最大，以前屡求和亲，而朝廷未应允。今派一使者，要求他们派大臣随从封禅泰山。他必欣然奉命。东突厥一来，戎狄酋长就都会来，这样可无忧了。”玄宗于是派袁振到东突厥传达旨意。毗伽可汗，阙特勒、暾欲谷环坐帐中，设宴招待，问道：“吐蕃能娶唐公主，奚、契丹本是东突厥奴，也能娶唐公主，但我们前后求婚独不许，这是什么原因？而且我们也知入蕃公主皆非天子女，现在又不会问真伪，但屡请不准，实羞见诸蕃。”其实，玄宗不答应，正在于四夷之中，突厥最强，深恐他娶唐公主后再借大唐声威，降服四夷，势力更盛，对唐构成强大威胁。袁振不便明言，只一再应允要替他们奏请皇上，毗伽可汗遂派部下阿史德颉利发入贡，并随从东巡护驾。阿史德颉利发辞归时，玄宗仍只给了他很少的赏赐，没有应允婚事。

开元十四年（726年），唐在定、恒、莫、易、沧五州置军，防备东突厥。毗伽可汗和好唐的政策是真诚的。开元十五年（727年），吐蕃要偷袭瓜州，送信给毗伽可汗，约他一起来策划攻唐，但毗伽可汗随即派大臣入贡，献名马三十匹，还献上吐蕃的书信。玄宗大为赞赏，设宴款待，厚加赏赐，并令人在西受降城设立定点市场，每年以数十万匹绢帛购买东突厥马匹。东突厥获唐绢帛后再卖给西方，从中获利丰厚。而唐得东突厥良马，不仅可充实骑兵，增强军队的实力，更重要的是作为种马，通过改良马种而使国马益壮。

唐与东突厥此后一直和平相处。开元十九年（731年）三月，东突厥左贤王去世，玄宗令张去逸、吕向奉玺书前往吊祭，而且为之立碑，上刻玄宗亲自撰写的碑文；还为之立庙，派技艺高超的六名艺师，用石头雕像，四壁绘画左贤王战阵图状。东突厥从未见过这样精美逼真的石像，至使毗伽可汗每见必悲泣。

毗伽可汗连连请娶公主，终于获得答应，开元二十二年（734年）四月，毗伽可汗派使者哥解栗必来谢恩，并定婚期。但十二月，毗伽可汗被下毒，药发暂未死，后身亡，子伊然可汗继位。玄宗闻讯，为之举哀，并派李俭前往吊祭，建立碑庙，由唐史官李融撰定碑文，同时册封伊然为可汗。但不久伊然病死，又立伊然弟，封为登利可汗。开元二十四年（736

年）正月，登利可汗派使者伊难如入朝，献贡品，并祝贺说："拜天可汗就像拜天，今新岁正月，愿阻万寿献天子。"

登利可汗年幼，母婆匐是暾欲谷之女，和大臣斯达干通奸，干涉国政，各部不服。此外，登利两位堂叔父分掌兵马，号左右杀（突厥可汗亲属分掌东西兵的称东西杀，也称左右杀），登利不满左右杀专权，与母密谋，诱斩右杀，夺回兵权。开元二十九年（741年）七月，左杀制阙特勒率兵杀死登利，立毗伽可汗子；却被骨咄叶护所杀，改立其弟。不久又杀掉骨咄叶护自己为可汗。

天宝元年（742年）八月，东突厥拔悉密、回纥、葛逻禄三部共同攻杀骨咄叶护，推拔悉密酋长为颉跌伊施可汗，回纥、葛逻禄自为左右叶护。东突厥其余部众共立制阙特勒的儿子为乌苏米施可汗，让乌苏儿子为两杀。玄宗命乌苏内附，乌苏不答应。唐朔方节度使王忠嗣驻扎大量军队盛兵屯于碛口相威胁。乌苏惮于兵势，表面归降而拖延不朝。王忠嗣知其诈，派使者说拔悉密、回纥、葛逻禄发兵进攻，乌苏败逃。王忠嗣在这时出击，取东突厥右厢（即右杀所辖部）而归。十五日，东突厥西叶护阿布思及西杀葛腊哆、默啜可汗孙勃德支、伊然小妻、登利可汗三女率部众陆续降唐，东突厥从此衰弱。九月初三，玄宗在兴庆宫花萼楼设宴款待降服的东突厥，给了很多赏赐。

天宝三年（744年）八月，拔悉密攻斩东突厥乌苏米施可汗，把首级送到京师。东突厥一部分立乌苏弟为白眉可汗，另一部分推拔悉密为可汗，东突顺内部大乱。玄宗令王忠嗣熏乱用兵出击，到达萨河内山，破东突厥左厢阿波选干等十一部，独右厢尚未攻下。而回纥、葛逻禄又共同攻杀拔悉密颉跌伊施可汗，回纥骨力裴罗自立为可汗，派使入唐，唐封他为

怀仁可汗。于是怀仁可汗南据东突厥故地，立牙帐于乌德犍山，统药逻葛等九姓，后又吞拔悉密、葛逻禄等十一部。天宝四年（745年）正月，怀仁可汗杀死东突厥白眉可汗，将首级送到长安。随后，东突厥毗伽可汗的妻子也率众降唐，被封为宾国夫人，每年给粉脂钱二十万。东突厥至此灭亡。唐北境于是平静下来，之后，回纥崛起于东突厥故地。

据文献所载，开元年间在长安、洛阳、扬州、广州等大工商业城市定居并以从事商业的少数民族商人特别是西域商人，人数数以千计。他们中有不少人同汉族女子结婚生子。至于迁居于内地或京城与汉族杂居的少数民族的平民百姓，与汉族通婚的更是不胜枚举。总之，唐王朝主要是盛唐时期，实行汉藩通婚的自由政策和开元年间汉藩各族大量通婚的事实，生动地反映了汉族与少数民族的民族和睦，从这个侧面，使我们看到盛唐社会具有相当的开放性与包容性。

民族的和睦相处，必然带来经济文化的大交流。由唐太宗开创、玄宗推行的民族和睦政策，以及开元年间的国力强盛和疆域辽阔，使得汉族与边疆少数民族的经济文化交流，继贞观、永徽之后，达到鼎盛时期。汉族与少数民族的文化也有着广泛的交流。曹氏家族的曹保、曹善才、曹纲祖孙三代，源出西域昭武九姓曹国，后居长安，是曲项琵琶演奏大师。裴兴奴，与曹刚齐名的琵琶演奏大师，疏勒人。曹刚善于运拨，力若风雷；裴兴奴善于拢捻，故人称“曹刚有右手，兴奴有左手”。白明达，著名乐工，龟兹族人。康萨诧，著名画家，于阗人。尉迟乙僧，著名画家，善画外国画及佛像，于阗人。唐朝的乐舞受西域影响之大，自不待言；既或是绘画，受西域文明的影响也是很大的。

开辟道路，远交外邦

在唐朝的中外经济文化交流中，形成了南北的海陆两大国际都市广州和长安。而长安作为陆路交通的国际都市，实为当时亚洲文明的中心、东西文化交融的胜地。

长安是唐王朝的国都，也是外侨聚居的国际大都市。各国的外交使团，是长安外籍人员的重要组成部分。当8世纪下半叶吐蕃占领河西、陇右时，中西交通被切断，居于长安的使团人数多达4000人。当时的外籍人员，有不少人入宫廷担任侍卫，如吐火罗（阿富汗的巴尔克）、护密（阿富汗的瓦汗）、小勃律（克什米尔的吉尔吉特）、拔汗那的贵族相继入宫廷担任侍卫。此外，波斯国的王储，曾流落寓居长安。波斯被阿拉伯灭亡，末代国王被杀，王子卑路斯逃奔吐火罗，于673年来到长安，被委任右武卫将军。卑路斯死后，他的儿子泥涅斯于679年被唐朝送到碎叶，客居吐火罗20年，后来又回到长安，直到病死。当时，常驻长安的各国外交使团中的官员、学者和专门人才，同中国的官员、僧侣、文人相互交往，建立友谊，这对于中外文化的交流起到了重大的作用。各国来唐朝留学的学生，是长安城中外籍人员的又一重要组成部分，日本、新罗、高丽、百济、高昌和吐蕃来华的留学生有8000人之多。

外交使团官员与工作人员、来自各国的入宫侍卫人员和各国留学生，在促进中外文化交流方面发挥了骨干作用，中外文化交流的成就，是同他们的活动密不可分的。各国来唐的僧侣和宗教界人士，是长安外籍人员的另一重要组成部分。当时的长安，不仅成了亚洲的佛学中心，也是各国僧侣、宗教界人士造访与会聚的都市。当时，玄奘、义净在长安先后主持译场，利用收藏的大量梵文原本，校勘、翻译佛教经论。参与这项上作的有印度、克什米尔、吐火罗、康国和何国的高僧，其中有南印度的菩提流志、中印度的地婆诃罗、善无畏、南印度的金刚智及其弟子北天竺人不空、康国的法藏等著名高僧。玄奘时期的弘福寺、兹恩寺和义净时期的大荐福寺，云聚着一大批著名的中外高僧在这里翻译佛经，表明亚洲的佛学中心已由中印度的那烂陀寺转移到长安的著名佛寺，长安已成为亚洲的佛学中心。除著名佛寺外，长安还有大秦寺（景教）、波斯寺（祆教）、穆护寺（摩尼教）。这些外来宗教是同各国外交使团、商人、文人、艺人一道传入中国的。唐政府允许各国在长安设立庙宇，自由传教，中外信徒皆有。音乐、舞蹈、美术方面的外国和西域的著名乐师、艺人，数量很多。其中，有许多是著名的大师。

南方的广州作为唐朝海外贸易的中心，是唐王朝的第二大国际都市，从广州驶出和驶入港口的，有印度、波斯、斯里兰卡和东南亚的船只，中国的船只也从这里驶往印度、阿拉伯等地。这里云聚着各国的商人，到8世纪末，侨民多达12万以上。来自海外各国的香木、香脂、棉布、药材、珍珠、珊瑚、犀牙、玻璃等物，由广州进口后销往内地。中国的瓷器、丝织品、茶叶乃至于纸张、印刷品，也从广州运往海外各国，传入阿拉伯乃至于非洲、欧洲。总之，广州作为唐王朝南方港口城市，是中外文化交流最大的一个窗口，是一个名副其实的国际都市。唐朝的中外文化交流及其所取得的成就，同长安、广州两大国际都市所起的特殊作用是分不开的。

唐朝的对外交通线路，可谓四通八达。贾耽所著《古今郡国县道四夷述》，对此有详细著录。《新唐书·地理志》曾记载七条对外交通要道。其中，营州（今辽宁朝阳）入安东道与安西（今新疆库车）入西域，分别是丝绸之路的东西二端。这条线路东起朝鲜平壤，经营州、云中（今山西大同）、夏州（今陕西横山），到达新疆西州（今新疆吐鲁番东南），然后进入中亚细亚。安西—西域道对外交通线路，分南北二路：北道由交河（今新疆吐鲁番北五公里处有交河城故址）至碎叶城（今吉尔吉斯斯坦北部边境的托克马克）；南道由西州（今吐鲁番东南）至怛逻斯（今哈萨克斯坦东南部边境的江布尔城）。碎叶城是初唐安西四镇之一，为唐朝最西的军事重镇，地处中亚与天山南北二路之间的交通要冲，同葱岭以东的疏勒、于阗分扼内地通往西域的北（天山北麓）、中（天山南麓北线）、南（天山南麓南线）三线。而碎叶城西南的怛逻斯，实为当时的一座国际城市，它西南经石国（今乌兹别克斯坦塔什干）、康国（今乌兹别克斯坦撒马尔罕），往南抵达阿姆河南岸的吐火罗（今阿富汗北郡），可通往印度。由康国而西，经安国（今乌兹别克斯坦布哈拉一带），可以到达今伊拉克的巴格达。由巴格达可以把“丝绸之路”和阿拉伯交通干线相连接，通往拜占庭帝国的君士坦丁堡、沙兰国（今巴勒斯坦的耶路撒冷）以及通往非洲的尼罗河三角洲。盛唐时期“丝绸之路”的北、中、南三线，北线可达拜占庭，出地中海；中线可越葱岭抵达波斯；南线可越葱岭抵达北印度。

安南天竺道对外交通线路，起自安南都护府交趾（今越南河内附近），经太平、峰州（今越南山西），溯红河而上，经古涌步（今云南曼耗）到达龙武州（今云南建水），然后出安南境，进入剑南道辖境，经曲江、通海、江川到柘东城（今云南昆明），往西接中印缅道。中印缅道北起四川成都，经会理、姚安到达羊苴城（今云南大理），抵达永昌郡（今云南保山北50里），渡过怒江，翻越高黎贡山到达腾冲附近的诸葛亮城；然后分西路和西南路进入缅甸、印度。西南路由诸葛亮城出发是唐朝中印缅的主要交通线，渡过缅甸伊洛瓦底江，可抵达印度东北阿萨密的迦摩缕渡国，抵达今印度的哈斯坦。西路由诸葛亮城出发西行，在今缅甸密支那附近的丽水城渡过伊洛瓦底江，经孟拱到印度曼尼坡，再翻越巴勒尔岭，到达迦摩缕波国境内，与西南路会合。然后沿恒河南岸到达当时中印度的摩揭陀国。在唐朝，安南—天竺道是中国西南地区同东南亚越南、缅甸、印度的交通要道。

广州海道是唐朝海上的重要交通路线之一。据贾耽对中国帆船远航海外的记载：海船利用十一、十二月的季风从广州起航，经越南占婆岛（今越南东二百里海岛）直抵海峡（马六甲海峡），沿苏门答腊出十度海峡，经达狮子国（今斯里兰卡）北部摩诃帝多港（今曼泰）、莫来国（今印度西南海岸的奎隆）、拔风国（今印度孟买），西航至达弗利剌河（今幼发拉底河）到达末罗国（今巴士拉）。从广州至波斯湾，除停船时间不计外，全程需89天。待来年五月，航船利用季风由波斯湾启程返回广州。此航线的中心是狮子国。在贾耽所记载的航程中，还有一条从波斯湾沿东非海岸航至三兰国的航线，这应是中国帆船所传导的中国文化的最大半径。

通往日本的航线有“北路”和“南路”两条，往往是用冬春的东北信风和夏秋的西南信风。日本的遣唐使来中国，大多走北线，从难波三津浦（今大阪南区三津寺）起航，沿濑户内海西航，在北九州的筑紫夫津浦

（今博多）停泊。从这里西航，始有南线与北线之分。北线经壱岐岛、对马岛，沿朝鲜南海岸西行，在朝鲜仁川港附近横渡黄海到达辽东半岛，再渡过渤海到达山东半岛，或在仁川港附近横渡黄海直达山东半岛登州的文登登陆。南线由博多，经九州西北的平户岛、值嘉岛，横渡东海直航长江口到达扬州或者抵达明州（今浙江宁波）。

在唐朝与日本的文化交流中，日本派往唐朝的“遣唐使”团，特别是其中的留学生和学问僧为中日文化交流做出了重要的贡献。由唐朝前往日本的文化使者，如音韵学家袁晋卿和鉴真和尚，为传播唐文化和佛教文化，影响重大而深远。而中日文化交流在唐朝所取得的重大成就，是同当时两国的国情和基本国策联系在一起的。

唐玄宗开元、天宝年间，有3次“遣唐使”来华。唐玄宗在位期间接待的三次遣唐使团，第一次在开元五年（717年）三月，成员中有著名留学生阿倍仲麻吕、吉备真备等人，唐玄宗“命通事舍人就鸿胪宣慰”。第二次在开元二十一年（733年）四月，多治比广成率第十次遣唐使团来唐，途遇风浪，唐玄宗派通事舍人韦景先往苏州宣慰；次年，唐玄宗在洛阳接见遣唐使团成员。第三次在天宝十一年（752年），日本派出了第十一次遣唐使团，次年正月初，唐玄宗在大明宫含元殿接见了使团。日本留学生来庸人国子、太学、四门学习，归国的留学生和学问僧归国时所带回的物品主要是包括经、史、子、集四部的各种书籍、文集和佛道经卷、佛像、佛画、佛具等；这些留学生归国后有的还担任政府要职。正是这些归国的留学生、学问僧在日本传播唐文化起到了重要的作用。第九次遣唐使团中的著名学者朝衡即阿倍仲麻吕（708—770年）来唐后入太学学习，成绩优秀，参加科举中进士，然后在唐政府先后担任多种官职，官至秘书监（从三品），同著名诗人王维、李白等有交往；死于中国，一生为中日友好事业做出了很多贡献。与朝衡一同来唐留学的吉备真备，在唐学习17年；归国时带回《唐礼》《大衍历经》《乐书要录》等书籍及铜律管、测影铁尺等；归国后为皇太子讲授《礼记》《汉书》；传授唐朝律令和历法。后来，他在政府中担任大宰大贰、右大臣等要职，又创造片假名，制定和文楷书字母，开创日本文字，贡献甚大。日本大化革新期间的大和朝廷，仿照唐朝的三省六部制度，设立二宫八省制，在政治、经济、教育等各项制度上全面仿效唐朝。这一期间，唐文化在日本社会生活乃至于风俗习惯方面，均有很大的影响。唐朝佛教六宗均传入日本，其中三论宗与法相宗名师辈出。这些名师，大多是入唐求法的一代名僧。

开元二十四年（736年），唐朝著名音韵学家袁晋卿应邀随日本遣唐副使前往日本，被日本天皇任命为太学音博、太学头（大学校长），为创造日本文字做出了贡献。鉴真法师是名垂史册的中日文化交流使者。他克服千难万险，终于在753年第六次渡海成功，抵达日本，受到日本朝野的热烈欢迎。754年，鉴真亲自为太上皇、皇太后、皇太子授菩萨戒，为沙弥澄修等440多人受戒。755年，东大寺戒坛院落成。不久，东大寺内唐禅院建成，由鉴真主持僧侣的修道。鉴真赴日，改变了有僧无法、盛行自度与私度的日本佛教现状。同鉴真一行前往日本的24人，有僧侣、画师、玉工、铸写、绣师、修文、镌碑、医生、建筑师等，他们在建筑、艺术、医药等方面为传播唐文化起到了重要作用。鉴真本人又是一位医学家和药学家，为日本皇太后治愈疑难病症，有《鉴上人秘方》传世。

在唐朝的中外数学交流方面，中国数学及其数学教育、科举制度对日本和朝鲜的影响很大。唐朝初年，朝鲜仿照中国数学教学制度，在国学中设置了算学博士，用中国编纂的数学教科书作为教材，制定了与中国大致相同的考试制度。日本多次派出使者到唐朝学习，建立学校，设置博士，招收学生，学习和考试科目大致相同。据记载日本典章制度的《令义解》所载，在日本："凡算经，《孙子》《五曹》《九章》《六章》《缀术》《三开重差》《周髀》《九司》各为一经，学生分经习业。凡算学生，辨明术理。试《九章》三条，《海岛》《周髀》《五曹》《九司》《孙子》《三开重差》各一条。试九考试也是全通为甲，通六为乙。若落《九章》者，虽通六而不第。"

唐与阿拉伯世界的文化交流，主要是与波斯、阿拉伯帝国的文化交流。751年怛逻斯战役以前，波斯是同中国保持友好关系的邻国。751年怛逻斯战役中，高仙芝所统率的安西联军失败。此后，唐王朝不再同阿拉伯在中亚展开正面的冲突，而是转而争取阿拉伯的支持，同吐蕃进行坚决的斗争。于是，751年阿拉伯代替乌玛耶朝的阿拔斯新王朝。在第二年即天宝十一年（752年）十二月，阿拉伯（唐官方档案册上称"黑衣大食"）派特使谢多诃密来到长安，第一次同中国正式建立外交关系，并授予特使以左金吾卫员外大将军的勋位；次年的三、四、七、十二月，阿拔斯王朝的使者四次来长安，从此开始了两国关系的新纪元，两国之间的经济文化交流进入空前繁荣兴旺的时期。阿拉伯和中国的贸易货物，有丝绸、陶瓷、麝香、沉香、芦鉴、花缎、帆布、宝剑、马鞍、肉桂、高良姜等。中国手工业产品的非凡技艺和绘画的高超艺术，令阿拉伯人惊叹不已，特别是造纸、冶金、绫绵和瓷器的四大工艺，从此传入阿拉伯乃至于欧洲。唐中国造纸术在阿拉伯的普及，为促进巴格达、大马士革和开罗文化生活的繁荣昌盛起到了重大的作用。

唐朝的丝织技艺，由于中国工匠在伊朗、伊拉克、叙利亚的传授，使得阿拉伯世界的丝织业大有起色，织造锦缎、绣品的技艺迅速在这一地区传播开来。绣有金线的色缎自中国传入大马士革后，其产品很快便扬名欧洲。阿拉伯的许多城市，都以用中国工艺生产地毯、刺绣、锦缎和袍服而闻名。唐朝的三彩和青、白瓷器的生产工艺，也被阿拉伯世界所采用，伊朗、伊拉克均有三种瓷器的仿造品。当时的埃及，也销售有中国瓷器。阿拉伯世界所仿造的瓷器，由于多方面的客观原因，其产品在此后的几个世纪中，仍难和中国制造的瓷器匹敌。此外，中国的炼丹术对阿拉伯的炼丹术亦有很大的影响。由阿拉伯运来的香料和珠宝，在贸易中占有很大的比重。唐的上层社会，上至王公，下至富绅，都用香料来做熏香、化妆、净身、调料、涂料和照明。珠香、象犀、玳瑁在进口货物中也占有较大的比重。例如，法里斯的朱尔出产的红蔷薇香水，沙普尔所生产的闻名天下的香油、香膏（用紫花地丁、睡莲、水仙、桃金银、柠檬花提炼）也都传入中国。进口的阿拉伯香药，以乳香、没药、无食子（无石子）、阿月浑子、诃黎勒、安息香、金钱矾、密陀僧、炉甘石、阿魏等最为著称。与此相联系的，阿拉伯人所喜爱的蔷薇、桃金银、水仙、紫罗兰、索馨花（耶悉茗）和红花，也逐渐成为中国群芳谱中人们喜爱和熟悉的花卉品种。此外，波斯枣不仅传入中国，自9世纪起，枣椰树已开始移栽于中国的广东。李匈的《海药本草》所记载的诸多海药中，就有枣椰树。

在中阿的科技文化交流方面，除中国炼丹术传入阿拉伯并经阿拉伯传入欧洲从而对制药化学产生影响外，中国的脉学和麻醉术也在这一时期传入阿拉伯，对阿拉伯医学产生了重要影响。与此同时，阿拉伯曾多次向中国赠送药品，如乳香、没药、血竭、木香等，这对丰富中国医药学也起到积极的作用。

唐与拜占庭的外交关系方面：719年，拜占庭通过吐火罗大首领向唐王朝献狮子与羚羊，同时有大德僧（即景教的主教）来到中国。742年五月，又有大德僧从拜占庭来到中国。可见，《大秦景教流行中国碑》在陕西建立（781年）以前，景教在关中地区已颇为流行。来自拜占庭的使节与僧侣，使唐王朝对拜占庭文明的昌盛和首都的豪华有所了解，加强了彼此间文化信息的沟通。唐朝同拜占庭及其东方草原民族之间的丝绸贸易，中介商人是天山以北直至里海的铁勒民族和由中国西迁的可萨突厥人。在北高加索东部地区，8～9世纪墓葬出土的唐朝丝织物和汉语文书账册，表明唐朝这一地区同中国有着经济文化往来。

唐朝和东非南方三兰国的交往，是从海道上进行的。三兰国是唐王朝航船所到达的最远港口。索马里南部的黑人国殊奈，在629年便有使者来到长安。《通典》作者杜佑的族子杜环，751年怛逻斯战役被俘后，被送至库法，受到优待，得以周游西亚，随阿拉伯使团到过埃及、苏丹、埃塞俄比亚等国，亲眼在埃及、努比亚和埃塞俄比亚见到流行的大秦法（基督教）。杜环从埃塞俄比亚的萨瓦港回到波斯湾，于762年搭船返回广州。他所写的《经行记》，记载了他在西亚和非洲的见闻。成书于9世纪的《酉阳杂俎》一书，对亚丁湾南岸、索马里的情况和中国同这一地区的商品贸易亦有所记载。1954年于陕西长安县裴氏小娘子墓出土的黑人陶俑，人物造型惟妙惟肖，活泼可爱。

唐与印度之间的文化交流，在唐王朝的对外文化交流中占有特殊的重要地位，内容十分丰富。唐与印度的文化交流，在佛学、天文学、数学、医学及其他几个方面尤为突出。

唐与印度在天文学上的相互交流，成绩斐然。印度、阿富汗天文学家于7～8世纪不断访问中国，在隋代已有《婆罗门舍仙人所说天文经》等七八部印度天文、历算著作的中译本。唐初李淳风的《麟德历》和一行的《大衍历》，都曾参考过印度的《九执历》。观测试验结果表明，《大衍历》的正确率（70%～80%）远高于《九执历》的正确率（10%～20%），当时的太史监备有迦什氏、瞿昙氏和拘摩罗三家印度历。至8世纪中叶，只使用瞿昙氏一家。瞿昙氏一家是世代居于长安的印度侨民，先后四代（约100年）断断续续出任太史局、司天台负责官员。第三代瞿县读（712—776年）曾担任太史监、司天监要职，司天台因此被有人称为瞿昙监。瞿昙悉达（第二代）先元元年（712年）任太史监，于开元六年（718年）奉命翻译印度《九执历》，与《麟德历》参照执行。他还参加了编纂《开元占经》，保存了许多珍贵的天文资料。758年，太史监改为司天台，瞿县读调任司天台秋官正；765年，升任司天监。由他参考《九执历》编制的历法，人称瞿昙历，与国家颁行的《至德历》参照执行。

同印度在数学上的交流，是唐朝中外数学交流的又一重要内容。开元六年（718年），在唐王朝司天监工作的印度天文学家瞿昙悉达奉唐玄宗之命，将印度历算名著《九执历》译成汉文，编纂《开元占经》第104卷。熟悉《九执历》的一行，于《大衍历》中有一张八尺之表在太阳天顶距从0度到80度的影长表，一行给出的是0度到80度的间隔为1度的d（影长）值表，可谓是世界上最早的正切表。一行的正切表，可能是受到印度正弦表启发而获得的。关于中国数学成就对印度的影响，李约瑟《中国科学技术史》第3卷，曾列举解高次方程、比例算法、分数、正数、盈不足术、不定分析等14个方面的证据，证明中国《九章》的《均输》《勾股》

同印度数学家的理论有着惊人的相似。这些相似表明，中国的数学对印度的数学曾产生过重要影响。印度的医学著作如《龙树菩萨药方》《婆罗门诸仙药方》《婆罗门药方》《西域婆罗仙人方》《西域名医所集药方》《耆婆所述仙人命论方》等，在隋代已有中译文本。在唐朝所翻译的佛经中，也含有不少有关医药的内容，例如《佛说疗治病经》，介绍了“痔”的分类。当时还有来中国行医的印度医生，刘禹锡“赠眼医婆罗门僧诗”一首，谈到印度眼科医生已施行针拨白内障手术。从印度传入中国的药物有火珠、郁金香、菩提树、龙脑香等。印度的医方和医学理论，在唐朝医书中亦有所记载。例如，孙思邈《千金要方》曾载有“耆婆万病丸”“耆婆治恶病方”“耆婆汤”等10余首印度药方。印度医学中的地、水、火、风“四大”学说在《千金要方》《外台秘要》中亦有记载。中国医学传入印度，与僧侣的往来亦有关系。在印度学习佛经的唐朝僧人义净，曾在印度传授过中国本草学、脉学、针灸学和养生学等方面的医药知识。

唐朝与东南亚各国的文化交流，所涉及的国家有佛逝等。

开元十二年（724年）七月，室利佛逝使者曾带来侏儒四人、僧祇女二人、杂乐人一部和五色鹦鹉。唐回赠绢百匹，授国王尸利陀罗跋摩为左威卫大将军。开元二十九年（741年）腊月，佛逝国的王子来中国，唐宰相设宴于曲江，册封国王刘滕束恭为宾义王，授左金吾大将军。

新罗是朝鲜半岛上的三个国家之一，在唐王朝的支持下，于660年和668年灭百济和高句丽。开元二十三年（735年），新罗统治大同江以南的朝鲜半岛，与唐朝的政治、经济、文化关系更加密切，彼此间的友好使者往来频繁。新罗不断向唐朝派遣大批留学生，是唐与新罗文化交流的一大特色。640年，新罗第一批留学生来到长安。在唐朝的外国留学生中，新

罗留学生之多，仅次于日本的留学生。有不少留学生参加唐朝科举，进士登第，在唐担任官职。新罗使团、留学生和来访文人之多，使新罗全面吸取唐文化，在政治制度、经济制度、教育制度、科举制度等多方面效法唐朝制度，儒家思想成为新罗王朝占统治地位的思想，并一直影响到此后几百年的朝鲜历史。新罗自650年起使用唐朝年号，采用唐历，广泛使用汉字、汉文，并开始用汉字音义标记朝鲜语。朝鲜学者薛聪、强首等人，于692年完成一种朝鲜语解读法，即“吏读”，实现了汉字和朝鲜语的最早结合，开朝鲜创造自己的文字谚文的先河。采用汉字为朝鲜学者学习唐朝文学提供十分有利的条件，很多朝鲜学者成为汉语言文学的名作家。唐朝的诗歌、散文作品，被大量介绍到新罗，新罗的文学也是以诗歌、散文为主。新罗的乐器受中国影响很大，如三竹（大芩、中芩、小芩三种竹笛）、三弦（玄琴、加耶琴、琵琶）。唐太宗的十部乐中，有高丽乐一部。在长安，有很多来自朝鲜半岛的乐师和歌舞家。

道教在朝鲜于唐玄宗时期再度兴盛，唐玄宗于开元二十六年（738年）派大师邢王奇出使新罗，向新罗王赠送《道德经》，道教在朝鲜开始流行，新罗留唐学生金可纪等人曾传习道教。待到9世纪，新罗也如同唐朝建国以来那样，出现了儒、佛、道三教并行的局面。同佛教传入和兴盛于新罗相联系的，是雕版印刷的佛教经卷。新罗与唐朝之间的贸易很兴盛，官方贸易很频繁。从中国运往朝鲜的有各种金属工艺品、丝织品、高级袍服、茶和书籍。由朝鲜使节赠送唐朝的有金、银、人参、毛皮等。当时，来唐朝侨居的新罗人很多，扬州江都、楚州山阳（淮安）、泗州涟水、密州诸城、登州牟平与文登，均有成批的新罗人侨居。

来唐朝求法的新罗僧侣，有不少人卓有成就。慧超（705—787年）于开元十一年（723年）来唐求法，跟从印度高僧金刚智从海上赴印度，遍游北、西、中、东、南五地区，又到过伊拉克、叙利亚，于开元二十五年（737年）经中亚回到长安。金地藏（630—728年）亦出身新罗王族，本名金乔觉。他于653年来唐，后在安徽青阳九华山化城寺为住持。大诗人李白来九华山时曾见到地藏，两人相谈极为相得。地藏坐化于寺中，信徒为他建塔。化城寺是九华山开山寺院，成为中国佛教四大名山之一。在医药交流方面，中国的医书如《素问》《伤寒论》《千金要方》等，唐朝时已传入朝鲜。693年，新罗仿唐制置医学博士，以《素问》等中国医书教授学生；同时，朝鲜的药材如人参、牛黄也传入中国，在《新修本草》中有所记载；《外台秘要》中，还选录了“高丽老师方”。

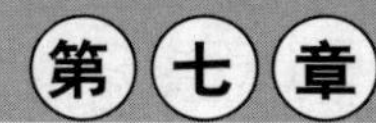

第七章 玄宗崇道图享乐　渐怠朝政酿危机

在李唐王朝，道教备受推崇，到了玄宗时期，更是如此。开元中后期，玄宗李隆基改变了当初勤俭治国的作风，开始享乐，甚至是骄奢淫逸。不仅如此，唐玄宗任用奸佞，忠良之臣备受排挤，使得朝政败坏，盛世之下，危机也在酝酿。

推崇道教，道士皇帝

道家思想成为统治阶级思想的一个组成部分，与初盛唐以来统治者大力提倡道教是分不开的。东汉末年的张陵创造了五斗米道，这是中国道教形成的标志。老子被奉为道教鼻祖。唐朝建立后，李氏统治者为了提高皇室的门第，将老子强称为李氏皇室的远祖，并追谥为玄元皇帝，使得唐朝对道教甚为尊奉。

唐玄宗未做皇帝前受个人好恶及社会风尚的影响，对道教就产生了兴趣。他与不少僧道人物交往，后来在铲除太平公主势力的斗争时，这些人给了他不少的支持与帮助。玄宗即位后，决心改变中宗以来的弊政，兴贞观之风。为了实现他天下大治的宏愿，他将儒家学说确立为他治国的基本思想。与此同时，老子无为而治、清静为本等思想与玄宗崇尚节俭、与民休息的政策重合在一起，因此作为一种手段与补充，道教对治理国家还是有好处的。玄宗亲自为《道德经》做注释，总结其旨是理身理国，也就是用老子的无为、无欲、清静的思想去迎合他的求治、求朴和正身的政策。玄宗对以道术邀宠的人或灾祥符瑞之事并不欣赏赞同，因为他崇道是为了政治。

开元十三年（725年），玄宗即帝位前曾任别驾的潞外献祥瑞，玄宗对臣下说：“朕在潞州，但靖以恭职”，并且对全国下诏说：“不得献上祥瑞。”他还把皇宫内的“集仙殿”改为“集贤殿”，因为他认为成仙得道是虚谈怪论，不足为信。

“开元之治”后，玄宗开始厌烦政事，贪图享乐。他很担忧人生的短暂使其不能尽享人生之乐，于是他又开始迷信仙道之说，信奉玄虚之术。玄宗对神仙方术产生兴趣是从接触张果开始的。张果自称会长生不老的法术，说他在尧的时代就居住寺中，写过《阴符经玄解》一书，到唐朝时他已有数千岁。武则天曾派人召他入朝，他假装死去不肯入朝。玄宗时期有人在恒山见到他。开元二十一年（733年），恒州刺史韦济向朝廷奏闻，玄宗派通事舍人裴晤接他入宫，被他推辞；玄宗又派中书舍人徐峤持玺书邀请，这才随徐峤来到东京洛阳，坐着一种叫肩舆的工具进入宫殿，随后受到玄宗的热情款待。一开始玄宗半信半疑，为了验证张果的身世，召来善算命知天寿善恶的邢和璞，让其估算张果的岁数，却不料邢和璞在见到了张果后却无法算出他的年龄。玄宗又召来善鬼神的师夜光，他与张果对面而坐，却说他不知道张果身在何处。玄宗对高力士说：“听说只有奇才才能喝葛汁这种有毒的饮料而不死。”于是命人为其斟上，张果连饮三碗，醉醺醺的样子好像是醉了，喃喃道：“这可不是好酒。”取镜子照时，牙齿已变焦黑，他泰然自若，将黑牙而敲下，藏于袋中，又从怀里取出一包仙药涂在断齿上，然后昏然睡去。一觉醒来，嘴里已有一口洁白的新牙。玄宗被张果荒谬的“道法”折服了，竟然一度想把张果招为他的驸马。后张果请归恒山，玄宗封他为“银青光禄大夫”，号“道玄先生”。玄宗从此迷恋于炼丹制药、神仙方术。他在宫中设道坛，又在高崇山等地立灶炼丹，令道士、宦官祭祀天下名山，同时他又向术士们学习隐形术，进而在皇宫中亲自向道士们传授步法声韵，俨然一位道士皇帝。

同年，玄宗下令天下士庶百姓，每家都要收藏《道德经》一本。接着，他又亲自注释《道德经》，表达了自己的思想观点。在玄宗自己注释的《道德经》中，发挥了道家传统的“无为而治”观点，称：“我无为而人自化，我无事而人自富，我好静而人自正，我无欲而人自朴。”再进一步，所谓“我无事而人自富”，就是要做到“上无赋敛，下不烦扰，耕田凿井，家给民足，故云民自富”。因此，治民理国，都应以“无为”作为第一要义。“爱民者，使之不暴卒，役之不伤性；理国者，务农而重谷，事简而不烦；则人安其生，不言而化一，此无为也。”作为统治者，他对“无为”总结了几句道诀：“以不贪为宝，以知足为富。内保慈俭，外能和同。念身何来？从道而有。少私寡欲，夷心注元。”玄宗的这些思想观点，对于当时的社会思潮产生了一定的影响，也对当时统治政策的制定和推行起到了一定的指导作用。

开元二十九年（741年）正月，玄宗梦见玄元皇帝告诉他：“吾有像在京城西南百余里，汝遣人求之，吾当与汝兴庆宫相见。”玄宗派人去找，果然在周至楼山间找到；夏天闰四月，迎接到兴庆宫；五月，命画玄元皇帝像，分发到各州，放在开元观中。在高祖时，是一个叫古善行的人亲眼看见，报告给皇帝。这次是玄宗自己梦见，使人感到更加神秘，也更加可信。通过分送写真，在全国掀起一次崇尚道教的热潮。

玄宗自己唯独在梦中与老子相会，似乎显得单薄些，于是陈王府里的一个参军过了几天也做了一个梦。这个参军叫田同秀，上书给皇上。这次比上次闹得更隆重，以李林甫为首的群臣心领神会，上表说：“函谷关灵符，潜应年号，清于号加‘天宝’字。”玄宗当然很高兴，“从之”。二月，玄宗又亲自在大宁坊新建的庙中祭祀玄元皇帝。而那位王府里的小参军一下子成了“朝散大夫”。过了一年，清祠人崔以清又如法炮制，说在天津桥北见到了玄元皇帝，并告诉他有宝符藏在紫徽山。玄宗令人去找，果然得到宝符。崔以清满以为大功告成，也可以像田同秀那样捞个一官半职，谁知东都留守王侄那里早已得到报告，知道是在造假，抓来一审，供认不讳，于是报告给皇上。然而，此时的玄宗对崔以清只是流放了事。事过一月，又追尊玄元皇帝父周上御大夫为先文太皇，尊皋繇为德明皇帝，凉武昭王为兴圣皇帝。

同年，玄宗在全国各地广设道观，是其崇道的最主要表现。唐玄宗其人，既有求治天下的愿望，又有比较豁达的性格，所以，道家主张的“无为而治”和道教宣扬的“成仙长生”，都比较对他的胃口。因此，在开元年间，统治集团的思想文化都深受道家思想和道教文化的影响。玄宗在思想上提倡道家的清静无为观念，在宗教上倡导道教的神仙之术，形成了当时思想文化的主导倾向。作为一个皇帝，玄宗比较好学、好动，而且还喜欢向臣下和百姓炫耀他的博学多才。在开元之初，他忙于政务，无暇他顾，只是流露出了对道家思想的推崇倾向。例如，他不时对大臣讲“同归清静，共守玄默”的大道理。到开元中晚期，他就开始认真地研究和倡导道家思想了。

道教的兴盛带来了道家思想的广泛传播。玄宗时期，道家著作更加受到重视，玄宗亲自注《道德经》叫人学习，又尊老子为《道德真经》、庄子的著作为《南华真经》、庚桑子著作为《洞灵真经》、列子的著作为《冲虚真经》。

开元二十九年（741年），玄宗还下令在两京（长安和洛阳），各置玄元皇帝庙，后来改称为太上玄元宗皇宫，西京和东京以及天下诸县的分别称为太清宫、太微宫和紫微宫。朝廷祭祀，必先到太清宫行“事生之礼”，一切礼仪如同宫廷中的制度。玄宗亲制霓裳羽衣曲、紫微八卦舞作为祭礼之乐；在建庙的同时，又设置崇玄学，博士、助教各一个，学生一百名，并让他们学习《老子》《庄子》《文子》和《列子》。每年准明经例考试，道举从此成为科举中的一科，玄宗曾经亲自策试。后来他又把崇玄学、博士和助教分别改称为崇玄馆、学士、直学士；置大学士一名，由宰相兼任，并领两京玄元宫和道院。

开元三十四年（746年），玄宗任命陈希烈同平章事。而陈希烈就是由于给皇帝讲解《老子》《庄子》得以进身的。

贪图享乐，好大喜功

早在开元之初，玄宗在倡导节俭、禁止奢侈的同时，已经流露出了追逐豪华的倾向。先天二年（713年）正月，玄宗即位不久，就与太上皇一道，在长安城大合伎乐，观看彩灯，夜以继日，长达月余，在严挺之的进谏批评下，方才罢休。太平公主之乱端倪初见即被平定，玄宗在承天门楼宴请王公百僚时，别出心裁，下令左右随从在楼上洒金钱，让百官在楼下争抢拾取为乐。

开元二年（714年），在下令“不急之务，一切停息”的同时，开始营造兴庆宫。在焚烧锦绣珠玉以示不复再用的同时，又派人到江南寻找珍禽异鸟，供宫廷园林赏玩。上行下效，开元时期社会上的奢侈豪华只不过比中宗时期稍稍有所收敛而已，并未根除。玄宗要为王皇后之父建筑高坟，宋璟进谏阻止，并批评当时的社会风气，说道："比来蕃夷等辈及城市闲人，递以奢靡相高，不将礼仪为意。"到天宝年间，玄宗已把相关的谏诫置之脑后。

从开元中后期起，唐玄宗就把自己的生日定为千秋节，上至王公百官，下到庶民百姓，无不在千秋节大宴三天，歌舞欢庆。天宝七年（748年），又更名千秋节为天长节。宋代人在写史的时候，对玄宗的千秋节颇有微词，称："千秋节者，玄宗以八月五日生，因以其日名节，而君臣共为荒乐，当时流俗多传其事以为盛。""盖其事适足为戒，而不足考法，故不复著其详。"在千秋节，玄宗不仅自己游玩宴乐，极尽挥霍，而且万民同庆，举国欢腾。仅兴庆宫前的一场乐舞杂技表演，就不知要浪费多少钱财。

为了讨好玄宗，王公外戚纷纷向玄宗献上精美食物，号称"进食"。显然，过多的"进食"，会使人眼花缭乱。玄宗和贵妃食欲再好，也无法对付数不清的山珍海味。玄宗想了个办法，专门设置了一个官职，称为"检校进食使"，让精于品味的宦官担任，把那些花样翻新的进食先挑拣一遍，选择出其中最好的，再进献给皇帝。"时诸贵戚竞以进食相尚，上命宦官姚思艺为检校进食使，水陆珍馐数千盘，一盘费中人十家之产。中书舍人窦华尝退朝，值公主进食，列于中衢，传呼按辔出其间；宫苑小儿数百奋梃于前，华仅以身免。"玄宗自己追求奢侈，下面的皇室贵族、官僚地主也纷纷竞相"赛富"，一掷千金，骄奢淫逸，使社会风气变得极为奢靡。

开元天宝之交，李林甫的富有已经十分有名。"林甫京城邸第，田园水硙，利尽上腴。城东有薛王别墅，林亭幽邃，甲于都邑，特以赐之，及女乐二部，天下珍玩，前后赐予，不可胜纪。宰相用事之盛，开元以来，未有其比。”从李林甫开始，宰相的威势陡然增加。以前的宰相还讲究点平易近人的美德，到李林甫为相，宰相就成了凶狠、霸道的代名词。“故事，宰相居台辅之地，以元功盛德居之，不务威权，出入骑从简易。自林甫承恩顾年深，每出车骑满街，节将、侍郎有所关白，皆趋走辟易，有同案吏。”李林甫本人在生活上的奢侈自不待言。除了达官贵人外没有进入官僚阶层的富商大贾，其奢侈比起豪门幸臣来，也毫不逊色。

开元二十二年（734年），朝廷没收的长安城的一个不法商人任令方的财产，竟达“六十余万贯”。长安的富商王元宝，家资巨万，致使长安居民干脆称钱为“王老”。据说，玄宗问他有多少家产，他回答道：“臣请以一缣系陛下南山一树，南山树尽，臣缣未穷。”致使玄宗感叹说：“朕，天下之主；而元宝，天下之富。”王元宝仅仅住宅里面的一个礼贤堂，就令人吃惊：“以沉檀为轩槛，以碔砆甃地面，以锦文石为柱础，又以铜钱穿线甃于后园花庭中，贵其泥雨不滑也”，被人称为“王家富窟”。李白在《古风》中描述了天宝年间的情景：“大车扬飞尘，亭午暗阡陌。中贵多黄金，连云开甲宅。路逢斗鸡者，冠盖何辉赫。鼻息干虹蜺，行人皆怵惕。世无洗耳翁，谁知尧与跖。”就拿玄宗喜欢的斗鸡来说，善斗鸡者，往往可以供奉禁中。有一斗鸡小儿贾昌，极得玄宗的宠幸，被天下称为鸡神童，致使民谣说道：“生儿不用识文字，斗鸡走马胜读书。贾家小儿年十三，富贵荣华代不如。”由玄宗倡导的这种社会风气，使天宝年间的浮华达到了极点。后人评价说：“国家自天宝以后，风俗奢靡，宴席以喧哗沉湎为乐。而居重位、秉大权者，优杂倨肆于公吏之间，曾无愧耻。公私相效，渐以成俗，由是物务多废。”正是在这种花团锦簇的繁盛之中，隐藏在社会内部的各种危机开始逐渐显露了出来。

随着开元之治的发展，唐玄宗开始陶醉于天下太平的盛世风光之中。在改元天宝的诏令中，他宣称：“自朕嗣守丕业，洎三十年，实赖宗社降灵，昊穹孚祐，万方无事，六府唯修，寰宇晏如，庶臻于理。”显露出一副志得气扬的治世明君派头。到天宝时期，以雄厚的经济后盾为基础，玄宗开始走上了好大喜功的道路。

玄宗的好大喜功，对内主要表现在大兴土木、生活奢靡方面。唐朝承平既久，积累了大量财富。到天宝时期，大规模营造宫殿园林，使国家沉浸在一片繁华表象之中；其中，又以京师长安的各种营造最为典型。对此，唐人诗歌的描写极多。后人称：“唐人诗所咏长安都会之繁盛，宫阙之壮丽，以及韦曲莺花、曲江亭馆、广运潭之奇王缶异锦、华清宫之香车宝马，至天宝而极矣。”

开元之初，玄宗还没有对宫室大加修葺。开元二年（714年），玄宗以坊为名，并避自己姓名之讳，改过去的藩王第宅隆庆坊为兴庆宫。到开元十四年（726年），随着国家经济的好转和政治统治的需要，玄宗令取永嘉坊和胜业坊之半，对兴庆宫进行了扩建，这也无可非议。但是，随后的修葺，就流露出了过于奢侈的迹象。开元十八年（730年），“筑京城外郭城，凡十月而功毕”。开元二十年（732年），玄宗为了自己游乐方便，下令自大明宫到曲江芙蓉园修建夹城复道。

玄宗大兴土木最典型的，当属骊山华清宫（在今陕西临潼）的营造。开元十一年（723年），玄宗对骊山温泉宫进行了改造扩建，但规模依然不大。

玄宗即位时，来自周围边境游牧民族的威胁依然存在，吐蕃、突厥、突骑施、契丹、奚、南诏等民族时刻都有可能对唐王朝的周边地区进行骚扰和掠夺。问题在于，这些游牧民族对唐王朝并没有领土要求，只是突袭抢掠。因此，战争一旦爆发，往往时间不长，但又十分突然。而唐初建立的军事体制，很不适应这种对付游牧民族的战争需要，中央政府刚刚把兵力组织起来，游牧民族已经抢掠完毕返回了原地。从开元中晚期开始，为了适应边防的需要，玄宗逐渐恢复了从睿宗时创立的在边境地区设置节度使的方法，任命节度使以全权对付边境游牧民族的骚扰就成为定制。

开元二十五年（737年），玄宗开始对边境地区的驻军进行重新审定，增加兵力，充实力量，为展开军事活动打基础。“敕以方隅底定，令中书门下与诸道节度使量军镇闲剧利害，审计兵防定额，于诸色征人及客户中召募丁壮，长充边军，增给田宅，务加优恤。”本来，整顿边防是无可非议的，但是，玄宗整顿边防的目的，不仅仅是加强防御力量，而是征服戎狄。

玄宗自己对大兴边功的举措是充满自信的，在他做的《平胡》一诗中称：“杂虏忽猖狂，无何敢乱常。羽书朝继入，烽火夜相望。将出凶门勇，兵因死地强。蒙轮皆突骑，按剑尽鹰扬。鼓角雄山野，龙蛇入战场。流膏润沙漠，溅血染锋芒。雾扫清玄塞，云开静朔方。武功今已立，文德愧前王。”看来，玄宗十分看重他的“武功”，认为他的军事建树远远超过了“文德”。但他却没有想到，他把大量子民送到“凶门”“死地”，凭借“流膏”“溅血”而取得的赫赫雄威，使他付出了多么大的代价！

在开元二十五年（737年）以前，河西节度使崔希逸坚持与吐蕃和好的政策，“刑白狗为盟，各去守备；于是吐蕃畜牧被”。但是，从开元二十五年（737年）起，唐王朝改变了对吐蕃和好的策略。这年，吐蕃攻击唐朝的藩属国勃律。玄宗命吐蕃停兵，吐蕃不听。玄宗十分恼火，恰好有人给玄宗提议说，吐蕃没有任何防备，乘机攻击吐蕃，肯定能大获全胜。崔希逸不得已，只得对吐蕃大举进攻。从此，吐蕃断绝了与唐朝的友好关系，进入了长期交战状态。开元二十七年（739年）起陇右节摩使萧炅也加入了对吐蕃的作战。次年，剑南节度使的军队开始攻击吐蕃的安戎城。此后，安西、陇右、剑南三大镇，一直和吐蕃攻战不息。开元二十八年（740年），唐朝入藏和亲的金城公主去世，吐蕃以国丧为由，请求和解，但玄宗不答应，战争仍继续下去。在天宝年间，唐朝和吐蕃处于长期的大规模交战状态中，玄宗为此付出了巨大的代价。直到天宝十四年（755年），吐蕃赞普乞梨苏笼猎赞去世，唐朝和吐蕃的战争才告一段落。

开元二十六年（738年），唐玄宗封南诏的皮逻阁为云南王。本来双方相处得和睦、友好，但在天宝九年（750年），形势发生了变化，南诏首领皮逻阁不满云南太守张虔陀的勒索，起兵造反。第二年，剑南节度使鲜于仲通开始大举进攻南诏，皮逻阁请和，愿向唐朝归还俘掠所得的财物人口和云南城池，但鲜于仲通不许，结果唐军大败，一次就损失了六万兵马。南诏从此以后也归降了吐蕃。在这以后，唐朝对南诏的战争几乎是灾难性的，屡战屡败，损失惨重，成为激发社会矛盾的导火线。

关于开元年间用兵吐蕃和南诏给中原人民造成的灾难，诗人李白在《古风》中进行了深刻的揭露："赫怒我圣皇，劳师事鼙鼓。阳和变杀气，发卒骚中土。三十六万人，哀哀泪如雨。且悲就行役，安得营农圃。""渡泸及五月，将赴云南征。怯卒非战士，炎方难远行。长号别严亲，日月惨光晶。泣尽继以血，心摧两无声。困兽当猛虎，穷鱼饵奔鲸。千去不一回，投躯岂全生。”在《战城南》中，李白直接发出了“乃知兵者是凶器，圣人不得已而用之”的呼喊，以谴责玄宗大兴边功对社会的危害。

亲佞远贤，危机渐生

张九龄画像

开元年间，唐玄宗在早期重用贤才，使得国家鼎盛，百姓安居乐业。在开元后期，张九龄是一代贤相。然而，由于此时的玄宗怠于政事，听信谗言，任用奸佞，最终使得朝政混乱，危机四伏。

张九龄，字子寿，韶州曲江人。少年时聪明伶俐，擅长写作，十三岁时，因为写信给王族，使得后者认为他必成大器。后来在二十岁的时候中了进士，官任校书郎。唐玄宗做太子时，曾召集饱读书籍之人亲自策问，张九龄因表现出众，升为左拾遗。曾经和任右拾遗的赵冬曦负责吏部选试，人们都认为他公允不偏。开元十年（722年），张九龄升任司勋员外郎。当时宰相张说十分器重他，称他是“后出词人之冠”。开元十一年（723年），拜中书舍人。他曾上书玄宗，认为应重视地方官人选，纠正重内轻外之风；选拔官员应注重他们的品德和本领，而不应该看资历，多被采纳。在张说罢相后，他受牵连改官太常少卿，后被贬为冀州刺史。张九龄以老母亲在家乡，河北又太远，无法尽孝道为由，请求换到江南的地方任职。不久以后，他便被改任为洪州上都督，又转为桂州上都督、岭南道按察使。开元十九年（731年），玄宗召为秘书少监、集贤院学士、副知院事，又升为中书侍郎。开元二十一年（733年），以中书侍郎为相，第二年又被封为中书令。张九龄当上宰相后，仍是公正无私，坦诚直率，辅佐唐玄宗也尽心竭力，从不见风使舵，违心取悦别人，遇事以社稷利益为重，坚守原则。

开元二十三年（735年），幽州节度使张守珪大破契丹，立下战功，玄宗非常高兴，想要任命他做宰相。张九龄进谏说："宰相是代表天子治理天下的，不是为了赏功而设置的官位。"玄宗说："只让他挂宰相的虚名，而不让他掌握实权，不知是否可以？"张九龄回答说："即便如此也不妥，天子所掌管的权柄官位怎能随意授之与人。再则张守珪只不过是击败契丹，皇上就要任他为相，那么将来倘若他灭掉奚与突厥，皇上还能授予他什么官职呢？"玄宗于是打消了拜相的念头。二月，张守珪来到东都报告了取得大捷的消息，被封为右羽林大将军，兼御史大夫，两个儿子也被授予官位，得到很多赏赐。

对安禄山，张九龄认识得也非常清楚。安禄山当时为平卢讨击使、左骁卫将军。开元二十四年（736年），幽州节度使张守珪派遣安禄山讨伐反叛的奚与契丹，安禄山由于骄横轻敌而吃了败仗。四月初二，张守珪上奏请求依法斩杀安禄山。安禄山在临刑前大声喊造"张大夫你难道不想消灭契丹国吗？为何要杀掉我安禄山！"安禄山的确骁勇善战，张守珪爱惜人才，不忍杀他，于是把他送到了京师。张九龄在奏文中批道："春秋时代齐国的大将穰苴杀了骄横的监军庄贾，吴国的孙武杀了不听命令的宫子。如果张守珪已下了军令，安禄山不应该免死。”玄宗爱惜安禄山的才能，下诏废去了他的官位，安禄山成了无官位的将领。张九龄坚持说：“安禄山违令败军，依照军法，不可不杀。再说我观其面貌有反相，不杀必为后患。”玄宗说：“你不要像晋朝王夷甫看百勒那样看安禄山，白白陷害了忠诚有德的人才。”最后赦免了安禄山。

唐玄宗即位之初，为扭转唐中宗以来朝政弊端，曾励精图治，锐意改革，使朝政日益走上正轨，开创了开元盛世的局面。但是长久的太平盛世冲淡了玄宗的进取心，到开元后期，他开始纵情享乐、荒疏政事。看到这种情况，张九龄十分担忧，等待规劝玄宗的机会。开元二十四年（736年）八月初五千秋节，是玄宗寿诞，群臣纷纷向玄宗进献宝镜。张九龄认为以镜自照可以见形容，而以人自照可以知吉凶。张九龄在书中对于玄宗近期施政的失误之处以厦由于府兵制废除、边将掌握军权形成的内轻外重局面而埋下隐患等情况，或提出委婉的规劝，或恳请玄宗有所防备，文中处处流露出他的忠心与对社稷安危的关注。尽管玄宗当时也下诏褒奖赞美张九龄此书，但实际上只是做表面文章罢了。

随着玄宗骄奢厌政，他对正直之士的忠言恳论渐有排斥之心，对谀美逢迎之声欣然接受，这直接影响他用人的态度。他开始重用亲近奸诈、善于溜须拍马的小人，而渐渐疏远了那些正直忠诚的大臣，李林甫便是这个时期奸佞的代表。

李林甫，小字哥奴，是宗室子弟，曾祖父李叔良是唐高祖李渊的从父弟。林甫以家世入仕，为千牛直长，很得其舅楚国公姜皎的疼爱。姜皎常常为他在朝廷上说好话。姜皎的妹妹嫁给侍中源乾曜的侄孙源光乘。一天，源乾曜的儿子源洁对父亲说：“李林甫求作司门郎中。”源乾曜回答："郎官应该由有才华名望高的人担任，哥奴怎么能做郎官？"虽然如此，李林甫还是凭借姻亲的帮忙，升为太子谕德和国子司业。

开元十四年（726年），御史中丞宇文融推荐李林甫为御史中丞。李林甫又任刑、吏部二侍郎。他为人狡猾难测，工于心计，善于钻营，谙熟宫廷内的事和做官的学问，用尽心思在自己周围编织一张巨大的关系网，巩固在朝中的势力。为了解皇帝的好恶与意图以便迎合取媚，他广交宦官和妃嫔，对玄宗的一举一动了如指掌，所以喜事时往往称旨，很得玄宗的喜欢。那时，武惠妃集后宫三千宠爱于一身，于是李林甫对她极尽巴结之能事。武惠妃想立自己的儿子寿王李瑁做太子，与太子李瑛之间产生了矛盾。李林甫认为投靠武惠妃的机会来了，便通过和他关系密切的宦官把愿意帮助寿王做太子的意思传达给武惠妃。武惠妃正需要外廷士大夫的支持，自然十分高兴，因此一有机会就在玄宗面前盛赞李林甫，使玄宗越来越信任他。李林甫与侍中裴光庭之妻、武三思之女有私情，裴光庭死后，武氏请求玄宗亲信的宦官高力士在皇帝面前为李林甫说情，代替其夫的职位。高力士的养父高延福和武三思是好友，高力士与武三思家的关系也很密切，但在任用宰相的大事上，高力士没有草率应允。中书令萧嵩举荐右丞韩休为相，玄宗同意了。正在起草诏书时，高力士将消息透露给武氏，并让李林甫转告韩休。韩休做相后很感激李林甫，向上推荐他有任相之才，武惠妃也暗地里帮他说好话，使原就对李林甫印象颇好的玄宗动了心，拜李林甫为黄门侍郎，其官位改为宰相。

开元二十二年（734年），玄宗以黄门侍郎平章事裴耀卿担任侍中，中书侍郎平章事，张九龄担任中书令，李林甫也同时登上相位，拜官礼部尚书、同中书门下三品，并加银青光禄大夫散阶。此前玄宗欲拜他为相时

曾征求张九龄的意见，张九龄坚决反对说："宰相身系国家安危，臣担心李林甫做相后会危害社稷。"李林甫因此对张九龄心怀怨恨。张九龄文采极佳，朝廷的诏敕文件，多出自他的手笔，极受重用。李林甫一时难以撼动他的地位，所以表面上仍然装作服从张九龄，背后则在玄宗面前恶语中伤，同时百般讨好玄宗以巩固自己的地位。耿直的张九龄对玄宗的变化有所觉察，更加事无巨细，据理力争，使玄宗十分不悦。

都尉杨洄是武惠妃女儿承宣公主的丈夫，他时常暗中打探其他三位皇子的过错，然后告诉武惠妃。武惠妃向玄宗哭诉道："太子阴谋网罗党羽，想要加害我们母子，而且斥责皇上。"玄宗听后大怒，把此事告诉了宰相，想要废掉太子和鄂王、光王。张九龄说："陛下登上皇位将近三十年了，太子与诸王都没有离开过深宫，天天都受到皇上的教导，天下百姓都庆幸陛下把国家治理井井有条，久居皇位、皇子、皇孙繁盛。现在三个皇子都已长大成人，没听说有什么大的过失，陛下为何要听信那些没有根据的言论，因为一时的好恶，将他们全部废掉呢？春秋时，听信马丽姬谗言的晋献公错杀太子申生，导致晋国三世大乱；汉武帝因为相信江充的诬告治了太子的罪，使京城发生了流血案件；晋惠帝由于相信贾后的诬陷废掉了愍怀太子，使边疆民族进攻中原，百姓遭受战火之灾；隋文帝听信了独孤皇后的话废太子杨勇而立隋炀帝，以致失掉了天下。由此来看，废立太子一定要慎而又慎。皇上如果一意孤行，臣恕难从命。"玄宗听后心中不快。李林甫开始没有说什么，退朝后暗地里却对玄宗宠爱的宦官说："这是皇上的家事，何必要与外人商量！"玄宗仍拿不定主意。这时武惠妃又悄悄让官奴牛贵儿告诉张九龄："只要你能在废立太子一事上助我一臂之力，就可稳居相位。"张九龄怒斥了牛贵儿，并把这些话告诉了玄宗，玄宗因此有所醒悟，所以一直到张九龄罢相，太子的地位没有动摇。但由于李林甫不断地在玄宗面前诬陷张九龄，张九龄渐渐被玄宗疏远了。

李林甫官居宰相手握重权后，就开始颠倒黑白，结交朋党，欺蒙圣上，使唐王朝的政治更趋于黑暗。

后来，朔方节度使牛仙客以前在河西镇时，能够节约用费，勤于职守，因此河西镇仓库中的军用物资储备充实，武器装备精良。玄宗听说此事后，想要嘉奖他，任命他为尚书。张九龄说："不能这样做。尚书就是古代的纳言，唐朝建立以后，只有曾做过宰相和朝野内外德高望重的人才能担任。牛仙客以前仅是河湟地区节度使判官，现在一下子就被提升为尚书，臣恐有辱于朝廷。"玄宗说："那么只封给他有实封户数食邑行吗？"张九龄回答说："这也不行。封爵本是为了奖赏有战功的人。牛仙客作为边将，充实仓库，修理军器，本是他分内之事，谈不上有什么功劳。陛下若要奖赏他勤于政事的功劳，赐他金帛就可以，而分土封爵恐怕不妥。"玄宗沉默不言。李林甫对玄宗说："牛仙客本来就是宰相之才，当个尚书又算得了什么！张九龄是一介书生，不懂得大道理。"玄宗听后非常高兴，次日，又说要封食邑牛仙客，张九龄仍然坚持说不可行。玄宗大怒，脸色大变说："朝廷大事都要由你来做主吗？"张九龄叩头谢罪说："陛下您认为我可用，让我居宰相之位，对于朝中大事的错对之处，我只能直言相告。"玄宗说："你嫌牛仙客出身贫寒，那么你的出身有何高贵呢？"张九龄说："我不过是岭南地区一介贫民，不像牛仙客出生中原。但是我在台阁之中，掌管诰书诏命已有很多年。牛仙客只是一边疆小吏，又不识字，重用他难以让众人信服。"李林甫退朝后说："只要有才能，何必一定要会写诗歌文章！"十一月二十三，牛仙客受封陇西县公爵位，封食邑实三百户。

开元二十四年（736年），张九龄屡屡直谏被罢相，杨洄再次诬谮太子等人与太子妃兄薛锈阴谋勾结，很有可能会谋反。玄宗召集宰相讨论。李林甫说："这是皇族内部事务，不是外臣应该议论的。"于是，宦官奉命到宫中宣旨，废太子李瑛，并和李瑶、李琚一起贬为庶人。不久，李瑛、李瑶、李琚在城东驿被赐死，薛锈在蓝田被赐死，太子舅家，李瑶舅家受牵连被流贬的有数十人。

十月，玄宗驾临东都洛阳，原打算在来年二月初二返回长安，后来因洛阳宫中有"怪"，弄得玄宗惶恐不安，决定立即返京，召集宰相，商议西还事宜。张九龄等人建议玄宗冬季再返回长安，因为当时正赶上农忙时节，启动圣驾，势必耽误农事，加重沿途州县负担。李林甫早已揣测到玄宗的心意，但是他当时并不表态，等张九龄、裴跃卿退下后，他才对玄宗说："长安、洛阳是陛下东西两京，陛下来往于两地视察，不需要选择时间，假使妨碍了农收，只要减免沿途州县的租税就行了。臣请通知有关部门，即日西行。"玄宗心中大悦，采纳了李林甫的意见。李林甫由于事事顺合玄宗心意，而得到玄宗的赏识。

开元二十四年（736年）年底，唐玄宗迁张九龄为尚书右丞相，罢知政事。不久以后，由张九龄举荐的周子凉弹劾牛仙客，玄宗再次被触怒，张九龄又被贬荆州长史。开元二十八年（740年），张九龄病逝。

开元二十六年（738年），太子李瑛死后，玄宗在设立太子的问题上踌躇不定。寿王李瑁在玄宗诸子中排行十八，又无特殊才华，特别是武惠妃在开元二十五年（737年）失宠后，玄宗对他不再偏袒。忠王李玙年长，且又仁孝恭谨，按理应立为太子。李林甫多次劝玄宗立寿王李瑁为太子，其目的是想成为新太子的鼎力支持者而巩固权势。最后玄宗在高力士的劝说下把李玛立为太子，致使李林甫的打算落空。由于太子不是自己所立，为此李林甫围绕太子李玛（后改名李亨）阴谋制造了一场殃及范围极大的冤狱。

有一次，玄宗在勤政楼垂帘观看乐舞，兵部侍郎卢绚不知道，便提鞭按辔从楼下穿过。卢绚风度翩翩，玄宗目送其远去，感叹卢绚含蓄不露的风度。李林甫时常用金钱贿赂玄宗左右的人，玄宗的每一个想法和行动李林甫全部了解得很清楚。于是李林甫召来卢绚的儿子说："你父亲名望很高，如今交州、广州需要才能高的人去治理，皇上想令你父亲去，不知他愿不愿意去？倘若恐惧远行，就会被降官，否则，只有以太子宾客或詹事的身份在东都任官。这也算是优惠贤者的任命，不知如何？"卢绚听后，心里很害怕，于是就主动奏请改任太子宾客或詹事。李林甫又恐怕违背众望，就任命卢绚为华州刺史。卢绚到官时间不长，李林甫又造谣说他有病，不理州事，任命他为詹事、员外同正。

玄宗曾问李林甫："严挺之现在哪里，这个人还是有才能的。"严挺之曾任中书侍郎，与张九龄关系很好，张九龄罢相时受牵连贬为洛州刺史，后改绛州刺史。李林甫害怕严挺之再次入朝为言官，私下里叫来严挺之的弟弟严损之说："皇上对尊兄印象很好，何不上奏，请求回京师就医，也好能让圣上看到。"严挺之不知事情经过，便按照李林甫旨意上奏，李林甫拿着严挺之的奏文启禀玄宗："挺之衰老得风疾，为使其安心养病，只宜授给散秩。"玄宗很感惋惜，只好授严挺之为詹事。当时公卿的任用，若不是走李林甫关系上来的，他都想法加罪除去，弄得人人都怕他。右赞善大夫杨慎矜被升为知御史中丞事，但是他畏惧李林甫而不敢接

受，玄宗只好改授谏议大夫。户部尚书裴宽素来受玄宗赏识，李林甫恐怕裴宽被任命为宰相，因此对他十分嫉妒。这时刑部尚书裴敦复讨伐海盗吴令光回朝，李林甫接受请托，帮人吹嘘战功，裴宽私下向玄宗奏报此事。李林甫知道后，告诉了裴敦复，裴敦复就告诉李林甫说裴宽过去也把他的亲人托付过自己，于是李林甫说："你马上上奏皇上，不要让别人先告了你。"裴敦复就用黄金五百两贿赂女道士杨太真的姐姐，让她告诉玄宗。裴宽因此被贬为睢阳太守。

张九龄被罢去相位后，围绕在玄宗周围的多为奸佞小人，朝臣们都明哲保身，无人再敢直言进谏。自此朝政开始走向混乱，危机四伏。

后 记

所谓“盛世”，在历史上是指中国社会发展中一些特定的阶段，是国家从大乱走向大治，在较长时间内保持繁荣昌盛的时期。在中国两千多年的封建历史长河中，出现过很多这样的“盛世”阶段，从“文景之治”到“武帝之治”的汉朝盛世、从“贞观之治”到“开元全盛”的大唐盛世以及清代的“ 康乾盛世”等。这些时期，一方面确立了中国传统“盛世”概念的基本内涵，另一方面也都没能避免“盛极而衰”的结局，因而给后人留下了无尽的话题与思索。

纵览历史，各个盛世都具有一个共同的特征，那就是国家统一、经济繁荣、政局稳定、社会安定、国力强大、文化昌盛等。为了更好地反映历史中的这些盛世风华岁月，我们策划编写了本套“盛世风华系列”丛书，丛书选取了中国历史上的“十大盛世”进行编写，主要讲述了那些为中国历史的发展进程起到不可或缺作用的历史事件和人物故事，内容精彩，可读性强。

“盛世风华系列”丛书在编写的过程中参阅了大量文献资料和研究成果。同时，为了全面准确地传递知识，还特选部分精美图片辅助说明，但由于文字图片权源分散或作者不详，无法与诸权利人一一联系。鉴于以上原因，该系列丛书编者为尊重作者权益，我们真诚地期望本书所用资料的权利人与我们取得联系，提供有效的版权证明并领取相关使用费。特此声明并为不周处先此致歉！

邮箱：AAA@sina.com　联系人：若木。